郑州大学
ZHENGZHOU UNIVERSITY

法律硕士专业学位研究生案例教程系列丛书

主　编◎苗连营

副主编◎王玉辉　李建新

卫生法学
案例教程

主　编◎邓利强　侯　宇

副主编◎谭　波　梁增然　薛建龙　李永超

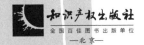

知识产权出版社

全国百佳图书出版单位

—北京—

图书在版编目（CIP）数据

卫生法学案例教程/邓利强，侯宇主编；谭波等副主编．—北京：知识产权出版社，2023.4
（法律硕士专业学位研究生案例教程系列丛书/苗连营主编）
ISBN 978-7-5130-8603-5

Ⅰ．①卫… Ⅱ．①邓… ②侯… ③谭… Ⅲ．①卫生法—法的理论—中国 Ⅳ．①D922.161

中国国家版本馆 CIP 数据核字（2023）第 000399 号

内容提要

　　卫生法是新兴交叉学科，着重关注法学与医学交叉领域中与卫生健康相关的重大问题，其内容不仅较为庞杂，而且涉及法学领域中法哲学、民法、刑法、行政法等多学科法学理论。本书以现有卫生法律（制度）为基础，将各个卫生法学问题结合数个案例及对应理论分析进行阐述，通过将卫生法与民法、刑法、行政法等各部门法相结合，融会贯通，尽可能全面地将卫生法学相关知识点展现在读者面前。

　　读者对象：法律硕士专业学位研究生，相关专业师生

责任编辑：黄清明　　　　　　　　　　责任校对：谷　洋
执行编辑：刘林波　　　　　　　　　　责任印制：刘译文
封面设计：杨杨工作室·张　冀

法律硕士专业学位研究生案例教程系列丛书

卫生法学案例教程

主　编◎邓利强　侯　宇

副主编◎谭　波　梁增然　薛建龙　李永超

出版发行：知识产权出版社有限责任公司　　网　　址：http://www.ipph.cn
社　　址：北京市海淀区气象路 50 号院　　　邮　　编：100081
责编电话：010-82000860 转 8117　　　　　 责编邮箱：hqm@cnipr.com
发行电话：010-82000860 转 8101/8102　　　发行传真：010-82000893/82005070/82000270
印　　刷：天津嘉恒印务有限公司　　　　　经　　销：新华书店、各大网上书店及相关专业书店
开　　本：720mm×1000mm　1/16　　　　　印　　张：14.25
版　　次：2023 年 4 月第 1 版　　　　　　 印　　次：2023 年 4 月第 1 次印刷
字　　数：300 千字　　　　　　　　　　 定　　价：76.00 元
ISBN 978-7-5130-8603-5

编　委　会

丛 书 主 编　苗连营

丛书副主编　王玉辉　李建新

本 书 主 编　邓利强　侯　宇

本书副主编　谭　波　梁增然　薛建龙　李永超

本 书 编 委　李也桃　邹　杰　邓利强　侯　宇

梁增然　谭　波　薛建龙　李永超

沈思达　梁兴然　段晓鹏　李洪峰

王丽莎　郭舒婕　上官文庆

吴晓旭　吴　昊　马　丽　袁冬冬

刘林霞

本书审稿人　邓利强

本书统稿人　侯　宇　梁增然

本 书 校 对　沈莹莹　曹露露

总　序

　　高等院校是培养法治人才的第一阵地，高校法学教育在法治人才的培养中发挥着基础性作用。中共中央印发的《法治中国建设规划（2020—2025 年）》明确提出：深化高等法学教育改革，优化法学课程体系，强化法学实践教学，培养信念坚定、德法兼修、明法笃行的高素质法治人才。法学学科是实践性极强的学科，法学实践教学改革是促进法学理论与法学实践有机融合、推动法学高等教育改革的重要路径和抓手。

　　案例教学是法学实践教学的重要组成部分，以学生为中心，通过典型案例的情境呈现、深度评析，将理论与实践紧密结合，引导学生发现问题、分析问题、解决问题，进而掌握理论、形成观点、提高能力。强化案例教学是培养法律硕士专业学位研究生实践能力的重要方式，也是促进教学与实践有机融合、推动高等院校法学实践教学模式改革、提高法治人才培养质量的重要突破点。《教育部关于加强专业学位研究生案例教学和联合培养基地建设的意见》（教研〔2015〕1 号）明确指出，重视案例编写，提高案例质量。通过撰写案例教程，开发和形成一大批基于真实情境、符合案例教学要求、与国际接轨的高质量教学案例，是推进案例教学的重要基础，对法学理论及各部门法的学习与知识创新具有重要意义。

　　作为国内较早招收法律硕士专业学位研究生的高等院校之一，郑州大学法学院始终致力于培养复合型、应用型专门法律人才，高度重视法律硕士实践教学与案例教学改革，先后组织编写了"卓越法治人才教育培养系列教材""高等法学教育案例教学系列教材"等系列高水平教材。为进一步深化新时代法律硕士专业学位研究生培养模式改革，培养德法兼修、明法笃行的高素质法治人才，我院组织相关学科骨干教师编写了这套"法律硕士专业学位研究生案例教程系列丛书"。

　　本套丛书内容全面、体系完备，涵盖了《法理学案例教程》《行政法学案例教程》《刑法学案例教程》《民法学案例教程》《商法学案例教程》《经济法学案例教程》《诉讼法学案例教程》《环境法学案例教程》《国际法学案例教程》《知识产权法学案例教程》《法律职业伦理案例教程》《卫生法学案例教程》等法律硕士专业学位教育教学基础课程教学用书。

丛书具有四个特点：其一，坚持思想引领。各学科团队始终以习近平法治思想为指导，努力推动习近平法治思想进教材、进课堂、进头脑，充分保证系列教材坚持正确的政治方向、学术导向、价值取向。其二，理论与实践紧密结合。各教程所涉案例的编写立足真实案情，关注社会热点、知识重点和理论难点，引导学生运用法学理论，分析现实问题，着力培养和训练学生的法学思维能力。其三，知识讲授与案例评析有机统一。各教程既整体反映了各学科知识体系，又重点解读了相关案例所涉及的理论问题，真正做到以案释法、以案说理，着力实现理论知识与典型案例的有机互动。其四，多元结合的编写团队。案例教程的编写广泛吸纳实务部门专家参与，真正实现高等院校与法律实务部门的深度合作，保证了案例的时效性、针对性、专业性。

衷心希望本套丛书能够切实推进法律硕士专业学位研究生教学模式、培养方式的改革，为培养具有坚定的中国特色社会主义法治理念，以及坚持中国特色社会主义法治道路的复合型、应用型高素质法治人才发挥积极作用。

本套丛书的出版得到了知识产权出版社总编及相关编辑的鼎力支持，在此深表感谢！

郑州大学法学院编委会

2022 年 3 月 9 日

本书序

我们的时代正面临百年不遇之大变局，这种变局时代对法学和法治的发展提出了新的要求，即推动交叉学科与新领域法学的发展，而卫生法学正是这一时代背景的产物。新冠病毒感染疫情的突袭，让人们更加意识到医疗卫生与生命健康的重要关联。目前我国的医疗卫生与健康事业得到了前所未有的发展，但是依旧存在着短板发展和弊端，解决这些问题的关键在于培养医疗卫生人才。随着社会的发展，医疗卫生人才的培养范围不仅仅限于医疗科学领域，更涉及法学领域，因此，在卫生法学这一交叉学科的发展中，培养卫生法学领域人才是至关重要的环节。

2017 年党的十九大报告指出："实施健康中国战略。人民健康是民族昌盛和国家富强的重要标志。"由此可见国家对于医疗卫生健康事业发展前途的关注。目前关于卫生健康的立法已有百余部，卫生法学的体系正在逐渐走向完善，尤其是《中华人民共和国基本医疗卫生与健康促进法》的制定实施，对于进一步建构和完善医疗卫生与健康体制，尤其是具体机制、标准、程序和制度，具有极大的法律支撑和引导作用，其重大意义不可忽视。

案例教学法可追溯至古希腊苏格拉底式教学法（Socratic Method），后被美国法学教育领域广泛采用，它有助于提高法律职业者的思维能力和判断能力。卫生法学作为卫生学与法学的交叉学科，是法学专业学生正在触及的一个新领域，对该领域学生的培养不仅需要理论知识的支撑，更需要实践的结合。本教程旨在使用大量典型卫生法学领域案例为教学素材，启发、引导学生对典型案例的反思，培养学生在法学和卫生学的理论知识基础上从交叉学科的视角深入分析问题、解决问题的能力，为国家、社会培养更多的健康中国战略亟需的卫生法学人才。

许身健

中国政法大学法律硕士学院院长

中国法律硕士教学指导委员会副秘书长

前　言

　　卫生法学是由卫生学、医学与法学相互交叉融合的一门新兴学科，以健康权为核心，以健康权的基本权能为逻辑，主要内容包括大健康学和医事法律，涉及卫生学、医学（预防和临床）、经济法学和诉讼法学等专业学科与领域。❶ 囿于其在我国是一门新兴学科，对其进行研究和教学活动的时间并不长，因此相关理论研究不够深入，在很多的观点上存在争议。同时，卫生法学涉及的内容丰富，存在较多法律、法规和规章，加之在具体教学工作当中仍然存在课程设置的针对性不够、教学吸引力不足以及理论与实践结合不紧密等问题，使得教学学习枯燥。为此，本书作为一本集聚各种类型案例的卫生法学学习教科书，反映了实践当中存在的问题，并作出相关分析，提出思考问题，以期提升学生对卫生法学学习的兴趣。

　　20 世纪以来，案例教学法逐渐被推广到医学、商学和教育学等学科领域，并获得了不错的教学实践效果。❷ 因此，我们尝试将该方法引进卫生法学教学当中，通过对典型案例的分析来促进学生对相关知识的深入理解，并且在个案分析之后提出思考题，引导学生对案例进行更进一步的分析讨论，这对于卫生法学的教学有莫大的帮助。原因有三点：首先，案例教学法的出发点是实际案例，较之枯燥的法学原理，案例教学法更贴近学生的生活实际，能够激发学生的好奇与探究心理，继而使其有兴趣去主动介入，无形中会提高学生的学习兴趣与积极性，增加师生间的互动；❸ 其次，案例教学法可以培养学生分析问题和解决问题的能力，帮助其通过思考、分享获得知识的提升；最后，案例教学法有助于开阔学生视野、拓宽学生知识面。

　　《卫生法学案例教程》集中了经典案例、法律规范、理论分析等内容，是一本实践与理论密切结合的著作，可为相关法学专业学生、相关领域的实务界人士提供实践经验与技能。本书以基本理论、法条和判例解析为内在建构，比较全面地阐述了卫生法

---

❶ 陈云良. 卫生法 [M]. 北京：高等教育出版社，2019：5.

❷ 张英涛，王彧，孙福川，等. 案例教学的医学伦理学再造 [J]. 医学与哲学，2007，28（5）：33-34.

❸ 黄水群，陆春，韦文洁. 案例教学法在卫生法学课堂教学应用中的体会与思考 [J]. 中国社区医师，2016，32（27）：187-188.

相关法律制度、存在的问题及其未来的发展。本书共分为六章：第一章涉及基本卫生健康、执业医师、乡村医生、执业药师、医疗机构管理等方面的法律制度，由谭波、李永超、薛建龙、上官文庆负责；第二章涉及传染病防治、公共卫生应急、公共卫生监督、职业病防治与国境卫生检疫等方面的法律制度，由沈思达、邢昕负责；第三章涉及药品管理、疫苗管理、血液与血液制品管理、医疗器械管理监督等方面的法律制度，由吴晓旭、梁增然负责；第四章涉及食品安全、母婴保健以及精神卫生方面的法律制度，由段晓鹏、李洪峰、王丽莎负责；第五章涉及医疗事故处理、医疗纠纷预防与处理、医疗事故鉴定以及医疗法律责任等内容，由刘林霞、郭舒婕、上官文庆负责；第六章涉及器官移植、脑死亡、基因工程以及安乐死等内容，由侯宇、梁兴然、沈莹莹、曹露露负责。

在此，对于参与本书编写和修改的人员致以谢意，感谢大家为本书所付出的努力。同时对于所有支持本书编撰工作的人员表以真挚的感谢之情，正是你们的支持促使了本书的完成。最后对本书中引用的所有书籍以及文章的作者表示感谢。

编者

2022 年 1 月

>> CONTENTS 目 | 录

卫生法律基础制度

本章知识要点

（1）基本卫生健康案例；（2）医师资格案例；（3）医疗服务合同案例；（4）安全保障义务案例

第一节　基本卫生健康制度

本节主要通过相关法律法规与公序良俗原则，对干细胞买卖合同的效力进行判断，表明我国对干细胞买卖合同违法的认定态度。

案例一　干细胞买卖合同纠纷案[1]

【基本案情】

2018 年 4 月 5 日，吴某（一审原告、二审被上诉人）与某生物科技有限公司（一审被告、二审上诉人，以下简称生物公司）的法定代表人王某通过微信进行沟通，双方约定吴某向生物公司购买 30 份"人胎盘来源的间质干细胞"，即吴某委托生物公司培养"干细胞"，之后由该生物公司提供相关场所进行"干细胞"回输，约定每份"干细胞"价格为 3.50 万元，但双方并未签订书面合同。吴某于同日通过银行转账的方式向生物公司账户转账了上述预定"干细胞"货款的半数预付款 52.50 万元，双方口头约定，之后每购买使用 1 份"干细胞"，除从该预付款中扣除 1.75 万元外，吴某仍需另行支付 1.75 万元。自 2018 年 4 月 20 日起至 2018 年 7 月 6 日，生物公司向吴某共计交付了 8 份"干细胞"，剩余"干细胞"均未交付。之后吴某多次要求生物公司履

---

[1] 案例来源：最高人民法院公报案例 2021 年第 6 期，上海市第一中级人民法院（2020）沪 01 民终 4321 号民事判决书。

行合同项下剩余"干细胞"的交货义务，生物公司均未履行。故吴某向一审法院起诉请求：1. 判令解除吴某与生物公司之间的"干细胞"买卖口头合同；2. 判令生物公司返还吴某尚未使用的预付款费用并支付资金占用利息。一审法院在查清上述事实后，认为双方之间已形成买卖关系，同时基于吴某、生物公司之间的"干细胞"买卖合同已事实终止，故判决解除吴某与生物公司间的"干细胞"买卖合同，生物公司于判决生效之日起十五日内返还吴某相关费用。一审法院作出上述判决后，被告生物公司不服，提出上诉。二审中，双方当事人没有提交新证据。

二审法院经审理查明事实后，作出如下判决：1. 撤销该案一审法院民事判决；2. 吴某与生物公司之间的"干细胞"买卖合同无效；3. 生物公司应于本判决生效之日起十日内返还吴某剩余预付款；4. 驳回吴某的全部一审诉讼请求。本判决为终审判决。

【主要法律问题】

1. 人体干细胞是否属于民法上的"物"？
2. 以买卖人体干细胞为主要行为的合同是否有效？

【主要法律依据】

1.《中华人民共和国民法典》（以下简称《民法典》）

第 153 条　违反法律、行政法规的强制性规定的民事法律行为无效。但是，该强制性规定不导致该民事法律行为无效的除外。违背公序良俗的民事法律行为无效。

第 464 条第 1 款　合同是民事主体之间设立、变更、终止民事法律关系的协议。

第 1007 条　禁止以任何形式买卖人体细胞、人体组织、人体器官、遗体。违反前款规定的买卖行为无效。

2.《干细胞临床研究管理办法（试行）》

第 6 条　机构不得向受试者收取干细胞临床研究相关费用，不得发布或变相发布干细胞临床研究广告。

3.《脐带血造血干细胞库管理办法（试行）》

第 2 条第 2 款　任何单位和个人不得以营利为目的进行脐带血采供活动。

【理论分析】

1. 人体干细胞的属性。

从法理上而言，民法上的物是指存在于人体之外，能够为人力所控制或支配并能满足人类社会生活需要的物质客体。❶ 德国民法上将物限定为有体物，这种狭义的界定以有体性为门槛，将物设定为一个封闭的系统，因此，虽具有经济价值但不具有形体的外在对象难以被称为物。与此不同的是，罗马法则取物的财产意义，将物作为一个

---

❶ 魏振瀛. 民法［M］. 北京大学出版社，高等教育出版社，2017：133.

上位概念，内分为有体物和无体物。[1] 在我国民法学界，通说观点认为物应具备以下特征：①物存在于人身之外；②物能满足人们的社会需要；③物能为人所实际控制或者支配；④物不以有体物为限。[2] 依据融通程度的不同，可以将民法上的物分为融通物和不融通物。融通物是指可以成为交易标的之物。一般的融通物具有成为权利客体的属性，我们可以占有和转让该物。不融通物是指法律规定不得成为交易标的之物。区分融通物与不融通物的意义一般在于判定以不融通物为标的物的买卖合同无效。本案中，干细胞来源于人体，具有特别的生物属性。干细胞是一类具有不同分化潜能，并在非分化状态下自我更新的细胞。而干细胞治疗是指应用人自体或异体来源的干细胞经体外操作（干细胞在体外的分离、纯化、培养、扩增、诱导分化、冻存及复苏等）后输入或植入人体，用于疾病治疗的过程。用于干细胞治疗的干细胞主要包括成体干细胞、胚胎干细胞及诱导的多能性干细胞。从干细胞采集的来源看，存在不同供体或组织来源，包括自体来源和异体来源。不管是异体来源的干细胞，还是经过复杂的体外培养和操作后的自体来源的干细胞，均含有供者的生物学性状信息，可服务于临床研究和应用。我国《干细胞临床研究管理办法（试行）》第6条规定："机构不得向受试者收取干细胞临床研究相关费用，不得发布或变相发布干细胞临床研究广告。"同时我国《脐带血造血干细胞库管理办法（试行）》第2条第2款规定："任何单位和个人不得以营利为目的进行脐带血采供活动。"因而，以不违反公序良俗之方法脱离人体组织后的干细胞，经由相关人员进行体外操作，以有体物的形式存在，具有可能的医学价值，属于民法上的物。同时，基于干细胞的生物属性，从人体提取的干细胞在法律上不得直接作为交易标的之物。涉案的人体干细胞完全符合上文所述物的特征：首先，干细胞取出后，放置于设备中保存，此时明显存在于人体之外；其次，干细胞植入人体后，能够满足患者的治疗需要；再次，随着冷冻保存技术的发展，冷冻干细胞可以长期保存；最后，人体干细胞虽然微小，但仍然具有一定的形体。因此，人体干细胞本质上属于民法上的物。当然，与民法上普通的物相比，干细胞所具有的生物性使其成为一种特殊的物。

2. 以买卖人体干细胞为主要内容的合同是否有效？

该问题是本案的核心问题。综合全案，判断涉案合同是否有效的主要法律规范依据是《民法典》第153条的规定，即"违反法律、行政法规的强制性规定的民事法律行为无效。但是，该强制性规定不导致该民事法律行为无效的除外。违背公序良俗的民事法律行为无效"。该条法律规范主要分为两方面内容，一是适法性规定，即违反法律、行政法规的强制性规定的民事法律行为无效；二是社会妥当性的规定，即违背公序良俗的民事法律行为无效。因此，判断买卖人体干细胞的行为是否有效，需要分别从合法性和妥当性方面展开分析。以下分而述之。

---

[1] 常鹏翱. 民法中的物 [J]. 法学研究, 2008 (2)：27-39.
[2] 魏振瀛. 民法 [M]. 北京大学出版社, 高等教育出版社, 2017：133.

（1）判断买卖干细胞的行为是否违反法律、行政法规的强制性规定，即适法性分析。在此之前，需要明确干细胞的属性。干细胞作为一种新型的生物治疗技术手段，具有特殊的属性。《中华人民共和国基本医疗卫生与健康促进法》第44条第1款规定："国家对医疗卫生技术的临床应用进行分类管理，对技术难度大、医疗风险高，服务能力、人员专业技术水平要求较高的医疗卫生技术实行严格管理。"我国建立了以医疗机构为责任主体、干细胞临床研究机构和项目双备案的管理机制。《干细胞临床研究管理办法（试行）》第52条规定："未经干细胞临床研究备案擅自开展干细胞临床研究，以及违反规定直接进入临床应用的机构和人员，按《药品管理法》和《医疗机构管理条例》等法律法规处理。"《干细胞临床研究管理办法（试行）》《干细胞制剂质量控制及临床前研究指导原则（试行）》对干细胞均予以严格管控，其中规定，干细胞的临床转化需要注册申报和临床试验申请；干细胞的来源和获取过程应当符合伦理等。《人胚胎干细胞研究伦理指导原则》亦规定，对于人胚胎干细胞的研究，应当符合生命伦理规范。由此可见，干细胞的研究和应用必须遵循科学、规范、公开、符合伦理等原则，应当遵守法律、行政法规和国家有关规定以及各项技术操作规程和制度。本案中的生物公司未取得干细胞临床研究的立项与备案，不具备从事干细胞临床研究的条件与资质。同时，涉案"干细胞"未经药物临床试验或获得药品上市许可，亦非用于严重危及生命且无有效治疗手段的疾病的治疗或者满足重大医疗卫生需求。生物公司制备"干细胞"后销售给吴某并协助完成部分"干细胞"回输的行为，显然违反了《干细胞临床研究管理办法（试行）》等相关管理规定。

（2）干细胞的临床研究和转化应用面向医疗卫生需求，具有特定的市场属性。目前，除造血干细胞治疗血液系统疾病已有成熟技术规范外，其他干细胞治疗尚未进入临床应用，安全性、有效性均存在不确定性。用于干细胞治疗的细胞制备技术和治疗方案，具有多样性、复杂性和特殊性。不可否认，干细胞治疗是生物医学技术的一项创新和进步，对人类健康事业具有重大意义，但也蕴含着极大的临床安全风险。我国对干细胞治疗产品加强监管的同时，正在进一步提升和促进干细胞的临床研究和转化应用。干细胞可以按照《干细胞临床研究管理办法（试行）》在已备案的干细胞临床研究机构完成临床研究后，将已获得的临床研究结果作为技术性申报资料提交，用于申请药品注册临床试验；也可以直接根据《药品注册管理办法》申请药品注册临床试验。本案中的生物公司既非干细胞临床研究机构，又非从事干细胞制剂或相关药品的研制、生产、经营的企业，亦未举证证明涉案"干细胞"系医疗技术的临床应用或符合药品管理规范。因此，该生物科技公司销售"干细胞"的行为游离于国家有关部门的监管之外，不但增加了国家对干细胞临床研究和药品试验的管控风险，而且影响公众的用药安全和合法权益，扰乱社会经济秩序。

综上所述，买卖人体干细胞的行为直接违反的法律规范是《干细胞临床研究管理办法（试行）》，该规范在法律位阶上属于部门规范性文件。但依据《民法典》第153条第1款中的规定，只有违反法律、行政法规中的强制性规定时，民事法律行为才无效。据此，并不能简单否定买卖人体干细胞行为的有效性，而需要进一步判断买卖人体干细胞的行为是否违反《民法典》第153条第2款，即"违背公序良俗的民事法律行为无效"这一规定。

值得注意的是，《民法典》第153条第2款，未采取原《合同法》第52条第4项关于损害社会公共利益的表述，亦未采取该法第7条关于社会公德的表述，而是使用了"违背公序良俗"的表述。在适用"公序良俗"相关条款时，需要对"公序良俗"这一高度不确定的概念的内涵进行分析。一般认为公序良俗包括公共秩序和善良风俗两个方面，违反公共秩序的行为主要包括违反国家公序、限制经济自由、违反公平竞争、违反消费者保护的行为等；违反善良风俗的行为主要包括违反性道德、违反家庭伦理道德、违反职业道德的行为等。❶ 与原《合同法》第52条第4项关于损害社会公共利益的表述相比较，社会公共利益和公序良俗均可被理解为社会妥当性方面的规定，二者在内容上具有一定的一致性，但也有一定的差异。有学者认为，社会公共利益和社会公德，在性质和作用上与公序良俗原则相当，社会公共利益相当于公共秩序，社会公德相当于善良风俗。❷ 另有学者认为，无论是社会公共利益，还是公序良俗，其共同特征在于内涵的不确定性，是富有弹性的概念，欲发挥规范功能，需要法官在个案中对其具体内涵予以充实。❸ 由此可见，其内涵和外延需要在司法裁判中不断充实，体现了法官在个案中的价值取向和评判。❹ 由以上观点可以看出，公序良俗与社会公共利益在内容上具有同质性。

在本案中，与干细胞相关的管理规范具有公共利益属性。虽然《干细胞临床研究管理办法（试行）》在法律规范的效力位阶上属于部门规范性文件，但是该管理办法系依据《药品管理法》《医疗机构管理条例》等法律、行政法规而制定，旨在规范和促进干细胞临床研究健康、有序发展。该管理办法的制定与《药品管理法》《医疗机构管理条例》的立法目的是一致的，都是规范疾病治疗的临床研究，促进医疗卫生事业发展，保障医疗安全和公众生命健康。即便出于干细胞临床研究需要而制备干细胞制剂，也要遵循《药品管理法》的规定，在制剂获得国家药品监督管理部门注册批准后，方可进入临床应用。生物公司将"干细胞"销售给他人并直接将其用于人体回输，违反了《干细胞临床研究管理办法（试行）》第52条关于禁止干细胞直接进入临床应用的规定，严重违背了伦理规范，破坏了国家医疗监管制度，危及不特定个体生命健康安全，进而损害了社会公共利益。社会公共利益是明确国家和个人权利的行使边界、判断民事法律行为正当性与合法性的标准。医疗卫生技术的进步和有序发展、干细胞应用的安全性和有效性、药品市场的管理秩序、公众用药安全和生命健康等均涉及社会公共利益。因此，结合学界关于公序良俗与社会公共利益之间关系的通说观点，结

---

❶ 沈德咏.《中华人民共和国民法总则》条文理解与适用（下）［M］. 北京：人民法院出版社，2017：1017.

❷ 梁慧星. 民法总论［M］. 3版. 北京：法律出版社，2007：49.

❸ 韩世远. 合同法总论［M］. 4版. 北京：法律出版社，2018：228.

❹ 最高人民法院司法案例研究院. 民法典新规则案例适用［M］. 北京：中国法制出版社，2020：25.

合上文分析可知，该案中买卖干细胞的行为因为违反公序良俗而无效。

【思考题】

1. 在以具有人体生物属性的物品为标的的合同行为中，如何判断合同的效力？
2. 人民法院在适用公序良俗条款时，应该注意哪些问题？

第二节　执业医师和乡村医生法律制度

一、非法行医行为的认定问题

该部分主要结合具体实例讨论医师执业注册许可制度，并试图依 2021 年 8 月 20 日通过的《中华人民共和国医师法》（以下简称《医师法》）对非法行医行为进行分析，由此探讨违反医师管理法律制度的法律责任问题。

案例二　非法行医致医疗损害责任纠纷案❶

【基本案情】

申请人卓某再审称，卓某脑瘫是临海市妇幼保健院（以下简称"妇幼保健院"）的 7 名医生和 11 名护士非法行医以及违规操作所致，医院应承担相应的赔偿责任。当时为卓某母亲分娩剖宫手术主刀的副主任医师罗某、主治医师朱某等 7 名医生无医师执业证书，11 名护士无护士执业证书和母婴保健技术考核合格执业证书。按照《中华人民共和国执业医师法》第 14 条规定，妇幼保健院医生和护士的行为系非法行医。在卓某出生后，妇幼保健院相关医务人员未按照规定持续为卓某进行吸氧与保温环境的治疗，加重了卓某的缺氧，且未将病情告知其父母，导致其病情恶化成"脑性瘫痪"。

被申请人妇幼保健院提交意见称，该院对卓某之母林某实施的分娩以及护理等医疗行为合法合规，不存在非法行医的事实。《中华人民共和国执业医师法》于 1999 年 5 月 1 日起实施，但原国家卫生部、国家中医药管理局于 2000 年 12 月印发《关于做好医师资格证书及医师执业证书发放工作的通知》〔卫医发〔2000〕447 号〕、2001 年 6 月印发《关于下发〈关于医师执业注册中执业范围的暂行规定〉的通知》〔卫医发〔2001〕169 号〕，原浙江省卫生厅于 2001 年 11 月印发《转发卫生部、国家中医药管理局关于医师执业注册中执业范围的暂行规定的通知》〔浙卫发〔2001〕386 号〕，原

---

❶　案件来源：最高人民法院（2018）最高法民申 1029 号民事裁定。

临海市卫生局于 2002 年 9 月 16 日印发《关于开展医师执业注册工作的通知》〔临卫发〔2002〕68 号〕，依据以上规定，临海市各医疗卫生单位于 2002 年 9 月开始第一次医师执业注册工作。卓某之母林某分娩时间是 2000 年 8 月 12 日，此时临海市尚未开展执业医师注册相关工作，况且当时医师罗某、朱某已取得医师资格，不属于非法行医。《护士条例》于 2008 年 1 月 31 日由第 517 号国务院令公布，自 2008 年 5 月 12 日起施行，故 2008 年 5 月 12 日之前未进行护士执业注册。另，根据临海市医疗事故技术鉴定委员会于 2002 年 8 月 30 日作出的〔2002〕8 号医疗事件技术鉴定，认定妇幼保健院采用剖宫产术法得当，手术操作符合规范，不属于医疗事故。

最高人民法院经审理认为，关于医务人员罗某、朱某等在实施医疗活动时未取得执业医师注册的问题，本案中的证据表明，妇幼保健院医务人员罗某、朱某等在为卓某之母林某实施医疗行为时已取得医师资格证书，但因本案诊疗行为发生时临海市尚未开展执业医师注册而未能进行医师执业注册，该情况依法不能认定为非法行医。此外，《护士条例》于 2008 年 5 月 12 日起实施，亦迟于妇幼保健院对卓某之母实施医疗行为的时间。故法院认为卓某关于医务人员罗某、朱某以及相关护士等非法行医的申请理由并无相应的事实和法律依据，遂驳回卓某的再审申请。

【主要法律问题】

1. 上述案件中罗某等人的医务行为是否违反了执业医师管理的相关法律规定？
2. 如何认定非法行医行为？

【主要法律依据】

《中华人民共和国医师法》❶

第 14 条 医师经注册后，可以在医疗卫生机构中按照注册的执业地点、执业类别、执业范围执业，从事相应的医疗卫生服务。

中医、中西医结合医师可以在医疗机构中的中医科、中西医结合科或者其他临床科室按照注册的执业类别、执业范围执业。

医师经相关专业培训和考核合格，可以增加执业范围。法律、行政法规对医师从事特定范围执业活动的资质条件有规定的，从其规定。

经考试取得医师资格的中医医师按照国家有关规定，经培训和考核合格，在执业活动中可以采用与其专业相关的西医药技术方法。西医医师按照国家有关规定，经培训和考核合格，在执业活动中可以采用与其专业相关的中医药技术方法。

第 59 条 违反本法规定，非医师行医的，由县级以上人民政府卫生健康主管部门

---

❶ 2021 年 8 月 20 日，中华人民共和国第十三届全国人民代表大会常务委员会第三十次会议通过《中华人民共和国医师法》，自 2022 年 3 月 1 日起施行。根据该法第 67 条规定，《中华人民共和国执业医师法》同时废止。为了便于新旧法衔接的学习，本部分拟以《医师法》为分析依据，特此说明。

责令停止非法执业活动，没收违法所得和药品、医疗器械，并处违法所得二倍以上十倍以下的罚款，违法所得不足一万元的，按一万元计算。

第63条　违反本法规定，构成犯罪的，依法追究刑事责任；造成人身、财产损害的，依法承担民事责任。

【理论分析】

1. 上述案件中罗某等人的医务行为是否违反了执业医师管理的相关法律规定？

根据《医师法》的相关规定，我国医师执业管理实行医师执业注册制度和医师资格考试制度。医师执业应当经注册取得《医师执业证书》，医师经注册后，可以在医疗卫生机构中按照注册的执业地点、执业类别、执业范围执业，从事相应的医疗卫生服务；未注册取得医师执业证书，不得从事医师执业活动。另外，医师资格考试制度对可以参加执业医师资格考试的人员进行了明确的规定，设置了考试准入条件，例如学历资格以及实践要求。由此可见，医师资格考试制度是规范医务人员行为的最低标准，即凡是达到这个最低标准的医务人员都可以单独或者在他人指导下行医，是行医的技术要件、实质要件；而医师执业注册制度则是卫生行政部门对医师行医活动的一项重要监督管理制度，是促进医师不断吸收新的医学知识，保证医疗、预防、保健服务质量的重要手段，有利于卫生行政部门加强对医师行医活动的管理，是行医的管理要件、形式要件。所以针对特殊时期管理不规范等情形，"已取得《医师资格证书》，并具备申请执业医师注册条件的医师，非本人原因导致未获得《医师执业证书》前，在其受聘的医疗预防保健机构和工作时间内的执业活动不属于非法行医"[1]。

上述案件中医务人员罗某、朱某等在为卓某之母林某实施医疗行为时已取得医师资格证书，获得了行医的实质性技术要件，但临海市在本案诊疗行为发生时尚未开展执业医师注册，导致罗某、朱某等未能进行医师执业注册，缺乏形式性管理要件，但这并非当事人的原因所致，不能简单认定为非法行医。

2. 如何认定非法行医行为？

非法行医是指不合法地从事医疗活动，具体是指违反《医师法》《基本医疗卫生与健康促进法》等卫生法律法规的行为。只要行为人实施了其没有法定执业资格或许可的医疗行为即是非法行为，就属于非法行医。简言之，非法行医就是违反医疗法律法规之许可而从事的一种医疗违法行为。在医疗卫生法律意义下，除无证行医外，医疗机构及个人均可成为非法行医的组织者和实施者。限于本案主题，根据《医师法》相关规定，此处讨论的非法行医主要指非医师行医。

非法行医是较为复杂的社会问题和法律问题，实践中表现形态多样。因此在执法当中既要严厉打击严重危害人民群众生命健康的非法行医行为，又要考虑到目前医疗网点不能满足人民群众需要的现实情况，尤其是广大农村和城乡接合部的医疗卫生状

---

[1] 2007年6月7日卫生部《关于非法行医有关问题的批复》（卫政法发〔2007〕185号）。

况。既不能打击面过宽，又不能轻纵罪犯；既不能将执法范围仅限于无医疗教育背景的人，也不能将执业医师超范围、类别、地点的诊疗活动一律按照非法行医定罪，要严格区分刑法意义上的非法行医犯罪和行政法意义上的非法行医行为。

（1）刑法意义上的非法行医犯罪。根据《刑法》第 336 条第 1 款 "非法行医罪"的规定❶，"未取得医生执业资格的人" 是非法行医罪主体判断的核心依据。由于 "医生执业资格" 这一刑法用语和卫生行政法的专业术语 "执业医师资格" 不一致，对非法行医罪主体的认定众说纷纭。最高人民法院为此先后两次颁布司法解释❷，但如何界定非法行医罪的犯罪主体，实务界一直存在较大分歧，主要观点有 "三证说""双证说""单证说""实质条件说" 等。为了更好地实现刑法及司法解释与《医师法》规定的衔接，"单证说" 即将刑法中的 "医生执业资格" 界定为行政法中的 "执业（助理）医师资格"。

（2）行政法意义上的非法行医行为。主要是指违反医师法等相关卫生法律规范从事诊疗活动但尚未构成犯罪的行为。该违法行为的自然人主体没有医师执业资格，其与犯罪的界限还在于其客观方面，即 "情节" 不符合司法解释中的 "严重" 情形；其法律责任主要是接受行政处罚，包括没收违法所得和药品、医疗器械，以及处以一定数额的罚款；根据处罚与教育相结合原则，在对该非法行医行为予以行政处罚的同时，还应作出责令其停止非法执业活动的命令行为。当然，对于非法行医案件中行政执法与刑事司法的衔接的思维要时刻 "在线"，以实现非法行医的有效治理。

【思考题】

1. 《医师法》规定的医师执业资格应如何取得？
2. 医师在紧急情况下超地点、超类别、超范围执业，是否违法？

二、乡村医生从业管理法律问题

该部分主要通过具体案例，结合《乡村医生从业管理条例》等法律规范讨论乡村

---

❶ 《刑法》第 336 条第 1 款：未取得医生执业资格的人非法行医，情节严重的，处三年以下有期徒刑、拘役或者管制，并处或者单处罚金；严重损害就诊人身体健康的，处三年以上十年以下有期徒刑，并处罚金；造成就诊人死亡的，处十年以上有期徒刑，并处罚金。

❷ 2008 年 4 月 29 日最高人民法院《关于审理非法行医刑事案件具体应用法律若干问题的解释》第 1 条：具有下列情形之一的，应认定为刑法第 336 条第 1 款规定的 "未取得医生执业资格的人非法行医"：（一）未取得或者以非法手段取得医师资格从事医疗活动的；（二）个人未取得《医疗机构执业许可证》开办医疗机构的；（三）被依法吊销医师执业证书期间从事医疗活动的；（四）未取得乡村医生执业证书，从事乡村医疗活动的；（五）家庭接生员实施家庭接生以外的医疗行为的。

2016 年 12 月 20 日最高人民法院《关于审理非法行医刑事案件具体应用法律若干问题的解释》第 1 条：具有下列情形之一的，应认定为刑法第 336 条第 1 款规定的 "未取得医生执业资格的人非法行医"：（一）未取得或者以非法手段取得医师资格从事医疗活动的；（二）被依法吊销医师执业证书期间从事医疗活动的；（三）未取得乡村医生执业证书，从事乡村医疗活动的；（四）家庭接生员实施家庭接生以外的医疗行为的。

医生许可制度，以及相关法律关系中的主体地位和法律责任等问题。

案例三　乡村医生从业许可案❶

【基本案情】

2016 年 1 月 1 日，曹某辉取得《乡村医生执业证书》（编号：3711221690431130），执业地点为腊行村卫生室。腊行村卫生室于 2016 年 6 月 1 日取得《医疗机构执业许可证》，有效期 5 年，地址为莒县长岭镇腊行村，法定代表人为李某，主要负责人为曹某辉，服务腊行村和西北岭村两个村庄。2018 年 8 月 8 日，患者曹某芝家属给曹某辉打求医电话。曹某辉第一次接到电话时，告知患者家属到药店或长岭卫生院拿藿香正气水给患者服用。第二次接到患者家属电话后，携带药品到长岭镇××村内为患者进行输液治疗，患者曹某芝在输液过程中死亡。

2018 年 8 月 9 日，莒县卫生健康局对该案件进行调查，并进行现场检查及对有关人员的询问，2018 年 10 月 9 日，因曹某辉涉嫌构成非法行医罪将其移交莒县公安局，2018 年 10 月 26 日莒县公安局收到案件移送书，2018 年 10 月 29 日，莒县公安局经审查认为曹某辉非法行医案没有犯罪事实，作出莒公（治）不立字〔2018〕29 号不予立案通知。莒县卫生健康局收到莒县公安局不予立案通知书后，于 2018 年 10 月 30 日以涉嫌非医师行医对曹某辉的行为进行受理并立案。2018 年 11 月 14 日，莒县卫生健康局认定曹某辉违反了《中华人民共和国执业医师法》第 8 条、第 12 条、第 13 条、第 14 条第 2 款的规定，依据《中华人民共和国执业医师法》第 39 条规定，作出莒卫医罚〔2018〕030 号行政处罚决定，决定：1. 没收证据先行登记保存决定（莒卫医证保决〔2018〕037 号）保存的药品、器械；2. 罚款人民币壹拾万元整。莒县卫生健康局于 2018 年 11 月 14 日向曹某辉送达上述行政处罚决定书。曹某辉不服，提出行政复议，但行政复议维持原处罚决定，因此曹某辉于 2019 年 4 月 3 日提起行政诉讼。一审驳回曹某辉的诉讼请求；二审撤销一审判决、行政处罚决定、行政复议决定，并责令莒县卫生健康局重新作出行政处罚；莒县卫生健康局不服，申请再审，被山东省高级人民法院驳回。

【主要法律问题】

1. 什么是乡村医生？

2. 上述案例中曹某辉跨越注册执业地点范围到患者居所出诊的行为是否属于非法行医行为？

---

❶ 山东省日照市中级人民法院（2020）鲁 11 行终 29 号行政判决；山东省高级人民法院（2020）鲁行申 1185 号行政裁定。

3. "撤村改居"城区扩大后，对原乡村医生执业资格应如何处理？

4. 能否将乡村医生认定为非法行医行为的主体？

【主要法律依据】

1.《乡村医生从业管理条例》

第17条　乡村医生应当在聘用其执业的村医疗卫生机构执业；变更执业的村医疗卫生机构的，应当依照本条例第十三条规定的程序办理变更注册手续。

第38条　乡村医生在执业活动中，违反本条例规定，有下列行为之一的，由县级人民政府卫生行政主管部门责令限期改正，给予警告；逾期不改正的，责令暂停3个月以上6个月以下执业活动；情节严重的，由原发证部门暂扣乡村医生执业证书：（一）执业活动超出规定的执业范围，或者未按照规定进行转诊的；（二）违反规定使用乡村医生基本用药目录以外的处方药品的；（三）违反规定出具医学证明，或者伪造卫生统计资料的；（四）发现传染病疫情、中毒事件不按规定报告的。

第40条　乡村医生变更执业的村医疗卫生机构，未办理变更执业注册手续的，由县级人民政府卫生行政主管部门给予警告，责令限期办理变更注册手续。

第42条　未经注册在村医疗卫生机构从事医疗活动的，由县级以上地方人民政府卫生行政主管部门予以取缔，没收其违法所得以及药品、医疗器械，违法所得5000元以上的，并处违法所得1倍以上3倍以下的罚款；没有违法所得或者违法所得不足5000元的，并处1000元以上3000元以下的罚款；造成患者人身损害的，依法承担民事赔偿责任；构成犯罪的依法追究刑事责任。

2.《中华人民共和国医师法》

第47条　国家鼓励在村医疗卫生机构中向村民提供预防、保健和一般医疗服务的乡村医生通过医学教育取得医学专业学历；鼓励符合条件的乡村医生参加医师资格考试，依法取得医师资格。

国家采取措施，通过信息化、智能化手段帮助乡村医生提高医学技术能力和水平，进一步完善对乡村医生的服务收入多渠道补助机制和养老等政策。

乡村医生的具体管理办法，由国务院制定。

第59条　违反本法规定，非医师行医的，由县级以上人民政府卫生健康主管部门责令停止非法执业活动，没收违法所得和药品、医疗器械，并处违法所得二倍以上十倍以下的罚款，违法所得不足一万元的，按一万元计算。

【理论分析】

1. 什么是乡村医生？

根据《乡村医生从业管理条例》第 2 条规定❶，乡村医生是指经注册在村医疗卫生机构从事预防、保健和一般医疗服务但尚未取得执业医师资格或者执业助理医师资格的人员。

乡村医生的学历和业务水平参差不齐，强制他们取得执业医师资格不太现实。考虑到农村广大人民群众的医疗卫生状况，可对乡村医生的从业资格作出单独规定，使其即使在尚未取得执业医师资格的情况下，也能够根据国务院《乡村医生从业管理条例》的规定，经县级卫生行政管理部门注册后，在乡村医疗机构从事一般医疗服务。根据该条例第 9、第 16 条规定❷，乡村医生执业证书实行注册制，该执业证书有效期为 5 年，县级人民政府卫生行政主管部门对有效期届满的乡村医生执业证书进行审核，对符合条件的，准予再注册。

需要注意的是，《乡村医生从业管理条例》自 2004 年 1 月 1 日起施行，对于"本条例公布前的乡村医生，取得县级以上地方人民政府卫生行政主管部门颁发的乡村医生证书，并符合下列条件之一的，可以向县级人民政府卫生行政主管部门申请乡村医生执业注册，取得乡村医生执业证书后，继续在村医疗卫生机构执业：（一）已经取得中等以上医学专业学历的；（二）在村医疗卫生机构连续工作 20 年以上的；（三）按照省、自治区、直辖市人民政府卫生行政主管部门制定的培训规划，接受培训取得合格证书的"❸。

2. 上述案例中曹某辉跨越注册执业地点范围到患者居所出诊的行为是否属于非法行医行为？

根据《乡村医生从业管理条例》第 2、第 17、第 38 条之规定，其调整的对象，一是尚未取得执业医师资格或者执业助理医师资格的乡村医生；二是必须在注册的村医疗卫生机构从事预防、保健和一般医疗服务的乡村医生。"乡村医生"属行政法规授权的特殊医生执业资格，只能在注册地点村医疗卫生机构执业，即乡村医生应当仅在所注册的村医疗卫生机构执业，巡诊、出诊也必须在所辖服务区域内，若超出所注册的村卫生机构到其他非医疗卫生机构行医，其行为即属于《乡村医生从业管理条例》第 38 条第 1 项"执业活动超出规定的执业范围"。而《乡村医生从业管理条例》所规定的"村医疗卫生机构"是指向农村居民提供预防、保健和一般医疗服务的村卫生室

---

❶ 《乡村医生从业管理条例》第 2 条：本条例适用于尚未取得执业医师资格或者执业助理医师资格，经注册在村医疗卫生机构从事预防、保健和一般医疗服务的乡村医生。村医疗卫生机构中的执业医师或者执业助理医师，依照执业医师法的规定管理，不适用本条例。

❷ 《乡村医生从业管理条例》第 9 条：国家实行乡村医生执业注册制度。县级人民政府卫生行政主管部门负责乡村医生执业注册工作。

第 16 条：乡村医生执业证书有效期为 5 年。乡村医生执业证书有效期满需要继续执业的，应当在有效期满前 3 个月申请再注册。县级人民政府卫生行政主管部门应当自受理申请之日起 15 日内进行审核，对符合省、自治区、直辖市人民政府卫生行政主管部门规定条件的，准予再注册，换发乡村医生执业证书；对不符合条件的，不予再注册，由发证部门收回原乡村医生执业证书。

❸ 《乡村医生从业管理条例》第 10 条。

（所、站）、村社区卫生服务站，属于非营利性医疗卫生机构。❶

乡村医生不在注册的执业地点执业的，按照《乡村医生从业管理条例》第 40 条处理。❷ 依据《医疗机构管理条例》和《乡村医生从业管理条例》的规定，乡村医生必须在取得《医疗机构执业许可证》的村医疗卫生机构执业，并且必须在注册的执业地点内执业，违反上述规定的应按照《医疗机构管理条例》第 44 条和《乡村医生从业管理条例》第 40 条的规定处理。❸ 这意味着，乡村医生不在注册的执业地点执业及私自变更执业地点到其他村医疗卫生机构执业的，应按照《乡村医生从业管理条例》第 40 条处理。

本案中，曹某辉与患者曹某芝系同村村民，经审查，患者家属任某认可案发以前曾多次到曹某辉诊所进行治疗，案发当日，曹某辉系应患者要求第一次到患者家中进行诊疗。曹某辉执业虽超出注册的执业地点（莒县长岭镇腊行村和西北岭村）范围，但曹某辉具有乡村医生执业资格，故涉案医疗行为不宜界定为非法行医情形。该出诊行为如被认定为非法行医行为，亦有违乐于施救的善良风俗。所以，莒县卫生健康局以非法行医为由对被申请人进行处罚，属适用法律错误。

需要指出的是，对于违反医师法的规定，超出注册的执业地点、执业类别、执业范围从事诊疗活动的，目前不宜作为刑事犯罪处理。

3. "撤村改居"城区扩大后，对原乡村医生执业资格应如何处理？

农村地区"撤村改居"作为城区的组成部分后，原来的村医疗卫生机构转型为城市社区卫生服务机构时，已经按照《乡村医生从业管理条例》的规定经注册取得执业证书，在该村医疗卫生机构工作的乡村医生在执业证书有效期内可以继续在转型后的城市社区卫生服务机构注册执业，其执业范围不变。对这部分乡村医生的管理，适用《乡村医生从业管理条例》；在其执业证书有效期满后，不再进行执业注册。❹ 同时，卫生行政部门应当加强管理，可以鼓励其通过正规医学教育取得符合《中华人民共和国医师法》规定的医学专业学历，按照《中华人民共和国医师法》及有关规定参加医师资格考试。

但是，"撤村改居"后，若村医疗卫生机构转型为城市社区卫生服务机构，其新聘的医生必须具有执业医师或执业助理医师资格。❺

4. 能否将乡村医生认定为非法行医行为的主体？

因为医疗卫生法律中没有医生执业资格概念，只有医师执业资格和乡村医生执业

---

❶ 2004 年 4 月 12 日卫生部《关于对〈乡村医生从业管理条例〉实施中有关问题的批复》（卫政法发〔2004〕112 号）。

❷ 2004 年 9 月 17 日卫生部《关于对农村非法行医依法监督工作中有关问题的批复》（卫监督发〔2004〕312 号）。

❸ 2005 年 10 月 11 日卫生部《关于乡村医生跨行政区域行医有关问题的批复》（卫政法发〔2005〕270 号）。

❹ 2014 年 9 月 3 日国家卫生计生委《关于"撤村改居"后原乡村医生执业问题的批复》（国卫法制函〔2014〕314 号）。

❺ 2010 年 1 月 26 日卫生部《关于城区扩大后原乡村医生执业问题的批复》（卫政法函〔2010〕31 号）。

资格规定，依据《乡村医生从业管理条例》第 2 条及《医师法》第 8 条规定，乡村医生是指掌握一定医药卫生知识，在特定区域内从事疾病预防和一般医疗的专业人员，医师则是经考试取得职称，从业不受地域限制的专业医务人员。从刑法学角度看，乡村医生和执业医师具有同一性，即均可以成为"取得医生执业资格的人"。取得或者以合法途径取得医师资格，从事医疗活动的，和取得乡村医生执业资格证书，从事乡村医疗活动的，都属于"取得医生执业资格的人"，与非法行医行为的主体要件——不具有医生执业资格的人，有实质性差别。

上述案例中，曹某辉如有存在违反诊疗护理规范、常规情形，对患者死亡负有过失责任，则依法应当承担相应的行政或民事赔偿责任，但即便存在上述情形，也不影响对涉案医疗行为是否属于非法行医的定性。

【思考题】

1. 对在药房坐堂或者未领取《医疗机构执业许可证》的乡村卫生室工作的乡村医生行医致人死亡的情况，应如何定性？

2. 无证行医的法律适用。

第三节 医师资格制度

本节主要列举了社会中存在的一些不具备行医资格却非法行医的事件，并结合相关法律法规，讲解了我国对此类行为如何进行认定和处罚，以期协助规范国家医疗行业的秩序。

案例四 非法开具自制秘方药案[1]

【基本案情】

2011 年 6 月、2013 年 5 月，被告人陈某某因非法行医行为先后两次被行政机关施以行政处罚。2019 年 2 月 10 日、3 月 3 日，被告人陈某某在未取得医生执业资格的情况下，再次在其住处为被害人苏某某（57 岁）夫妇开具自制的"秘方药"，被害人苏某某服用了此"秘方药"，出现药物中毒性意识障碍等情况。经鉴定，被害人苏某某的伤情已构成轻微伤。2019 年 3 月 5 日，被告人陈某某被公安机关抓获，到案后如实供述了罪行，并最终支付被害人医疗费、补偿款等合计 17 万余元，取得了被害人的谅解。最终被告人陈某某被法院以非法行医罪判处拘役 6 个月，缓刑 6 个月，罚款人民

---

[1] 案例来源：上海市浦东新区人民法院（2019）沪 0115 刑初 2823 号刑事判决书。

币 3500 元。

【主要法律问题】

1. 如何界定"非法行医"？
2. "医师"资格如何认定？
3. 非法行医罪与医疗事故罪之间有何区别？
4. 非法行医需要承担怎样的法律责任？

【主要法律依据】

1.《中华人民共和国刑法》

第 336 条　未取得医生执业资格的人非法行医，情节严重的，处三年以下有期徒刑、拘役或者管制，并处或者单处罚金；严重损害就诊人身体健康的，处三年以上十年以下有期徒刑，并处罚金；造成就诊人死亡的，处十年以上有期徒刑，并处罚金。未取得医生执业资格的人擅自为他人进行节育复通手术、假节育手术终止妊娠手术或者摘取宫内节育器，情节严重的，处三年以下有期徒刑、拘役或者管制，并处或者单处罚金；严重损害就诊人身体健康的，处三年以上十年以下有期徒刑，并处罚金；造成就诊人死亡的，处十年以上有期徒刑，并处罚金。

2.《中华人民共和国医师法》

第 13 条第 1 款　国家实行医师执业注册制度。

第 4 款　未注册取得医师执业证书，不得从事医师执业活动。

3.《医疗机构管理条例》

第 24 条　任何单位或者个人，未取得《医疗机构执业许可证》，不得开展诊疗活动。

【理论分析】

本案是一起涉及非法行医的典型案例。"非法行医罪"是我国在 1997 年修改《刑法》时增加的一个罪名。该罪设立以后，对打击我国医疗实践中受经济利益驱使的各种游医、冒牌医生等的非法行医行为起到了重要的作用。然而，该罪在理论与实践中也存在一些争议和分歧，需要对其予以反思。

1. "非法行医"的界定。

一种观点认为非法行医是指违反《医师法》《医疗机构管理条例》等有关卫生法律法规，不合法地从事医疗活动的行为；[1] 也有观点将非法行医罪定义为未取得医师执业资格和执业证书的人非法从事医疗活动的情节严重的行为。[2] 以上两种观点虽然在表述上略有不同，但是其实质相同。因此，概括来看，非法行医是指不具有医疗法律法

---

[1] 苏玉菊. 卫生法教学案例评析［M］. 北京：中国政法大学出版社，2020：85.

[2] 王康. 医疗纠纷案例精析［M］. 上海：上海交通大学出版社，2017：301.

规所规定的行医资格而在客观上实施了具有医疗特征活动的违法行为。从事这种违法行为的主体，既可以是一般实施医疗行为的主体，也可以是无业人员或个体诊所中工作的人员，甚至可以是公立医院及其他医疗机构中的人员。❶ 对于上述主体，除了要追究其民事责任、行政责任，还可以依据情节严重情况追究其刑事责任。根据我国《刑法》第 336 条第 1 款之规定可知，我国设立非法行医罪既有利于保护人民群众的生命或身体健康权利，又有利于保障国家的医疗卫生管理体系与制度。

2. 非法行医主体资格的认定。

这也是非法行医罪在理论上产生分歧的核心，其有关争议从未停止过。❷ 犯罪主体对于判断犯罪构成具有重要作用，无论是在传统的以"四要件"为核心的刑法理论中，还是在后来流行的"犯罪阶层"理论中，犯罪主体的认定都是重要的一环。2008 年 4 月 29 日《最高人民法院关于审理非法行医刑事案件具体应用法律若干问题的解释》（法释〔2008〕5 号）第 1 条和 2016 年 12 月《最高人民法院关于修改〈关于审理非法行医刑事案件具体应用法律若干问题的解释〉的决定》第 1 条规定：具有下列情形之一的，应认定为《刑法》第 336 条第 1 款规定的"未取得医生执业资格的人非法行医"：①未取得或者以非法手段取得医师资格从事医疗活动的；②被依法吊销医师执业证书期间从事医疗活动的；③未取得乡村医生执业证书，从事乡村医疗活动的；④家庭接生员实施家庭接生以外的医疗行为的。值得注意的是，上述 2016 年通过的司法解释删掉了 2008 年司法解释的第 1 条第 2 项"个人未取得《医疗机构执业许可证》开办医疗机构"的行为内容。以下分而论之：

（1）"未取得或者以非法手段取得医师资格从事医疗活动"的人。一般而言，取得医师资格的前提是必须通过医师资格考试，除此之外，还需要进行医师注册并取得执业证书。因此，实践中对于取得医师资格但是尚未进行医师注册并取得执业证书的人从事医疗活动的情况，可以进行行政处罚，但不宜一律按照非法行医罪处理。❸ 有观点认为，非法行医罪的犯罪主体应当界定为"未取得执业（助理）医生资格的人"，即只要具有执业（助理）医生资格，就不能成为非法行医罪的主体。❹ 也有观点认为取得执业医师资格但未取得执业证书的人也能成为非法行医罪的主体。❺ 但从非法行医罪设立的主要目的来看，其是打击不具有医师资格的人从事医疗活动的行为，因而只要通过了医师资格考试，就获得了医师资格，尚未注册并不影响这一资格的获取。因此，已经通过医师资格考试但尚未申请和注册的主体，不能成为非法行医罪的犯罪主体。对于以伪造、变造等非法手段取得医师资格的人，依据《医师法》第 54 条第 3 款规定，由县级以上人民政府卫生健康主管部门责令改正，没收违法所得，并处违法所得

---

❶ 严寒. 医疗损害赔偿典型、疑难案件裁判规则与依据［M］. 北京：法律出版社，2014：284.

❷ 王瑞. 论非法行医罪的主体界定标准及适用（上）［J］. 中国卫生法制，2018，26（1）：13-14.

❸ 苏玉菊. 卫生法教学案例评析［M］. 北京：中国政法大学出版社，2020：87.

❹ 王瑞. 论非法行医罪的主体界定标准及适用（上）［J］. 中国卫生法制，2018，26（1）：13-14.

❺ 张明楷. 刑法学［M］. 北京：法律出版社，2016：1125.

二倍以上五倍以下的罚款，违法所得不足一万元的，按一万元计算；情节严重的，吊销医师执业证书。因此，这些主体的行为无疑可以构成非法行医罪。

（2）依法吊销医师执业证书期间从事医疗活动的人。《医师法》第54~58条分别规定了吊销医师执业证书的具体情形。医师一旦被吊销医师执业证书，等同于未取得医师执业资格，其可以构成非法行医罪的主体。

（3）未取得乡村医生执业证书，而从事乡村医疗活动的人。《乡村医生从业管理条例》第10、第11条具体规定了乡村医生资格的取得方式。考虑到目前我国农村群众的医疗现状，对于那些未取得医师资格，但根据有关规定，经县级卫生行政管理部门注册后，在乡村医疗机构从事一般医疗服务的人，不能按照非法行医进行处理。❶

（4）主要针对《母婴保健法》中所规定的家庭接生人员。具有家庭接生资格的人员只能实施家庭接生行为，超出这些行为而从事其他医疗行为的，仍然构成非法行医罪。其原因在于《刑法》第336条规定的"未取得医生执业资格"指的是未取得特定类型的医生执业资格。如牙科医生为患者做阑尾炎手术致其死亡的，可以认定为非法行医罪。❷其原因在于，非法行医罪的立法目的在于打击不具有专业医疗知识的人从事医疗行为。如果医生超出执业类别和范围，从事非自己专业范围内的医疗行为，则与非法行医行为的本质相同，既严重威胁了人民的健康安全，也严重侵害了医疗卫生管理秩序。❸

3. 非法行医罪与医疗事故罪之间的区别。

具体来看，二者之间主要有如下区别。①主体不同。非法行医罪的主体是不具有医师执业资格的人，而医疗事故罪的主体是医务人员。②主观方面不同。非法行医罪的行为人对造成就诊人死亡或严重损害就诊人身体健康的后果所持的心理态度，既可以是过失，也可以是间接故意，而医疗事故罪行为人对造成严重不良后果所持的心理态度仅为过失。③客体不同。非法行医罪侵犯的是医疗管理秩序和病员的身体健康与生命安全，而医疗事故罪侵犯的是病人的健康和生命的权利与医疗单位正常的管理活动。④客观方面不同。非法行医罪表现为违反国家有关医疗管理法律、法规的规定且情节严重的行为，但不要求造成"严重后果"，在客观方面的表现形式只能是积极的作为。而医疗事故罪在客观方面表现为医务人员在合法的诊疗护理工作过程中违反规章制度，严重不负责任，造成就诊人死亡或者严重损害就诊人身体健康的行为，要求"造成严重后果"，客观表现既可以是积极的作为，也可以是消极的不法行为。此外，非法行医罪造成就诊人死亡或身体健康严重后果的原因既可以表现为责任过失，也可以是技术过失，而医疗事故罪则仅限于责任过失，而技术过失不构成犯罪。⑤处罚的严厉程度不同。非法行医罪法定最高刑可以判处十年以上的有期徒刑，并处罚金；医疗事故罪法定最高刑为三年，且并未规定财产刑。

---

❶ 苏玉菊. 卫生法教学案例评析［M］. 北京：中国政法大学出版社，2020：88.

❷ 张明楷. 刑法学［M］. 北京：法律出版社，2016：1126.

❸ 李筱永，赵晓佩. 医事法案例精选［M］. 北京：中国政法大学出版社，2014：177.

4. 非法行医的法律责任。

非法行医行为在法律上具有三种责任，即民事责任、行政责任、刑事责任。

（1）非法行医的民事责任。非法行医行为因为主观上具有故意心态，因此，不能适用《医疗事故处理条例》。当非法行为造成损害结果时，行为人应当依据《民法典》与《最高人民法院关于审理人身损害赔偿案件适用法律若干问题的解释》的规定承担相应的民事责任。除此之外，由于非法行医致人损害不属于医疗损害纠纷，不构成医疗事故，因此不能按照《医疗事故处理办法》中的民事责任予以处理，也不能适用侵权责任中的关于医疗损害责任的规定。❶

（2）非法行医的行政责任。关于行政法意义上的非法行医，理论界主要有以下几种观点。第一种观点认为只要医疗机构未取得医疗机构执业许可，从医人员不具有医师执业证书，均构成非法行医。第二种观点认为，即使医疗机构持有医疗机构执业许可证，从医人员拥有医师执业证书，如果医疗机构超出登记范围而增加诊疗科目或擅自变更执业地址等，或是从医人员超出执业地点、类别或范围等行医的，也构成非法行医。❷ 第三种观点则认为，由于行政法律法规对非法行医未作出明确规定，如果按照严格依法行政的角度，行政执法及司法实践对非法行医的认定应当从严把握。❸ 由以上观点可以看出，非法行医行为在行政法层面，其违法主体既可以是单位，也可以是个人。而违法行为则是未取得相应合法行医条件而实施医疗活动。对于单位来说，根据《医疗机构管理条例》第 6 章的规定，医疗机构的非法行医行为主要有以下几种：①未取得《医疗机构执业许可证》擅自执业的；②逾期不校验《医疗机构执业许可证》仍从事诊疗活动的，或者拒不校验的；③出卖、转让、出借《医疗机构执业许可证》的；④诊疗活动超出登记范围的；⑤使用非卫生技术人员从事医疗卫生技术工作的；⑥出具虚假证明文件的。对于个人来说，在《医师法》中规定的非法行医情形主要包括：未经批准擅自开办医疗机构和未经批准擅自非法行医。个人或单位有上述非法行医行为的，主要由县级以上人民政府卫生行政部门作出相应的行政处罚。

（3）非法行医的刑事责任。《刑法》第 336 条规定了非法行医罪的具体内容。与行政责任相比，非法行医的刑事责任在犯罪主体方面只能是自然人，而不能是单位。对于违法情节来说，成立本罪要求达到"情节严重"或者"严重损害就诊人身体健康"或者"造成就诊人死亡"。依据《最高人民法院关于审理非法行医刑事案件具体应用法律若干问题的解释》（法释〔2008〕5 号）第 2 条规定，具有下列情形之一的，应认定为《刑法》第 336 条第 1 款规定的"情节严重"：①造成就诊人轻度残疾、器官组织损伤导致一般功能障碍的；②造成甲类传染病传播、流行或者有传播、流行危险的；③使用假药、劣药或不符合国家规定标准的卫生材料、医疗器械，足以严重危害人体

---

❶ 王康. 医疗纠纷案例精析 ［M］. 上海：上海交通大学出版社，2017：302.

❷ 苏玉菊. 卫生法教学案例评析 ［M］. 北京：中国政法大学出版社，2020：89.

❸ 陆玉珍. 行政法意义上的非法行医如何认定 ［J］. 中国审判，2010（3）.

健康的；④非法行医被卫生行政部门行政处罚两次以后，再次非法行医的；⑤其他情节严重的情形。

综上所述，追究非法行医罪的刑事责任需要符合以下几个条件：第一，违法程度上必须达到"情节严重"；第二，犯罪主体必须是尚未取得医师执业资格的自然人；第三，成立非法行医罪要求非法行医与损害后果之间具有因果关系。❶ 因果关系是沟通违法行为与违法结果之间的桥梁，界定非法行医与危害结果之间是否存在因果关系有以下标准，首先，应该看非法行医行为与患者伤亡的危害结果之间是否存在"有前者就有后者"的条件关系；❷ 其次，非法行医的条件需要借助其他因果关系学说进行筛选，对不符合非法行医罪行为的条件予以排除；再次，将筛选后的条件再次进行限缩，选择符合非法行医罪归责的条件；最后，对既有条件和介入因素对于因果关系的影响要分别考虑。既有条件是在实施危害行为之前就已经客观存在的条件，如非法行医罪中最典型的既有条件是被害人的特殊体质。通过这几个步骤，可以在遵循刑法规范的前提下，通过形式逻辑的方法，确定非法行医罪中的因果关系。实践中，需要注意的是那些未取得执业医师资格的人，可能在治疗一些疾病方面取得了很好的效果，但是只要其行为导致了个别患者的死亡，就仍然需要严格依据上述方法，追究其非法行医罪的刑事责任。❸

从犯罪违法层面分析，本案中被告人陈某某在未取得医师资格的前提下实施的医疗行为致使被害人构成轻微伤，而此前陈某某已因非法行医先后受到了两次行政处罚，其行为已经符合《最高人民法院关于审理非法行医刑事案件具体应用法律若干问题的解释》中关于"情节严重"的规定，因此，追究刑事责任的前提已构成。从犯罪主体上来看，陈某某是自然人，也属于完全刑事责任年龄人，未取得医师资格而实施医疗行为，符合非法行医罪的主体条件。从因果关系上来看，被害人本身不具有特殊体质，其所受到的轻微伤害是服用了被告人所开具的"秘方药"而直接引起的，具有刑法上的关联性。因此，综上分析，被告人陈某某的行为符合非法行医罪的全部构成要件。

医疗行为具有极强的专业性和技术性，国家之所以规定行医人员必须具备医师资格，也是为了保证医疗质量，从而保障人民的生命健康安全。对于实践中未取得行医资格的人员实施的医疗行为，国家应当依法严格打击，切实维护我国医疗领域秩序，充分保障人民群众的就医安全。❹

【思考题】

1. 非法行医罪与其他相近罪名之间的区别。
2. 在非法行医罪中，非法行医行为与就诊人伤亡结果的因果关系怎么判断？

❶ 韩玉胜. 医患纠纷法律解读 [M]. 北京：法律出版社，2015：205.
❷ 杨赞. 破解非法行医犯罪法律认定三难点 [N]. 检察日报，2018-05-07（3）.
❸ 苏玉菊. 卫生法教学案例评析 [M]. 北京：中国政法大学出版社，2020：89.
❹ 李蕾蕾，吴晓东，王文东. 非法行医罪司法解释修改后非法行医案件移送的探讨 [J]. 中国卫生法制，2018，26（5）：28-31.

第四节　医疗服务合同制度

本节主要通过对社会中医疗服务合同存在的问题进行阐释，厘清医疗服务合同中双方的义务，规范医疗服务，减少纠纷。

案例五　医疗服务合同解除纠纷案[●]

【基本案情】

2011 年 10 月 11 日，被告陈某春因"左下肢肿痛一周"入住原告北京某集团总医院骨科病房，入院初步诊断为："左下肢深静脉血栓形成 DYT、左膝关节镜术后。"经治疗后检查，被告左下肢深静脉血检部分血管再通，关节活动度伸直 0 度，屈曲达 90 度。自 2012 年 3 月下旬至 7 月中旬，原告二十余次通知其出院，但被告始终拒绝且仍占用骨科病房床位。2012 年 7 月 18 日，原告为被告办理了出院手续，且其后，原告未再对被告进行住院治疗。

根据查明的事实，法院认为被告陈某春的行为严重干扰了原告北京某集团总医院的正常医疗秩序，侵害了原告的合法权益，影响了其他公民公平地享受医疗服务的权利，并于 2014 年 12 月 10 日作出判决，判决陈某春于本判决生效之日起七日内将床位腾退给原告。但陈某春未自动履行上述生效判决，北京某集团总医院申请强制执行。执行期间，执行法官先后六次到医院做陈某春自动履行的思想工作，但陈某春始终不予配合，其妻扬言闹事、拍照录音。鉴于陈某春拒不履行法律义务，法院于 2015 年 2 月 10 日组织强制执行，将陈某春搬离病床，妥善安排至其居所，并对在执行现场妨碍法院执行的两案外人采取司法拘留措施，确保这起案件的顺利执毕。

【主要法律问题】

1. 北京某集团总医院与陈某春之间医疗关系的法律属性是什么？
2. 北京某集团总医院在此法律关系中的义务包括哪些？
3. 作为患者的陈某春在此法律关系中的主要义务是什么？
4. 对北京某集团总医院为陈某春办理出院手续的行为应作何法律解读？
5. 北京某集团总医院为陈某春办理出院手续后仍应履行什么义务？

[●] 最高人民法院弘扬社会主义核心价值观典型案例。北京市门头沟区人民法院（2014）门民初字第 2429 号民事判决书。

【主要法律依据】

《中华人民共和国民法典》

第 562 条第 2 款　当事人可以约定一方解除合同的事由。解除合同的事由发生时，解除权人可以解除合同。

第 563 条第 2 款　以持续履行的债务为内容的不定期合同，当事人可以随时解除合同，但是应当在合理期限之前通知对方。

第 565 条第 1 款　当事人一方依法主张解除合同的，应当通知对方。合同自通知到达对方时解除；通知载明债务人在一定期限内不履行债务则合同自动解除，债务人在该期限内未履行债务的，合同自通知载明的期限届满时解除。对方对解除合同有异议的，任何一方当事人均可以请求人民法院或者仲裁机构确认解除行为的效力。

第 566 条第 2 款　合同因违约解除的，解除权人可以请求违约方承担违约责任，但是当事人另有约定的除外。

【理论分析】

本案例中北京某集团总医院与陈某春之间的关系是医疗服务合同关系，主要法律问题针对此关系进行设计，因此以下主要对其理论和相关知识点进行概述。

1. 医疗服务合同的含义及性质。

医疗服务合同，即"医疗机构以提供医疗服务为目的，与患者之间缔结的合同"，[1]主要指医疗行为持续一定时间的合同，以患者住院治疗情形为典型（门诊治疗持续一定时间的情形也包括在内）。"医疗服务合同法律关系，是指医务人员受患者的委托或其他原因，对患者实施诊断、治疗等行为所形成的法律关系"。[2] 医疗服务合同并非《民法典》中规定的典型合同类型，主要有如下特征。①医疗服务合同双方身份恒定，即一方是医疗机构（还包括个体诊所等，统称医方），另一方为患者或者代患者行使治疗权利履行配合义务的人（例如患儿家长），可统称为患方。②医方在合同中所担负的主要义务为行为义务，即向患方给付医疗行为，一般情况下对治疗结果并不做承诺。原因在于，"医疗机构的诊疗义务系手段债务，因为医方只能借助医学知识和技术提供尽可能符合医学原理和患者具体情况的医疗服务，推动患者向健康的方向发展，而治疗结果却受到医疗科学水平、患者病情、体质等多种因素的影响，且某些疾病在一定的医疗技术水平下，确实是无法治愈的"。[3] ③医疗服务合同是兼具财产性与人身性的合同。在合同履行中，虽然患方为取得医疗服务，需支付相应的经济对价，即诊疗费用，但是，医疗机构的医务人员必须以自身行为（诊疗行为）为给付，并且患者必须

---

❶ 刘建利. 医事法案例教程［M］. 南京：东南大学出版社，2019：113.

❷ 张广，戴蕾. 法官讲：医疗机构法律风险防控读本［M］. 北京：人民法院出版社，12.

❸ 白松，许学敏. 医疗纠纷法理与实务［M］. 北京：中国法制出版社，79-80.

亲身受领这种医疗给付（配合治疗），而给付结果也是通过对患者身体病症的治疗效果体现出来的。④医疗服务合同关系具有强烈的伦理性。无论是医学界圣律"希波克拉底誓言"还是"医者父母心"的民间谚语，都表明医患关系含有天然的伦理因素，医疗服务合同的履行过程必然处处彰显人文关怀色彩。例如，医生不能随便拒绝诊疗，特殊情况下的医疗专断行为（体现了一定程度的医疗父权主义）的实施，等等。⑤合同双方高度互信，利益趋于一致。试想一方手持针刀，刮骨疗伤，一方谨遵医嘱，处处配合，若无高度互信，怎能携手战胜病魔。若医患信赖不存，时时互疑，处处抵牾，即使医生医术再高，医疗设备再先进，恐怕也难以达到预期治疗效果，从而丧失合同履行意义。此外，在合同履行利益方面，对患者来说，其生命健康权益通过医生的诊疗行为得到维护；对医生来说，对患者施治，除了获取职业薪酬，更收获了尊敬、荣誉与社会认可。更为重要的是，医患双方有着减轻病痛战胜病魔的共同目标，有着增进人类健康福祉及促进医学进步的共同追求。可以说，医患双方的利益已高度凝结在一起并趋于一致。

2. 医疗机构承担的义务。

在医疗服务合同中，医疗机构所承担的义务种类较多，构成一个以医疗行为给付为主义务的义务群。在此义务群中，除诊疗义务外还有一系列附随义务，主要包括以下种类。①告知义务。《中华人民共和国医师法》第25条规定，"医师在诊疗活动中应当向患者说明病情、医疗措施和其他需要告知的事项。需要实施手术、特殊检查、特殊治疗的，医师应当及时向患者具体说明医疗风险、替代医疗方案等情况，并取得其明确同意；不能或者不宜向患者说明的，应当向患者的近亲属说明，并取得其明确同意。"医方的告知义务对应的是患方的知情同意选择权。②对患者隐私及个人信息的保密义务。《民法典》第1226条规定，"医疗机构及其医务人员应当对患者的隐私和个人信息保密。泄露患者的隐私和个人信息，或者未经患者同意公开其病历资料的，应当承担侵权责任"。③为患方提供病历资料的义务。《医疗纠纷预防和处理条例》第16条规定，"患者有权查阅、复制其门诊病历、住院志、体温单、医嘱单、化验单（检验报告）、医学影像检查资料、特殊检查同意书、手术同意书、手术及麻醉记录、病理资料、护理记录、医疗费用以及国务院卫生主管部门规定的其他属于病历的全部资料。患者要求复制病历资料的，医疗机构应当提供复制服务，并在复制的病历资料上加盖证明印记。复制病历资料时，应当有患者或者其近亲属在场。医疗机构应患者的要求为其复制病历资料，可以收取工本费，收费标准应当公开。患者死亡的，其近亲属可以依照本条例的规定，查阅、复制病历资料"。④其他义务，例如安全保障义务等。此外，根据德国民法上附保护第三人作用之契约理论，即"特定契约一经成立，不但在当事人间发生权利义务关系，同时债务人对于与债权人具有特殊关系之第三人，亦负有照顾、保护等义务。债务人违反此项义务时，就该特定范围之人所受之损害，亦应依契约法之原则，负赔偿责任"的契约法原理，医疗机构对于与患者具有特殊关系的第三人，比如陪护其住院的亲属，仍负一定的照顾、保护等附随义务。例如，医学影像科工作人员在对需要接受放射检查的患者进行仪器操作时，对陪同患者的亲属，就有明确告知其离开辐射危险区的义务。

3. 患者及其关系人承担的义务。

在医疗服务合同中，患方（患者及其亲属或其他关系人）也需要承担一系列义务，主要包括：①支付医疗费的义务。虽然我国已经建立覆盖面较广的医疗保障制度，但仍有许多患者因各种原因采取全自费治疗形式。并且，即使是医保病人，除医保报销部分费用外，患者本人仍需自行负担部分医疗费用（包括"医保入门费"）。因此，即使医疗服务合同有着较为明显的伦理性特征，但仍包含重要的经济性内容，属于兼具人身性与财产性的非典型合同类型。②配合治疗的义务。患方的配合治疗义务，属于合同法义务群理论中的不真正义务或负担性义务。这种义务或曰负担的主要特征，在于合同对方通常不享有请求义务人履行这种义务的请求权，并且义务人违反此种义务仅导致自身遭受法律上的不利益，一般不产生损害赔偿的后果。的确，因为患者自主决定权的存在，医生通常情况下不得强迫患者接受治疗。但是，患方的自我决定权不可绝对化。因为配合医生检查治疗既是患者维护自身健康权益、实现医疗服务合同目的所必需的条件，又可能是在履行一项法定义务。③服从管理的义务。根据合同法附随义务中的保护义务原理，❶ 合同双方均负有在合同履行过程中避免侵害对方人身及财产权益之义务。这种义务在患方主要体现为服从医疗机构管理，不使自身行为成为院内风险因素。例如，住院病人不遵守病区管理规定，随意乱串病房，造成交叉感染；或者违反消防安全规定，在病房内烧火做饭引发火灾；或是住院病人不遵医嘱，晚上不在病房留宿，仅在白天进行治疗，从而形成"挂床"现象，严重违反国家医保政策规定，致使医院被有关行政机关处罚。④依法维权的义务。在医疗服务合同履行过程中，患方可能对医疗机构主义务（医疗行为）或附随义务（例如告知义务等）的履行情况不满意，产生医疗纠纷。此时，患方应当通过合法合规的途径维护自身权益，例如向医疗机构投诉接待部门反映问题，或者向卫生行政机关进行投诉或向法院提起诉讼等，但不得干扰医疗秩序，不得妨碍医务人员工作、生活，不得侵害医务人员合法权益。例如，不得封堵医院大门并拉扯条幅，围堵辱骂甚至殴打医务人员等。这些行为往往已溢出合同法调整框架（但仍然可能引起某些合同责任），而具有显著的侵权行为特征，并最终将引出侵权责任承担问题。

4. 本案中，北京某集团总医院多次通知陈某春出院并为其办理出院手续的行为，

❶ 我国台湾地区学者王泽鉴先生认为，非独立之附随义务依其功能而言可分为两类：（1）辅助实现债权人之给付利益，例如对给付标的之照顾义务、说明义务及忠实义务等。（2）避免侵害侵权人之人身或财产上利益（所谓之保持利益）……。此类义务，德国学者统称为 Schutzflicht（保护义务），论其性质，实与侵权行为法上之交易安全义务（Verkehrssicherungspflicht）同其性质，与给付义务之关联较为疏远。唯债之关系系属一种法律上之特别结合关系，已如上述，当事人因社会接触（sozialer Kontakt）而进入彼此可影响之范围，依诚实信用原则，自应善尽交易上之必要注意，以保护相对人人身及财产上之利益。详见王泽鉴. 债之关系的结构分析［M］//王泽鉴. 民法学说与判例研究（第四册）. 修订版. 北京：中国政法大学出版社，2005：84-85.

在法律上可视为其行使医疗服务合同单方解除权。

"因违约而发生解除权，将合同解除作为违约的补救手段。就其本来的功能而言，在于非违约方'合同义务的解放'，由此而派生的功能还包括非违约方'交易自由的恢复'及违约方'合同利益的剥夺'。"❶ 医疗机构及时恰当地行使合同解除权，具有经济与伦理两方面的积极意义。在经济方面：①增加患方缔结新约机会，减少缔约成本，使其尽早从失去履行意义之原合同的枷锁中解脱出来，开始新的诊疗康复过程。换言之，医疗服务合同的解除能够促使患方尽早下定出院转院的决心，尽快开始享受对其来说更适宜的其他医院的诊疗服务。②使医疗资源得以高效利用，使最需要的病人得到最及时的医疗服务，从而使得社会资源得到最有效的配置。例如，现代医院管理制度上的床位周转率指标，即是为此目的而设。③避免"外部性的存在会导致对第三方的损害，所产生的成本溢出使得个人的决策偏离社会的效率，从个人角度实现的最优情况对社会却可能是有害的"之情况的发生。❷ 例如，本案中陈某春长期占据病房拒不出院，这势必损害其他患者住院治疗的合法权益，降低社会医疗资源的利用效率。此时，"合同法会通过拒绝强制履行第一方和第二方当事人之间的合同来保护第三方的利益"。❸ 在伦理方面：医疗服务合同具有显著的人身性特征，合同双方在履约过程中必须高度互信，紧密配合，合同目的才有实现的可能性。合同双方信赖程度的变化影响着医疗服务合同缔结、履行、变更及消灭等事项。若这份信任遭到破坏，即便合同仍然存续，合同双方的履约也会变得困难重重甚至不可能，合同目的自然也就无法实现。本案中，因前期治疗上的争议以及医患矛盾的存在，医患双方的互信基础已严重动摇。此时，应从维护医患双方的根本利益角度考虑问题，及时解除合同。

5. 医疗服务合同解除后，医疗机构仍需履行的后合同义务。

在本案中，北京某集团总医院为打破合同僵局，维护自身合法权益，多次通知陈某春出院并为其办理出院手续，以行使合同解除权的方式结束医疗服务合同关系。医疗服务合同解除后，医疗机构仍需履行以下后合同义务：①告知义务。包括：告知合同关系解除的事实及原因，以利于患方做出抉择，例如办理出院或者转院治疗；告知其出院后的后续治疗或者康复注意事项，即医疗上的出院告知。医疗服务合同存续期间医患双方若存在医疗纠纷，则即使合同解除，医疗机构也应向患方告知医患纠纷解决途径。例如告知《医疗事故处理条例》及《医疗纠纷预防和处理条例》等专门性规定，利于患方后续维权。②提供病历资料的义务，以供患方医保或商业保险报销、向其他医疗机构咨询或者诉讼维权等所用。③安全保障义务。医疗服务合同解除后，若患方尚未离开医疗机构场域，则对其人身和财产安全，医疗机构仍应承担相应安全保障义务。④保密义务。合同关系解除后，医疗机构仍应妥善保管有关患者的病历资料，

❶ 韩世远. 合同法总论 [M]. 4 版. 北京：法律出版社，2018：649.

❷ 史晋川. 法经济学 [M]. 2 版. 北京：北京大学出版社，2014：107.

❸ [美] 罗伯特·考特，托马斯·尤伦. 法和经济学 [M]. 6 版. 史晋川，董雪兵，等译. 上海：格致出版社，上海三联书店，上海人民出版社，2012：286-287.

对其隐私和个人信息负保密义务。总之，因为医患关系和医疗服务合同含有较为强烈的人身性、伦理性因素的原因，所以医疗机构行使合同解除权后，仍应诚实守信地履行相关后合同义务。

【思考题】

1. 医疗服务合同僵局问题的破解方法。
2. 医疗服务合同医方解除权的行使时机问题。

第五节　医疗机构安全保障义务制度

本节主要通过对实践中医院在提供服务时的安全保障义务进行分析，通过基础性理论的分析，表明医院的安全保障责任。

案例六　精神病患者安全保障义务责任纠纷案[1]

【基本案情】

2014 年 4 月 30 日，徐某婕因"少尿伴尿液混浊 3 天"入住某医院急诊病房。2014 年 6 月底徐某婕病情稳定，医院准予出院。但其留在该医院，未办理出院手续，一直到 2015 年 4 月 15 日。2015 年 4 月 15 日上午，徐某婕及其母亲因故暂离医院。当日回到该医院并要求进入急诊病房时，医院的保安阻止，双方发生争执。后徐某婕及其母亲被带至医院行政楼前空地。在徐某婕母亲与该医院的保安争执时，徐某婕自行离开该医院。2015 年 4 月 16 日，徐某婕母亲张某某报警，称徐某婕在该医院急诊住院部走失。2015 年 4 月 20 日徐某婕的母亲通过警察找到徐某婕。

后徐某婕向上海市长宁区人民法院提起诉讼，认为就诊住院期间，由于该院管理失职，且强行驱赶原告，导致原告走失，并认为被告作为公共医疗机构，对其院内患者具有高于一般公共场所的安全保障义务。被告明知原告存在精神疾患，却在看到原告离开医院时，未采取阻止措施，因此原告所承受的诸多损害后果与其走失之间存在直接因果关系，被告应承担全部赔偿责任。

上海市长宁区人民法院认为，根据法律规定，公民享有生命健康权。公民、法人由于过错侵害他人人身的，应当承担民事责任；被侵权人对损害的发生也有过错的，可以减轻侵权人的责任。某医院作为医疗机构，除履行与患者之间的医疗服务合同之外，还应对患者尽到安全保障义务。本案中，被告某医院在与原告及其母亲交涉过程

---

[1] 最高人民法院司法案例研究院。上海市高级人民法院（2020）沪民申 1104 号民事裁定书。

中，明知原告患有精神疾病而在其自行离开某医院时，未加以劝阻，也未及时提醒家属予以监护，没有尽到合理、适当的注意义务，故对于原告的走失，被告具有过错，应承担相应的责任。同时，张某某作为事发时原告的监护人应当尽到照管义务，张某某在与保安发生争执时，并未及时关注到原告所处的位置及去向，亦存在相应过错。综合考虑双方的过错责任，上海市长宁区人民法院酌定某医院对原告徐某婕的损害后果承担 90% 的责任，其余 10% 责任由原告方自负。

原告不服一审判决结果，向上海市第一中级人民法院提起上诉。二审法院驳回上诉，维持原判。原告又向上海市高级人民法院提出再审申请，被驳回。

【主要法律问题】

1. 本案中上海市某医院除了应对患者徐某婕履行诊疗义务，还应承担什么义务，这种义务的法律性质是什么？

2. 法院在本案中确认上海市某医院对患者徐某婕应履行的义务，与医院诊疗义务的区别和联系是什么？

3. 上述问题中的义务内容的类型化问题。

4. 上述问题中的义务履行程度问题。

【主要法律依据】

《中华人民共和国民法典》

第 1198 条第 1 款　宾馆、商场、银行、车站、机场、体育场馆、娱乐场所等经营场所、公共场所的经营者、管理者或者群众性活动的组织者，未尽到安全保障义务，造成他人损害的，应当承担侵权责任。

【理论分析】

本案例中上海某医院除应对徐某婕履行诊疗义务外还需履行安全保障义务，本案例的法律问题主要涉及医疗机构安全保障义务理论和相关知识点。

1. 医疗机构安全保障义务及其性质。

"安全保障义务，是指宾馆、商场、银行、车站、娱乐场所等公共场所的管理人或者群众性活动的组织者负有的保障他人之人身安全、财产安全的注意义务。如果安全保障义务人未尽到该义务，应承担侵权责任或相应的补充责任。"❶ 医疗机构的安全保障义务，就是对与自己建立起某种法律关系的人（例如患者及其亲属）或者在其管理范围内的人（例如偶然穿行于院区者）的人身安全和财产安全所负有的注意义务。医疗服务合同的义务群包含给付义务及附随义务等，而在附随义务范畴内，尚有一种保护义务，此义务"是指在由于合同接触（准备交涉、履行、受领等）而有发生侵害对

---

❶ 程啸. 侵权责任法［M］. 2版. 北京：法律出版社，2015：458.

方生命、身体、财产的可能性的场合，对于诸此法益不予侵害的义务"。**❶** 诚然，"附随义务中的保护义务，论其性质，实相当于侵权行为法上的社会安全义务，与给付义务的关系较远"。**❷** 但是，附随义务毕竟属于契约义务范畴，因此，受害人具有患者身份时，有医疗服务合同纠纷诉讼与侵权纠纷诉讼两条维权诉讼路径可供选择。若受害人不具有患者身份，则只能以侵权之诉，要求医疗机构承担因不履行安全保障义务而导致的赔偿责任，不具有选择性。此外，根据德国民法上附保护第三人作用之契约理论，即"特定契约一经成立，不但在当事人间发生权利义务关系，同时债务人对于与债权人具有特殊关系之第三人，亦负有照顾、保护等义务。债务人违反此项义务时，就该特定范围之人所受之损害，亦应依契约法之原则，负赔偿责任"的合同法原理，**❸** 医疗机构对与患者具有特殊关系的第三人，比如陪护住院的亲属，仍负有一定的照顾、保护等附随义务。

另外需要注意的是，医疗机构负担的安全保障义务的性质，因权利人（违反义务所致损害的受害人）与医疗机构关系的不同，而有多种认识维度。例如，到医疗机构内进行探视的患者同事、朋友等一般关系人，其本身与医疗机构并无任何法律关系，这类人的人身和财产若在医疗机构管理场所受到伤害，无论是在院内积水路面滑倒摔伤还是贵重物品丢失，若医疗机构未尽到注意义务引起责任，那么这种责任的性质只能是一种法定责任即侵权责任。但是，若受害人是患者本人或者陪同住院的亲属，那么医疗机构所负的安全保障义务的性质则有不同认识视角。受害人（患者）与医疗机构存在医疗服务合同关系，医疗机构内发生非属过失医疗行为的伤害行为时，可能导致违约责任与侵权责任的竞合。

2. 安全保障义务与诊疗义务的区别与联系。

医疗机构的安全保障义务，就是对与自己建立起某种法律关系的人（例如患者及其亲属）或者在其管理范围内的人（例如偶然穿行于院区者）的人身安全和财产安全所负有的注意义务。一般说来，医疗机构对患者所负义务主要来自双方所缔结的医疗服务合同中的给付义务和附随义务。医疗服务合同中医疗机构给付的主要是行为，即诊疗行为，所负的只能是方法之债。"医疗机构的诊疗义务系手段债务，因为医方只能借助医学知识和技术提供尽可能符合医学原理和患者具体情况的医疗服务，推动患者向健康的方向发展，而治疗结果却受到医疗科学水平、患者病情、体质等多种因素的影响，且某些疾病在一定的医疗技术水平下，确实是无法治愈的。"**❹**

而医疗机构对患者或患者以外的受害人所负的安全保障义务，则主要是一种注意义务，这种注意的程度高低因受害人与医疗机构关系的不同而有所区别。例如，由医

---

❶ 韩世远. 合同法总论 [M]. 4 版. 北京：法律出版社，2018：347.

❷ 王泽鉴. 债法原理（第一册）：基本理论·债之发生 [M]. 北京：中国政法大学出版社，2001：41-42.

❸ 王泽鉴. 契约关系对第三人之保护效力 [M] //王泽鉴. 民法学说与判例研究（第二册）. 修订版. 北京：中国政法大学出版社，2005：30.

❹ 白松，许学敏. 医疗纠纷法理与实务 [M]. 北京：中国法制出版社，2019：79-80.

疗服务合同所确认的医患关系具有强烈的人身性、伦理性特征，"医者父母心"的表述可谓最直白传神地描述了医患之间超越职业层面的伦理情感特质。这就决定了作为义务人的医疗机构必须尽到高度注意义务，尽最大可能担负起全面维护患者权益的使命。例如，对行动不便的住院患者，除了必须严格执行分级护理制度等医疗质量安全核心制度，还应最大限度地将医学人文主义精神灌注于法律义务的履行细节中，力争使得患者的合法权益得到全面有效维护，使其免受各种意外事件伤害。若受害人虽处于医疗机构管理场所范围内，但并未与医疗机构建立医疗服务合同关系，那么此时医疗机构只要履行好自身安全管理职责，尽到合理的注意义务即可。至于何谓合理，目前理论界尚有争议，有善良管理人说、法定标准说等，但这种注意义务的程度要求低于前述种类的注意义务。

3. 安全保障义务的类型。

目前，关于安全保障义务的类型在理论上可以作出利益保护型和危险源管控型两种划分，其划分依据在于安全保障义务人与义务违反而生之受害人（权利人）关系紧密程度的不同。

第一种称为利益保护型安全保障义务。义务人与受害人（权利人）具有某种特殊关系。这些关系可以是亲属关系，更多地体现为社会性关系，例如医院与患者的关系、负有安全职责的公立机构与社会第三人之间的关系，等等。这些关系具有如下特点：人身性，此时受害人（权利人）与义务人可能具有较为密切的人身照管方面的关系，例如全封闭的寄宿学校的管理者与幼年学生；伦理性，基于社会道德与伦理规则，义务人对受害人（权利人）的利益具有照管保护职责，例如医疗机构对住院患者，根据"以患者为中心"的医疗行业基本准则，除了要积极为其医治疾病，对其进行心理情志方面的安慰疏导，还要顾及其隐私保护、自主决定权的行使和其他正当权益的维护，此外对无人陪护的老年住院患者，医疗机构可能还要负起一定程度的生活照顾帮助义务；职责性，这主要是指一些负有重大公共安全管理职责的政府机构（包括履行或暂时履行部分公共管理职能的事业单位，例如疾控中心或者传染病定点收治医院）对不特定的社会第三人个人或者群体所负的安全保障义务。举例来说，当这些机构或部门发现传染病疫情可能对公共安全造成危害时，必须果断采取措施应对，或及时上报或进行应急处置，因为其肩负的职责决定了在社会这个超大场域内其对公众安全所负的义务，这种注意义务可称为法定义务。当然，本案例中医疗机构对患者所承担的安全保障义务，更多地体现了职业伦理性特征。

第二种称为危险源管控型安全保障义务。顾名思义，该类型义务人需要做的就是合理谨慎地管理控制处于自身掌控下的危险源（或称风险源），使其不对他人人身和财产造成损害。以医疗机构来说，这些危险源可以是院内水、电、汽、暖及放射以及医疗废弃物等常规固有的危险元素，还可以是自身先行行为造成的临时性风险，例如院内建筑施工挖沟设障，以及应对盗窃及人身伤害等违法犯罪事件的保安措施，等等。理解此类型安全保障义务可以从两个地方着眼，一是这些风险源要么源于义务人自身开展的正常业务，要么是开展正常业务所必然附带的因素，总之是不可避免或难以避免的；二是医疗机构对这些风险源的管理控制程度总有一定的限度，这种限度一般体现于技术性法律法规和规章制度所规定的标准。一般来说只要医疗机构遵章办事恪尽职守，履行了相关方面的行为义务，一般可以认为其尽到了应尽的管理义务，不能无限升高此类型义务的衡量标准，否则可能出现安全保障义务法律关系主体权益失衡的结果。

4. 从以上分析可知，这两型安全保障义务各自对义务人的义务履行行为所提出的程度要求有较大的不同。

在利益保护型义务中，义务人对受害人（权利人）的人身和财产（利益）负有较为全面的照管保护职责，此时义务人所应达到的注意程度应是一种高度注意，即高度注意义务。具体到医疗机构来说，这种义务的内容不仅包括对患者人身和财产安全的最大限度的谨慎照管，甚至延伸至与患者有一定关系的人，例如陪护亲属甚至共同生活的亲属（例如患者身患恶性传染性疾病时，对其同住家属的告知义务）。总之，这种义务履行的较高程度要求来自医疗行业内"以患者为中心"的职业伦理，并体现在医患关系中的方方面面。"医者父母心"的谚语是对这种义务履行程度要求的最为贴切的表述。而在危险源管控型义务中，义务人对受害人（权利人）只要尽到合理的注意义务即可。对此，最高人民法院的法官进行了如下阐述，"法律义务的形成是因为相互结成社会的每一个体为了保证自己共同的某种需要得到先行满足，从而对追求另一种需求满足的行为加以限制，即义务是在社会资源有限的情况下为解决社会成员的两种或两种以上需求的互损性或冲突性而形成的，而群体性共同需求与个体的其他特定需求相比在价值上的优先性证明了它被先行满足的必要性，这种必要性即为义务设定的合理性。这种合理性表明，人们在社会活动中对他人人身和财产安全的安全保障义务是有底线的，不能无限制地加重公共场所管理者、群众性活动组织者的负担，故此产生了安全保障义务的合理限度问题"❶。具体到医疗机构来说，其只要按照各项法律法规和规章制度的要求认真履行自身职责，对院内各危险源进行有效管理控制而不使之成为致害源即可。例如，放射性仪器设备应置于符合法定防护要求的房间内开机使用；病房或停车场施工改造时应设立通行禁止或警示标志；按照实际需求聘用一定人数的安保人员并安装监控设备，等等。

【思考题】

1. 本案中作为原告的徐某婕可以通过哪些诉由达到维权效果？
2. 上海市某医院对患者徐某婕的亲属是否负有本案中法院确认的此类义务？

---

❶ 姜强. 人身损害赔偿案件裁判要点与观点［M］. 北京：法律出版社，2016：183-184.

CHAPTER 2　第二章

公共卫生法律制度

　本章知识要点

（1）传染病防治；（2）突发公共事件的预防和应急处理；（3）公共卫生监督；（4）职业病防治法律制度；（5）国境卫生检疫的法律制度

第一节　传染病防治制度

一、妨害疫情防控行为的刑法规制问题

该部分主要通过对新型冠状病毒肺炎（以下简称新冠肺炎）疫情背景下隐瞒密切接触史、妨害传染病防治的行为进行分析，由此探讨妨害传染病防治罪的刑法适用问题。

案例一　妨害新冠肺炎传染病防治案[❷]

【基本案情】

国家卫生健康委员会于 2020 年 1 月 20 日将新冠肺炎纳入《传染病防治法》规定的乙类传染病，并采取甲类传染病的预防、控制措施；2020 年 1 月 23 日，浙江省启动重大公共突发卫生事件一级响应。

2020 年 1 月 19 日，季某菊到青田县参加由章某斌组织的聚会活动。1 月 23 日，季

---

❶ 本章系国家社科基金项目"公共卫生立法比较研究"（项目号：20CFX016）、四川省哲学社会科学重点研究基地 2021 年专项"公共卫生二元化立法路径国际比较研究"（项目号：YF21-Q06）、安徽法治与社会安全研究中心第四批公开招标项目"'区块链+公共卫生'的法律规制研究"（项目号：fzsh2021cx-17）的阶段性成果，并得到郑州大学 2020 级研究生韩影、董玉珂、张端同学的大力帮助。

❷ 浙江省青田县人民法院（2020）浙 1121 刑初 44 号刑事判决书。

某菊因发热、咳嗽等症状就诊时被留院医学观察，1月25日被确诊为新冠肺炎病例。在随后的流行病学调查中，季某菊隐瞒与章某斌等人的接触史。1月24日至2月4日，章某斌因发热、咳嗽等症状多次去医院就诊，在被询问时，明知季某菊情况，仍隐瞒与其密切接触史。2月7日，章某斌被确诊为新冠肺炎病例，在进行流行病学调查期间，章某斌仍隐瞒事实。2月7日，防疫工作人员根据大数据发现1月19日季某菊、章某斌均曾在青田县附近出现，后对其进行询问，二人陈述事实。

因季某菊隐瞒与章某斌等人的接触史，导致包括章某斌在内的32名密切接触者未被及时隔离；因章某斌隐瞒与季某菊的密切接触史，致使其本人及113名密切接触者未被及时隔离观察，并造成包括医护人员、同诊病人在内的新增21名密切接触者被集中隔离观察。检察院以章某斌、季某菊犯妨害传染病防治罪，向法院提起公诉。

浙江省青田县人民法院认为，章某斌、季某菊在新冠肺炎疫情期间，违反传染病防治法规定，隐瞒二人曾密切接触的事实，致使多人被集中隔离，引起新型冠状病毒传播的严重危险，二人的行为均已构成妨害传染病防治罪。

【主要法律问题】

1. 为何将新冠肺炎列为乙类传染病却采取甲类传染病的预防控制措施？
2. 妨害传染病防治罪的刑法适用问题。
3. 突发公共卫生事件背景下如何协调隐私权保护？

【主要法律依据】

1.《中华人民共和国传染病防治法》

第3条 本法规定的传染病分为甲类、乙类和丙类。

……国务院卫生行政部门根据传染病暴发、流行情况和危害程度，可以决定增加、减少或者调整乙类、丙类传染病病种并予以公布。

第4条第1款 对乙类传染病中传染性非典型肺炎、炭疽中的肺炭疽和人感染高致病性禽流感，采取本法所称甲类传染病的预防、控制措施。其他乙类传染病和突发原因不明的传染病需要采取本法所称甲类传染病的预防、控制措施的，由国务院卫生行政部门及时报经国务院批准后予以公布、实施。

2.《最高人民法院、最高人民检察院、公安部、司法部关于依法惩治妨害新型冠状病毒感染肺炎疫情防控违法犯罪的意见》

故意传播新型冠状病毒感染肺炎病原体，具有下列情形之一，危害公共安全的，依照刑法第114条、第115条第1款的规定，以以危险方法危害公共安全罪定罪处罚：

（1）已经确诊的新型冠状病毒感染肺炎病人、病原携带者，拒绝隔离治疗或者隔离期未满擅自脱离隔离治疗，并进入公共场所或者公共交通工具的；

（2）新型冠状病毒感染肺炎疑似病人拒绝隔离治疗或者隔离期未满擅自脱离隔离治疗，并进入公共场所或者公共交通工具，造成新型冠状病毒传播的。

其他拒绝执行卫生防疫机构依照传染病防治法提出的防控措施，引起新型冠状病毒传播或者有传播严重危险的，依照刑法第 330 条的规定，以妨害传染病防治罪定罪处罚。

3.《突发公共卫生事件应急条例》

第 30 条　国务院卫生行政主管部门对新发现的突发传染病，根据危害程度、流行强度，依照《中华人民共和国传染病防治法》的规定及时宣布为法定传染病；宣布为甲类传染病的，由国务院决定。

4.《中华人民共和国民法典》

第 1032 条　自然人享有隐私权。任何组织或者个人不得以刺探、侵扰、泄露、公开等方式侵害他人的隐私权。

隐私是自然人的私人生活安宁和不愿为他人知晓的私密空间、私密活动、私密信息。

5.《中华人民共和国刑法》

第 330 条第 1 款　违反传染病防治法的规定，有下列情形之一，引起甲类传染病以及依法确定采取甲类传染病预防、控制措施的传染病传播或者有传播严重危险的，处三年以下有期徒刑或者拘役；后果特别严重的，处三年以上七年以下有期徒刑：

…………

（五）拒绝执行县级以上人民政府、疾病预防控制机构依照传染病防治法提出的预防、控制措施的。

【理论分析】

1. 为何将新冠肺炎列为乙类传染病却采取甲类传染病的预防控制措施？

新冠肺炎指因新型冠状病毒（以下简称新冠病毒）感染导致的肺炎。自被发现后，新冠病毒便以高传染性和高隐蔽性的特点大面积地传播，截至 2020 年 1 月 19 日 24 时，我国 31 个省（自治区、直辖市）和新疆生产建设兵团已报告确诊病例 1473 例（其中重症病例 62 例），累计死亡病例 4635 例，累计报告确诊病例 88557 例，累计追踪到密切接触者 944196 人，尚在医学观察的密切接触者 34966 人，新冠病毒已经出现人传人的现象。结合 2003 年的"非典"疫情来看，SARS 病毒致死率虽高，但传染性远没有新冠病毒高。

《传染病防治法》根据传染病的危害程度和应采取的监测、管理措施，将其分为甲、乙、丙三类。其中，甲类传染病为强制管理传染病，目前仅有鼠疫和霍乱被纳入，乙类传染病为严格管理传染病。为了应对突发的传染病疫情，《传染病防治法》也规定国务院卫生行政部门具有根据传染病暴发情况和危害程度，对其他需要采取甲类传染病的预防、控制措施的乙类传染病和突发原因不明的传染病，及时报经国务院批准后予以公布、实施的权力。

2020 年 1 月 20 日，国家卫生健康委发布公告，将新冠肺炎纳入《传染病防治法》

规定的乙类传染病，并采取甲类传染病的预防、控制措施。截至目前，我国已采取的通过甲类传染病预防、控制措施的乙类传染病共有"非典""炭疽中的肺炭疽""禽流感""新冠肺炎"四种。为什么新冠肺炎暴发如此凶猛，我国却仅把它纳入《传染病防治法》规定的乙类传染病并采取甲类传染病的预防、控制措施，而没有直接把其列为甲类传染病？主要原因是甲类传染病属强制管理传染病，严重程度最高，预防和控制措施最为严格。新冠病毒作为新发现的病原，传播力和毒力还需要进一步观察，危害程度暂未严重到鼠疫、霍乱的水平，但是其公共危险风险比较大，采取甲类管理措施后，对病人隔离治疗、对密切接触者实施隔离及医学观察等措施会更快速严格，利于迅速控制疫情。另外，《传染病防治法》也没有授权国务院卫生行政部门增加、减少或者调动甲类传染病并予以公布的权力，依据《突发公共卫生事件应急条例》第 30 条规定，甲类传染病的宣布由国务院决定。

2. 妨害传染病防治罪的刑法适用争议。

妨害传染病防治罪规定在《刑法》第 5 节危害公共卫生罪中，本罪的客体为公共卫生。对于公共卫生的理解存在不同观点。有观点认为，公共卫生属于公共安全的范畴，因为公共卫生也关系到广大人民群众的生命、健康安全[1]；还有观点认为，公共卫生不是公共安全的重要组成部分，本罪侵犯的客体是国家对传染病防治的有关管理制度[2]。应当指出，公共卫生和公共安全二者的共同特点为"公共性"，即行为可能对不特定或多数人的权益造成危害。公共卫生指的是政府为保障居民身体健康而采取的各种措施，而公共安全指的是不特定或多数人的生命、身体、财产的安全，从这个角度来看，二者存在一种包容关系，即公共卫生只是公共安全的一个组成部分。

妨害传染病防治罪的主观心态是故意还是过失，其判定是针对行为还是结果，也存在争论。有观点认为本罪并没有对过失犯罪进行规定，因此本罪默认为故意犯罪，但是也有观点认为是过失[3]。应当指出，本罪的主观心态应为过失，以《刑法》第 330 条规定的第 4 种情形为例，行为人拒绝执行卫生防疫机构的防疫措施可以出于故意或者过失的心态，但行为人对自己的行为可能引起乙类传染病传播或者有传播危险的后果则持否定态度，主观上并不希望危险结果发生。因为如果是故意犯罪，那么必然会危及不特定多数人的生命、财产安全，则构成以其他危险方法危害公共安全罪。另外，过失必定是针对结果而言，只有"行为人对其行为所造成的引起乙类传染病传播或者有传播严重危险的危害结果"的过失才是判断行为人主观过失的依据[4]。之所以对过失犯罪进行处罚，原因在于行为人违反了结果避免义务进而导致重大后果的发生，而这种避免义务的来源在于行为人本身并不追求结果发生。

---

❶ 陆诗忠. 论"以危险方法危害公共安全罪"中的"危险方法" [J]. 法律科学（西北政法大学学报），2017，35（5）：60-70.

❷ 曹子丹. 新刑法罪名量刑与案例通览 [M]. 长春：吉林人民出版社，2000：1077.

❸ 刘宪权. 刑法学 [M]. 上海：上海人民出版社，2016：718.

❹ 孟庆华. 妨害传染病防治罪的几个构成要件问题 [J]. 法学论坛，2004（1）：57-60.

疫情期间，妨害传染病防治罪与以危险方法危害公共安全罪这两个罪名极易混淆。以危险方法危害公共安全罪是指行为人实施与放火、决水、爆炸等危险性相当的行为，并且对危害公共安全的结果持故意或放任心态。以危险方法危害公共安全罪和妨害传染病防治罪的本质区别在于主观心态，尽管二者在客观行为上存在相似之处，但根据刑法上主客观相一致的原则，即使行为人实施了符合以危险方法危害公共安全罪构成要件的行为，若缺乏主观故意，也不构成该罪，有可能构成妨害传染病防治罪。最高人民法院、最高人民检察院等出台的《关于依法惩治妨害新型冠状病毒感染肺炎疫情防控违法犯罪的意见》明确指出以下两种情形才能被定性为以危险方法危害公共安全罪，一是已经确诊的新冠肺炎病人、病原携带者，拒绝隔离治疗或者隔离期未满擅自脱离隔离治疗，并进入公共场所或者公共交通工具的；二是新冠肺炎疑似病人拒绝隔离治疗或者隔离期未满擅自脱离隔离治疗，并进入公共场所或者公共交通工具，造成新型冠状病毒传播的。而对于其他拒绝执行疫情防控措施，引起新冠病毒传播或者有传播严重危险的，则按照妨害传染病防治罪来定性。原因在于已经确诊的病人明知自己患有传染性极强的疾病，以及出现早期发热、咳嗽等症状的接触史疑似病人明知患有新冠肺炎的概率之高，却依然违反防疫机构有关规定，进入公共场合，造成多数人传染的危险，即使行为人对危害结果的发生没有主动追求，至少也可以说是放任了后果的发生。而对于虽然存在相关接触史但没有出现早期症状的这类群体，虽然其对违反隔离措施会造成传播危险的后果可能是明知的，但主观上认为自己没有患病，因而没有执行防疫机构有关规定，应属于过失的心理态度❶，对该行为应按照妨害传染病防治罪来定性。

在本案中，季某菊在被确诊新冠肺炎后隐瞒与章某斌等人的密切接触史，章某斌在出现早期症状后隐瞒与季某菊等人的密切接触史，二人的行为导致大量人员未被及时隔离，引起新冠病毒传播的严重危险，但主观上，二人因对自身行为的违法性、危害后果认识不足，才隐瞒密切接触史，且两人在隔离治疗期积极配合治疗，未进入公共场所，应当认为两人在主观上并没有引起危害结果的故意。

3. 突发公共卫生事件背景下如何协调隐私权保护？

在突发公共卫生事件背景下，存在着许多对立的价值取向与目标，为应对疫情，公权力需要适度扩张，但公权力的扩张行使又可能会涉及对个人隐私权的侵犯。比如，疫情防控期间，为有效、迅速地控制传染源，防疫部门利用大数据对确诊病人、疑似病人以及密切接触者捕捉精准行程和采取必要的干预措施时，虽然体现了科技手段在疫情防控中的优势，但在大数据的采集和加工过程中，也给个人隐私的保护带来了风险。《民法典》第1032条明确了隐私权的内容是私人生活安宁和不愿为他人知晓的私密空间、私密活动和私密信息。"私密"意味着在主观层面权利人不愿让其他人知晓，

---

❶ 张勇. 妨害疫情防控行为的刑法适用之体系解释 [J]. 政治与法律, 2020 (5): 30-39.

但是在客观上这部分不愿让他人知晓的内容却有可能牵涉到公共利益❶。在突发公共卫生事件背景下，为了公共利益的保护，势必会对个人的隐私权进行一定的限制，但在限制过程中，为了更好地协调两者，我们要注重场景和利益衡量的适用，遵循比例原则，使得干预隐私的手段与所欲达到的目的呈比例关系，确保程序的合法正当，对隐私权的限制也应具有一定时限性，在紧急状态结束后，对隐私权的保护应回归正常生活中。

【思考题】

1. 如何发挥好我国刑事司法制度在保障传染病防治管理活动中的功能？
2. 疫情背景下如何做好对公权力扩张的规制？

二、传染病防治失职罪的适用争议

该部分主要通过对国家工作人员在疫情防控中的失职行为进行研究，由此分析传染病防治失职罪的适用争议以及党纪和刑罚的衔接问题。

📚 案例二　传染病防治国家工作人员失职案❷

【基本案情】

2013年2月21日，巴马县人民医院直报一例麻疹疑似病例，后经实验室检验确诊为麻疹病。同年3月5日，巴马县人民医院又收治一例麻疹疑似病例，口头报告给疾控中心免疫规划科科长周某东，周某东在进行流行病学调查、采样后没有依规网络直报，而将采样标本存放冻库保存。2013年3月7日，广西壮族自治区疾控中心通过中国疾病预防控制信息系统发现巴马县网络直报并确诊一例麻疹病例。2013年3月26日，周某东再次接到巴马县人民医院报告的一例麻疹疑似病例，该患者为巴马县甲篆乡甲篆村金边屯人。周某东汇报给李某江，并依李某江的指示在病历上隐去"麻疹"字样，也没有网络直报，而是将采样标本存放该中心冻库保存。同月29日，百色市右江民族医学院附属医院网络直报一例确诊的麻疹病例，患者为巴马县甲篆乡甲篆村金边屯人。依据麻疹暴发定义，巴马县甲篆乡甲篆村金边屯在10天内发生2例病例，已达到麻疹暴发的标准。

2013年4月10日，巴马县卫生局召开会议，强调病历上不出现"麻疹"字样，不进行网络直报。从2013年3月15日至4月14日，先后共采样27份，采样标本均存放中心冻库，没有及时送检。2013年4月14日，专家组在巴马县召开全市麻疹疫情防控

---

❶ 覃榆翔. 突发公共卫生事件背景下隐私权限缩问题研究［J］. 医学与社会，2021，34（11）：119-124.
❷ 广西壮族自治区巴马瑶族自治县人民法院（2014）巴刑初字第64号刑事判决书。

工作会议，通报巴马县麻疹疫情，部署防控救治工作，并要求按规定网络直报。截至 6 月 28 日，巴马县累计报告麻疹病例 540 例，排除 12 例，确诊 528 例，其中，除死亡 1 例外，其余 527 例经治疗痊愈。经调查，造成巴马县麻疹疫情暴发的原因有多种，其中之一就是瞒报迟报疫情，错过最佳处置时机，导致疫情蔓延扩散。

周某东在到案后如实供述其全部犯罪事实，承认在此次麻疹疫情暴发过程中确有失职之处，但自认为已受到党纪严重警告处分，不应被认定为犯罪。巴马瑶族自治县人民法院经审理认为，周某东身为依法从事传染病防治的国家工作人员，不履行工作职责，对麻疹疫情瞒报迟报，导致麻疹疫情传播和流行，情节严重，构成了传染病防治失职罪，受到的党纪严重警告处分并不影响对其的刑事处罚，因此判决周某东犯传染病防治失职罪。

【主要法律问题】

1. 什么是传染病防治失职罪？
2. 传染病防治失职罪的适用争议。
3. 党纪处分是否影响刑事处罚？

【主要法律依据】

1. 《中华人民共和国传染病防治法》

第 33 条　疾病预防控制机构应当主动收集、分析、调查、核实传染病疫情信息。接到甲类、乙类传染病疫情报告或者发现传染病暴发、流行时，应当立即报告当地卫生行政部门，由当地卫生行政部门立即报告当地人民政府，同时报告上级卫生行政部门和国务院卫生行政部门。

疾病预防控制机构应当设立或者指定专门的部门、人员负责传染病疫情信息管理工作，及时对疫情报告进行核实、分析。

2. 《最高人民法院、最高人民检察院关于办理妨害预防、控制突发传染病疫情等灾害的刑事案件具体应用法律若干问题的解释》

第 16 条第 1 款　在预防、控制突发传染病疫情等灾害期间，从事传染病防治的政府卫生行政部门的工作人员，或者在受政府卫生行政部门委托代表政府卫生行政部门行使职权的组织中从事公务的人员，或者虽未列入政府卫生行政部门人员编制但在政府卫生行政部门从事公务的人员，在代表政府卫生行政部门行使职权时，严重不负责任，导致传染病传播或者流行，情节严重的，依照刑法第四百零九条的规定，以传染病防治失职罪定罪处罚。

3. 《中华人民共和国刑法》

第 397 条　国家机关工作人员滥用职权或者玩忽职守，致使公共财产、国家和人民利益遭受重大损失的，处三年以下有期徒刑或者拘役；情节特别严重的，处三年以上七年以下有期徒刑。本法另有规定的，依照规定。

第 409 条　从事传染病防治的政府卫生行政部门的工作人员严重不负责任，导致传染病传播或者流行，情节严重的，处三年以下有期徒刑或者拘役。

【理论分析】

1. 什么是传染病防治失职罪？

依据《刑法》第 409 条的规定，传染病防治失职罪是指从事传染病防治的政府卫生行政部门的工作人员严重不负责任，导致传染病传播或者流行，情节严重的行为。犯此罪者，情节严重的，处三年以下有期徒刑或者拘役。传染病防治失职罪作为渎职罪的罪名之一，属于典型的身份犯，1997 年《刑法》在第 409 条中增设了传染病防治失职罪，沿袭了渎职罪特殊犯罪主体的设定，使其仅限于从事传染病防治工作的卫生行政部门的工作人员❶。

2. 传染病防治失职罪的适用争议。

尽管在传染病防治失职的刑事责任追究方面，我国刑法已经规定了传染病防治失职罪，但由于疫情防控的复杂多样以及该罪的立法疏漏等原因，传染病防治失职罪在理论和司法实践中存在不少问题和争论，主要表现在以下方面：

（1）犯罪主体范围过窄。犯罪主体是指实施危害行为，依法应当负刑事责任的自然人和单位。根据我国 1997 年《刑法》第 409 条关于传染病防治失职罪的规定，本罪的主体是从事传染病防治的政府卫生行政部门的工作人员。2003 年，《最高人民检察院、最高人民法院关于办理妨害预防、控制突发传染病疫情等灾害的刑事案件具体应用法律若干问题的解释》（以下简称《解释》）对传染病防治失职罪的犯罪主体作了扩大解释❷。根据《解释》第 16 条规定，传染病防治失职罪的主体，除卫生行政部门工作人员外，还包括负责传染病防控的未列入卫生行政部门编制的、受政府卫生行政部门委托从事公务的人员。本案中，周某东属于经合法授权从事公务的卫生工作人员，因而具备该罪的主体身份。但在传染病防控的实践工作中，现有的解释仍不能很好地对传染病防治工作中严重不负责任的失职主体进行惩处。负有传染病防治职责的主体，除前述人员外，还包括负责传染病防控的各级人民政府及其他有关部门的工作人员等。对此，应对传染病防治失职罪进行进一步的立法完善，扩大主体范围。从《传染病防治法》"法律责任"部分的规定来看，可将主体分为两类：一类是直接从事传染病防治工作的职务型主体，即县级以上人民政府卫生行政部门中对传染病防治负有责任的主管人员和其他直接责任人员。另一类是与传染病防治有关的职务型主体，包括地方各级人民政府中对传染病防治负有责任的主管人员以及县级以上人民政府有关部门、疾病预防控制机构、医疗机构、采供血机构、国境卫生检疫机关、动物防疫机构中对传

---

❶ 邱明岸. 我国传染病防治失职刑事判决阙如的成因及反思 [J]. 医学与法学，2020，12（6）：71-75.

❷ 刘一霖. 疫情防控中哪些行为涉嫌违纪违法犯罪 [N]. 中国纪检监察报，2020-02-05.

染病防治负有责任的主管人员和其他直接责任人员❶。我国《刑法》第 409 条均可将这些主体纳入规制范围，从而有效地对各类国家工作人员的防治失职行为进行惩处。

（2）刑罚配置过轻，不能体现罪刑相适应原则。依据《刑法》409 条规定，构成传染病防治失职犯罪的，处 3 年以下有期徒刑或者拘役。在对比刑法罪名后，我们会发现传染病防治失职罪的法定刑不论是在渎职罪一章，还是整个刑法分则罪名体系中，都属于量刑比较轻的犯罪。在刑法分则中，《刑法》第 397 条规定的玩忽职守或滥用职权罪与《刑法》第 409 条规定的传染病防治失职罪发生法条竞合，两者之间属于一般法条与特殊法条的关系。依据处理法条竞合的一般原则，原则上适用特殊法优于一般法。即行为人的行为同时触犯玩忽职守罪和传染病防治失职罪时，由于传染病防治失职罪为特殊法，而且第 397 条明文规定"本法另有规定的，依照规定"，因而只能认定其行为构成传染病防治失职罪，而不能认定为玩忽职守罪或进行数罪并罚。但在法定刑的规定上，《刑法》第 397 条规定的法定刑最高可处 7 年，而《刑法》409 条规定的法定刑最高却是 3 年，轻于第 397 条的规定，并且无"情节特别严重的"情况。如此一来，就会出现依照特殊法条的处罚比依照一般法条的处罚轻的现象。这显然是一种刑罚上的倒置现象❷，同时也与该罪的立法目的和社会危害程度不符。因此，应对传染病防治失职罪的法定刑作进一步完善，可以依据第 397 条规定的"情节特别严重的，处 3 年以上 7 年以下有期徒刑"的加重情节设置"情节加重犯"。

3. 党纪处分是否影响刑事处罚？

党纪区别于刑事法律，2018 年修订的《中国共产党纪律处分条例》（以下简称《纪律处分条例》）强调了纪法分开、纪在法前、纪法贯通的重要性，解决了纪法不分的问题❸，从而对党员领导干部的行为进行更加严格的约束，使违法违纪行为得到严厉处罚。党纪一般是根据《中国共产党章程》制定的党内法规，约束的对象是各级党组织的工作、活动，以及党员领导干部的行为，各级党组织和全体党员必须共同遵守❹。刑法是由全国人民代表大会制定的，通过国家强制力保证实施，具有普遍约束力的行为规则，体现的是国家和人民的意志，是调整全体公民行为的基本规范。

从《纪律处分条例》对违反党的廉洁纪律行为的处分规定与我国《刑法》对第 8 章贪污贿赂罪和第 9 章渎职罪的处罚后果来看，很多行为会同时面临违纪处分与违法处罚。一般情况下，对涉嫌违纪的党员领导干部，应根据情节轻重依据《纪律处分条例》的规定作出撤销党内职务、留党察看，或者开除党籍等党内处分，如果还涉嫌违反刑事法律规定，发生违法犯罪行为的，则依据我国刑法和刑事诉讼法的规定，对其进

❶ 卢建平，田兴洪. 传染病防治失职罪的主体范围研究 [J]. 人民检察，2008（11）：41-44.
❷ 童德华，王一冰. 传染病防治失职罪疑难问题研究 [J]. 广西政法管理干部学院学报，2020，35（4）：1-10.
❸ 董庆霞. 两版《中国共产党纪律处分条例》中所蕴含的纪法关系 [J]. 西藏发展论坛，2021（3）：55-59.
❹ 庞慧洁. 党纪与刑事法律的衔接问题研究 [J]. 广西社会科学，2019（9）：111-115.

行相应的处罚。即先进行党内处分，再移交监察机关进行监察立案、调查，最后对违法部分移送司法机关审查起诉，依法追究相应刑事责任，做到纪法分开、纪在法前、纪法贯通。

本案中，被告周某东作为一名党员干部，同时也是一名从事传染病防治工作的主要责任人员，在履行传染病防治职责过程中，严重不负责任，对麻疹疫情瞒报迟报，致使疾控部门错过最佳防控时机，导致了传染病麻疹的传播和流行，其工作失职行为不仅违反了党的纪律要求，而且触犯了刑法规定，因此应接受党纪和刑法的处罚。所以其已受到的党纪严重警告处分，并不影响对其的刑事处罚。

【思考题】

1. 《刑法》第 397 条与第 409 条罪名的联系与区别？
2. 免于刑事处罚的情形有哪些？

第二节 突发公共卫生事件的预防和应急处理

该部分主要通过对街道办事处实施应急处置措施程序是否正当的争议进行探讨，分析突发公共卫生事件中应急处置措施的合法性要件以及因应急处置措施引发的损害赔偿等法律问题。

案例三 应急处置措施行为违法案●

【基本案情】

为疫情防控需要，天津市疫情防控指挥部于 2020 年 1 月 28 日下发《关于在全市范围内加强畜禽及野生动物管控治理的意见》（本节简称《意见》），决定采取应急处置措施，规定了暂停广场信鸽放飞和信鸽比赛，并对违规搭建以及违规设置超大超宽鸽舍进行饲养的，一律进行清理拆除等内容。

2020 年 1 月 30 日，红桥区疫情防控领导小组和疫情防控指挥部根据上述《意见》，发出《关于在全区范围内加强畜禽及野生动物管控治理意见的通知》（以下简称《通知》）。同时，疫情防控指挥部制定《关于开展居民饲养鸽子（含信鸽）专项治理的实施方案》。2 月 11 日，红桥区九部门联合发出《通告》，要求违规者于 15 日之前将违规搭建及违规设置的超大超宽鸽舍自行拆除完毕。对拒不拆除的，由所属街道办事

● 天津市红桥区人民法院（2020）津 0106 行初 25 号、天津市第一中级人民法院（2020）津 01 行终 166 号、天津市高级人民法院（2020）津行申 403 号行政判决书。

处及相关职能部门强制拆除。2020 年 2 月 3 日，红桥区人民政府某街道办事处（以下简称某街道办事处）制定《关于开展居民饲养鸽子（含信鸽）专项治理的工作预案》（以下简称《工作预案》），并为履行职责做了必要准备。

2 月初，某街道办事处收到某社区居民委员会的反映，该社区居民翟某于 2005 年在某小区某号楼某门 601~604 户南北两侧露台自行搭建鸽棚，该鸽棚未申请建设工程规划许可，未经属地社区居民委员会审查同意。为饲养信鸽，翟某还在楼道内堆放大量鸽粮和杂物。

2 月 11 日，街道办事处执法人员向翟某直接送达《通告》。2 月 13 日，执法人员向翟某讲解防控措施，询问并听取他的陈述和意见，翟某同意拆除，后翟某自行将饲养的信鸽转移至他处。2 月 15 日，执法人员与翟某沟通后，实施应急处置措施，施工人员乘吊车吊斗到楼顶进行施工，拆除翟某搭建的鸽棚。在拆除过程中，翟某报警。后翟某以其权利受到侵害为由提起诉讼，请求确认某街道办事处实施应急处置措施行为违法并提出行政赔偿。

天津市红桥区人民法院经审理认为，某街道办事处是天津市某区人民政府的派出机关，具备实施被诉应急处置措施的职责，翟某未取得建设规划许可自行搭建的鸽棚属于《意见》和《通知》中明确要求清理拆除的对象。街道办事处为履行职责，做了必要准备，拆除涉案鸽棚的程序正当合法，不存在侵犯原告合法权益的情形。因此，法院判决驳回翟某的诉讼请求。翟某不服原审判决，向天津市中级人民法院提出上诉，天津市中级人民法院驳回上诉。翟某后又向天津市高级人民法院申请再审，高级人民法院组成合议庭进行审查，认为两审法院判决驳回翟某的诉讼请求并无不当，对翟某的再审申请予以驳回。

【主要法律问题】

1. 什么是应急处置措施？
2. 街道办事处有无作出应急处置措施的职权？
3. 应急处置措施程序的正当合法性如何认定？
4. 因应急处置措施遭受的损失是否应予赔偿？

【主要法律依据】

1.《中华人民共和国行政强制法》

第 3 条　发生或者即将发生自然灾害、事故灾难、公共卫生事件或者社会安全事件等突发事件，行政机关采取应急措施或者临时措施，依照有关法律、行政法规的规定执行。

2.《中华人民共和国突发事件应对法》

第 2 条　突发事件的预防与应急准备、监测与预警、应急处置与救援、事后恢复与重建等应对活动，适用本法。

第 7 条　县级人民政府对本行政区域内突发事件的应对工作负责；涉及两个以上行政区域的，由有关行政区域共同的上一级人民政府负责，或者由各有关行政区域的上一级人民政府共同负责。

突发事件发生后，发生地县级人民政府应当立即采取措施控制事态发展，组织开展应急救援和处置工作，并立即向上一级人民政府报告，必要时可以越级上报。

…………

第 11 条　有关人民政府及其部门采取的应对突发事件的措施，应当与突发事件可能造成的社会危害的性质、程度和范围相适应；有多种措施可供选择的，应当选择有利于最大程度地保护公民、法人和其他组织权益的措施。

公民、法人和其他组织有义务参与突发事件应对工作。

3.《中华人民共和国国家赔偿法》

第 2 条第 1 款　国家机关和国家机关工作人员行使职权，有本法规定的侵犯公民、法人和其他组织合法权益的情形，造成损害的，受害人有依照本法取得国家赔偿的权利。

【理论分析】

1. 什么是应急处置措施？

应急处置措施，是指突发事件发生时，国家行政机关以及负有应急法律义务的法人和其他组织行使法律法规和应急预案所规定的应急性职权和职责的活动。在突发公共卫生事件发生时，中央和地方可以依据情况采取应急处置措施，有效的应急处置措施可以极大降低突发事件引起的社会危害[1]。

一般认为，行政应急处置措施具备以下特征：一是具备特殊条件，如重大自然灾害、公共卫生事件、社会安全事件等，没有这些明确的特殊条件，就没有行政应急处置措施；二是行政主体的权限和行为方式不同于常态情况，其获取的授权往往大于常态下的授权，而行为方式则对常态下的法律会有所突破；三是应当受到法治的约束，依据有关法律、行政法规的明确规则，结合普适性的法律原则加以适用[2]。

2. 街道办事处有无作出应急处置措施的职权？

《中华人民共和国行政强制法》（以下简称《行政强制法》）第 3 条规定，发生或者即将发生自然灾害、事故灾难、公共卫生事件或者社会安全事件等突发事件，行政机关采取应急措施或者临时措施，依照有关法律、行政法规的规定执行。可见，突发事件期间，政府采取的应急措施或者临时措施并不能直接适用《行政强制法》，而是应依据其他相关法律、行政法规执行。《中华人民共和国突发事件应对法》（以下简

---

[1] 王红建，刘辉. 论突发事件应急处置中的行政处罚——基于对《行政处罚法》第四十九条的规范分析[J]. 河南工业大学学报（社会科学版），2021，37（4）：66-73.

[2] 周游，尹伟，刘绍明. 新冠肺炎疫情防控视角下行政应急措施的属性、类型与边界[J]. 中国应急管理科学，2020（3）：21-30.

称《突发事件应对法》）第2条规定："突发事件的预防与应急准备、监测与预警、应急处置与救援、事后恢复与重建等应对活动，适用本法。"因此，在发生突发公共卫生事件时，为保护人民生命安全和身体健康，行政机关有权依照《突发事件应对法》的规定，决定采取多项相应的应急处置措施，公民、法人和其他组织有义务遵照执行。

本案中，拆除鸽棚的行为发生于天津市启动重大突发公共卫生事件一级响应期间，系基于疫情防控的需要，根据市疫情防控指挥部制定的《管控治理意见》作出，是非常态的行政管理行为，属于《突发事件应对法》规定的应急处置措施。街道办事处是市辖区人民政府或不设区的市人民政府的派出机关，受市辖区人民政府或不设区的市人民政府领导，行使市辖区或不设区的市人民政府赋予的职权❶。依据《突发事件应对法》第7条的规定，某街道办事处作为天津市红桥区人民政府的派出机关，应当对该行政区域内突发事件的应对工作负责，是实施有关防控措施的职权主体。

3. 应急处置措施程序的正当合法性如何认定？

《行政强制法》第3条规定"发生或者即将发生自然灾害、事故灾难、公共卫生事件或者社会安全事件等突发事件，行政机关采取应急措施或者临时措施，依照有关法律、行政法规的规定执行"。然而，我国《突发事件应对法》未对实施应急处置措施的程序予以明确规定。这就说明在不直接适用《行政强制法》的情况下，实施行政应急措施时仍需要参照遵守该法中对正当法律程序的规定。正当法律程序的核心要素包括事先以合理方式告知相对人，向相对人说明行为的根据、理由，听取相对人的陈述、申辩，事后为相对人提供相应的救济途径等。此外，在突发公共卫生事件中，应急处置措施与其他行政行为又有所不同，紧急性是其典型特征。通常情况下，行政行为的做出需要严格遵照法律明文规定的程序，但严格的程序限制势必会造成行政行为的相对低效，而在突发公共卫生事件应急处置的过程中，突发事件的紧急性和状况的不可预测性使得效率是第一位的，这就需要法律在程序上赋予应急主体一定的自由裁量权，但这并不意味着自由裁量权是无边界的❷。根据《突发事件应对法》第11条第1款规定，政府采取的应急处置措施至少应当受到两个方面的限制：一是应急处置措施要与突发事件可能造成的社会危害的性质、程度和范围相适应；二是在一定应急响应级别下，应急主体在行使自由裁量权选择适用一项或多项应急措施时，应当选择有利于最大程度地保护公民、法人和其他组织权益的措施，从而使得应急处置措施合法、合理、正当。

本案中，翟某的涉案鸽棚搭建于楼顶露台之上，与该楼主体结构相连，属于应依法向相关城市规划行政主管部门申请建设规划许可证的构筑物，但其并未取得建设工

---

❶ 宋华琳，范乾帅. 街道办事处在社会救助行政中的职权及其法治化 [J]. 北京行政学院学报，2018 (6)：23-33.

❷ 王红建，刘辉. 应急处置措施的法律规制——兼评新冠肺炎疫情防控中的应急处置措施 [J]. 铁道警察学院学报，2020，30 (3)：53-62.

程规划许可，亦未经属地社区居民委员会审查同意，属于《管控治理意见》要求拆除的范围。在重大突发公共卫生事件一级响应的情况下，对违法鸽棚的应急处置措施，在选择上不论是清扫还是消毒，都不足以从根本上解决公共卫生问题。公共卫生问题如不能及时彻底解决，对居民群众的生命安全会造成一定影响，不利于疫情总体防控，故采取拆除这一应急处置措施是合法、合理的。此外，被诉应急处置措施在符合行政效率原则的同时并未违反程序正当原则，某街道办事处为履行职责义务，制定了《工作预案》且做了必要准备，并将《通告》直接送达了翟某，多次与其进行沟通谈话，履行了告知送达、听取翟某的陈述和辩解的义务，同时也提前通知了翟某将鸽子转移，未对鸽子采取任何扑杀的做法，尽量降低了原告翟某的损失。在翟某未自觉履行应尽义务的情况下，才最终实施应急处置措施。因此，某街道办拆除涉案鸽棚的程序合法、合理、正当。

4. 因应急处置措施遭受的损失是否应予赔偿？

突发事件尤其是重大灾害发生之际，由于情况急迫或基于公共利益的考虑，行政机关在某些时候必须以非常手段对某些特定人和物采取强制措施，若由此对有关行政相对人的财产权利造成损害，应予赔偿或补偿，《中华人民共和国国家赔偿法》第 2 条第 1 款规定"国家机关和国家机关工作人员行使职权，有本法规定的侵犯公民、法人和其他组织合法权益的情形，造成损害的，受害人有依照本法取得国家赔偿的权利"。然而，本案中被诉拆除鸽棚的应急处置措施行为并不违法，翟某主张因拆除鸽棚的行为造成五只幼鸽死亡，但未提交相关证据证明幼鸽死亡的事实以及死亡后果与被诉行政行为之间具有因果关系。另外，鸽棚在未依法取得建设工程规划许可的情况下搭建，属于违法建设的建筑物、构筑物。因此本案并不存在侵犯合法权益的情形，翟某的赔偿主张没有事实根据，不应予以支持。

【思考题】

1. 街道办事处的法律地位及职权。
2. 行政强制行为与应急处置行为的区别。

第三节　公共卫生监督制度

一、公共场所卫生的法律规定

该部分主要通过对我国公共场所卫生许可证制度及卫生行政管理机关监管职责进行阐述，探讨违反公共场所卫生许可证制度的法律后果等法律问题。

📚🛩 案例四 公共招待所卫生行政管理案❶

【基本案情】

原告钦州市某招待所于 2012 年 8 月 8 日办理《公共场所卫生许可证》，有效期限为 2012 年 8 月 8 日至 2016 年 8 月 7 日，许可证备注"每两年复核一次"。2019 年 7 月 29 日，钦州市钦南区卫生健康局向该招待所发出《催办公共场所卫生许可证通知书》，要求其在 8 月 20 日前办理卫生许可证。11 月 13 日，被告钦州市卫健委行政执法人员在监督检查中发现，原告在无有效的卫生许可证时仍从事经营活动。执法人员当场下达《卫生监督意见书》，督促其立即向钦州市钦南区卫生健康局申请卫生许可证，并要求其立即组织从业人员进行健康检查，在取得有效健康合格证明后方可上岗。钦州市卫健委经立案及审批后，依据《公共场所卫生管理条例实施细则》第 22 条第 2 款、第 35 条第 1 款第 2 项和《广西壮族自治区卫生和计划生育行政处罚裁量权实施规则》的规定，于 2020 年 2 月 9 日作出行政处罚决定书，对某招待所给予警告并处以罚款 12500 元的行政处罚。

原告钦州市某招待所不服被告钦州市卫健委的行政处罚决定，在法定期限内向被告钦州市人民政府申请行政复议。被告钦州市人民政府于 2020 年 5 月 26 日作出钦政复决字〔2020〕21 号行政复议决定，维持钦州市卫健委作出的钦卫公罚〔2020〕3 号行政处罚决定的行政行为。钦州市某招待所不服该行政复议决定，遂依法提起行政诉讼，请求判令撤销被告钦州市卫生健康委员会作出的行政处罚决定书以及被告钦州市政府作出的行政复议决定书。

原告主张其违法情节轻微，但行政处罚数额过高，且钦州市卫健委未按法律规定履行监管职责。被告钦州市卫健委主张某招待所违反《公共场所卫生管理条例》和《公共场所卫生管理条例实施细则》相关规定，未依法取得卫生许可证而擅自从事住宿业经营活动三个月以上，所作出的行政处罚决定认定事实清楚，证据确凿，适用依据正确，程序合法，内容适当，某招待所如确因经济困难，可申请暂缓或分期缴纳罚款。被告钦州市人民政府认为其作出的行政复议决定所依据的事实清楚、证据充分，同时钦州市政府整个行政复议流程程序合法；钦州市卫健委作出的行政行为程序合法，适用法律正确，过罚相当。

钦州市钦北区人民法院经审理认为，公共场所应当在取得有效的公共场所卫生许可证后方能经营，被告钦州市卫健委依照《公共场所卫生管理条例》《公共场所卫生管理条例实施细则》和《广西壮族自治区卫生和计划生育行政处罚裁量权实施规则》的

---

❶ 广西壮族自治区钦州市钦北区人民法院（2020）桂 0703 行初 23 号一审行政判决书、广西壮族自治区钦州市中级人民法院（2020）桂 07 行终 86 号二审行政判决书。

相关规定，对原告所作出的行政处罚适用法律法规正确，量罚并无不当。被告钦州市人民政府的复议决定合法有效。原告在原持有的《公共场所卫生许可证》于2016年8月8日失效之后，未取得卫生许可证且其违法行为处于持续状态，不符合《中华人民共和国行政处罚法》第36条规定的不予处罚的情形。故依法驳回原告钦州某招待所（经营者为黄某某）的诉讼请求。原告钦州市某招待所不服提出上诉，广西壮族自治区钦州市中级人民法院经审理后判决驳回上诉，维持原判。

【主要法律问题】

1. 未依法取得公共场所卫生许可证包含哪些情形？

2. 行政处罚追责时效应当如何计算？

3. 行政机关如何既合法又合理地作出行政处罚？

【主要法律依据】

1.《公共场所卫生管理条例》

第8条　除公园、体育场（馆）、公共交通工具外的公共场所，经营单位应当及时向卫生行政部门申请办理"卫生许可证"。"卫生许可证"两年复核一次。

第14条　凡有下列行为之一的单位或者个人，卫生防疫机构可以根据情节轻重，给予警告、罚款、停业整顿、吊销"卫生许可证"的行政处罚：

…………

（四）未取得"卫生许可证"，擅自营业的。罚款一律上交国库。

2.《公共场所卫生管理条例实施细则》（2017年修订）

第22条第1款　国家对除公园、体育场馆、公共交通工具外的公共场所实行卫生许可证管理。

第22条第2款　公共场所经营者取得工商行政管理部门颁发的营业执照后，还应当按照规定向县级以上地方人民政府卫生计生行政部门申请卫生许可证，方可营业。

第35条　对未依法取得公共场所卫生许可证擅自营业的，由县级以上地方人民政府卫生计生行政部门责令限期改正，给予警告，并处以五百元以上五千元以下罚款；有下列情形之一的，处以五千元以上三万元以下罚款：

…………

（二）擅自营业时间在三个月以上的。

…………

3.《中华人民共和国行政处罚法》

第36条　违法行为在二年内未被发现的，不再给予行政处罚；涉及公民生命健康安全、金融安全且有危害后果的，上述期限延长至五年。法律另有规定的除外。

前款规定的期限，从违法行为发生之日起计算；违法行为有连续或者继续状态的，从行为终了之日起计算。

【理论分析】

1. 未依法取得公共场所卫生许可证包含哪些情形？

公共卫生与社会公众健康利益直接相关，而人群聚集，供公众进行工作、学习、社交、娱乐等生活需求的公共场所的卫生状况更是直接关系到公众的身体健康。根据《公共场所卫生管理条例》规定，公共场所主要包括 7 类 28 种：住宿和交流场所；净身与美容场所；文化娱乐场所；文化交流场所；商业活动场所；就诊和交通场所；体育、休息场所。❶ 本案中的原告钦州某招待所即属于第一类住宿和交流场所。

公共场所人员密集，人员之间交流接触频繁，具有传染病传播与扩散的巨大危险，因此，《公共场所卫生管理条例》规定各类公共场所的空气、温度、湿度、风速、水质、采光、照明、噪声、顾客用具和卫生措施应符合国家相关标准。国务院卫生主管部门依据实际制定了各类公共场所的卫生标准，同时，《公共场所卫生管理条例》还规定了公共场所实行卫生许可证制度，公共场所经营单位应当在经营前向所在地卫生行政部门申请公共场所卫生许可证，获得公共场所卫生许可证后方能进行营业，未依法取得公共场所卫生许可证擅自营业的，依照《公共场所卫生管理条例》和《公共场所卫生管理条例实施细则》（2017 年修订）的相关规定给予行政处罚。在此种情况下主要包括两种情形，一是公共场所经营单位未向卫生行政部门申请公共场所卫生许可证，在未取得公共场所卫生许可证的情况下擅自营业；二是公共场所经营单位曾向卫生行政部门申请公共场所卫生许可证，并依法获得公共场所卫生许可证，但在许可证到期后不及时补办，在到期后继续营业的，此种情况也视为在未取得公共场所卫生许可证的情况下擅自营业。在本案中，原告钦州某招待所原持有的钦卫环证字（2012）第 12300 号《公共场所卫生许可证》的有效期为 2012 年 8 月 8 日至 2016 年 8 月 7 日，从 2016 年 8 月 8 日起已经过期失效。之后，原告钦州某招待所未依法取得有效公共场所卫生许可证擅自从事住宿业经营活动，一直经营至 2019 年 11 月 13 日案发时，擅自营业时间近 3 年 3 个月之久，符合上文中的第二种情形，违反了《公共场所卫生管理条例》第 8 条、第 14 条第 1 款第 4 项和《公共场所卫生管理条例实施细则》（2017 年修订）第 22 条第 2 款、第 35 条第 1 款第 2 项的相关规定，应当给予行政处罚。

2. 行政处罚追责时效应当如何计算？

行政处罚是指行政机关依法对违反行政管理秩序的公民、法人或者其他组织，以减损权益或者增加义务的方式予以惩戒的行为。❷ 行政处罚通常不仅包括了行政机关对公民、法人或者其他组织进行处罚的权力，也包含了公民、法人或者其他组织对于行政机关作出行政处罚时寻求救济的权利。法律中的时效制度，是一种既保护权利人，

---

❶ 邓利强，陈东明. 卫生法学 ［M］. 北京：清华大学出版社，2020：197.

❷《中华人民共和国行政处罚法》第 2 条规定："行政处罚是指行政机关依法对违反行政管理秩序的公民、法人或者其他组织，以减损权益或者增加义务的方式予以惩戒的行为。"

又督促权利人在一定时间内行使其权利的制度，目的在于维护法的安定性与社会的安定。❶ 行政处罚法中所规定的时效制度，不仅具有保护权利人、督促权利人在一定时间内行使其权利的作用，还具有督促行政机关等行政主体及时履行职责职权的作用。在法定的追责时效内，行政机关有权就违法行为人的违法事实追究其行政责任，而超过这一追责时效后，行政机关便无权追究相关违法行为人的行政责任。根据《中华人民共和国行政处罚法》第 36 条第 1 款"违法行为在二年内未被发现的，不再给予行政处罚；涉及公民生命健康安全、金融安全且有危害后果的，上述期限延长至五年。法律另有规定的除外"的规定，一般违法行为在两年内未被发现，行政机关便不能再追究相应的行政责任，但是在涉及公民生命健康安全、金融安全且有危害后果以及法律另有规定的特殊情况下，追责时效可以延长或者缩短。此外，第 36 条第 2 款还规定了追责时效的计算方法，即一般情况下从违法行为发生之日起计算，但违法行为有连续或者继续状态的，从行为终了之日起计算。这表明，在违法行为有连续或者继续状态的情况下，追责时效不再从违法行为发生之日起计算，而是从行为终了之日起计算。所谓连续状态，是指基于同一主观心理连续实施数个独立且性质相同的违法行为，而继续状态则是指违法行为与违法事实始终存在的情况。本案原告钦州某招待所的违法行为虽然属于一般情况，但其违法行为一直处于继续状态，其在公共场所卫生许可证到期后，依然正常营业，直至案发，违法行为一直从公共场所卫生许可证到期之日持续到案发之日，其违法行为的追责时效应从案发之日，也即违法行为终了之日起算。

3. 行政机关如何既合法又合理地作出行政处罚？

行政处罚是法律赋予行政机关的重要职能，其作用在于通过追究违法行为人的行政责任，达到维护社会基本秩序，保障生产生活正常进行的目的。在我国，行政处罚作为一项传统的行政行为被广泛应用于行政管理实践中，但行政处罚的过多与过滥，不仅侵害了行政相对人的合法权益，还降低了行政机关的威信，因此我国法律严格限制行政处罚权的行使。❷ 行政处罚是行政机关对行政相对人作出的行政行为，因此其必然要符合行政法合法行政、合理行政等基本原则，同时行政处罚还应符合行政处罚的适用规则，即裁量情节规则、一事不再罚规则、行政处罚与刑法相抵规则、追究时效规则。行政处罚的合理性与合法性密不可分，紧密相连，两者目标一致，都是为了规范行政行为，合法行政原则是根本，而合理行政原则是延伸，是适用法律演化的规则。❸ 合法又合理的行政处罚要求行政机关应当考虑"过罚相当"这一关键问题。"过罚相当"具体而言是指设定和实施行政处罚必须以事实为依据，与违法行为的事实、性质、情节以及社会危害程度相当。❹ 在"过罚相当"原则的要求下，行政机关不仅要

---

❶ 康健. 行政时效制度研究 [D]. 吉林：吉林大学，2020.
❷ 章志远. 行政法学总论 [M]. 北京：北京大学出版社，2014：188.
❸ 蔡若夫，曾洁. 行政处罚的关键是合法性与合理性的平衡 [J]. 中国质量技术监督，2018（4）：28-30.
❹ 《中华人民共和国行政处罚法》第 5 条第 2 款规定："设定和实施行政处罚必须以事实为依据，与违法行为的事实、性质、情节以及社会危害程度相当。"

知道为何罚，更要清楚怎样罚，行政机关在作出行政处罚决定前首先要以法律和违法事实为依据，再综合考虑违法行为人的主观过错、违法情节以及是否具有从轻减轻等情形。

在本案中，原告钦州市某招待所认为其受疫情影响，经营状况不佳，无力缴纳罚款，且是首次违法，不应受到如此重的处罚，但根据相关法律和其在未依法取得公共场所卫生许可证的情况下擅自经营 3 年 3 个月的违法事实来看，被告钦州市卫健委对其作出的行政处罚决定完全合法并且适当，不存在过当情形。由于本案发生时《行政处罚法》尚未进行修改增加"首违不罚"原则，原告某招待所的首次违法的情形不能成为免除其行政责任的原因。此外，即便能够适用"首违不罚"的原则，根据《中华人民共和国行政处罚法》第 33 条第 1 款的规定，只有初次违法且危害后果轻微并及时改正的情况下，不施予行政处罚，且初次违法、危害后果轻微、及时改正 3 个要素必须同时具备，综合本案来看，原告钦州某招待所的违法行为造成的危害后果并不符合法律规定的程度轻微，因此其不符合首次违法不予处罚的情形，同样，原告钦州某招待所提出的无力缴纳罚款也不是行政机关在作出行政处罚决定时应当首先考虑的情况，不是法律规定的法定免于处罚的事由。

【思考题】

1. 公共场所为何需依法取得公共场所卫生许可证后方能开始营业？
2. 行政机关作出行政处罚时如何兼顾法律与人情？

二、学校卫生工作的法律规定

该部分通过对学校卫生工作的法律规定（特别是学校卫生医疗制度）的阐述，探讨学生在校期间发生意外时学校的应急处置及责任承担等法律问题。

案例五　学校卫生工作不当侵权案[1]

【基本案情】

原告安某荣、安某宏的女儿安某芸系高平某学校学生。2019 年 10 月 31 日早自习期间，安某芸在老师允许上厕所后向教室门口走去，并在教室门口倒地，被紧急送医后抢救无效死亡。原告认为安某芸倒地后高平某学校未及时采取措施抢救安某芸，也未及时通知原告二人，被告高平某学校的行为延误了最佳抢救时机，造成安某芸在入院前死亡，应对安某芸的死亡负全部责任，故依法提起诉讼。

被告高平某学校主张其已经尽到学校应尽的教育与监管责任，与安某芸的死亡之

---

[1] 山西省高平市人民法院（2020）晋 0581 民初 279 号一审民事判决书，山西省晋城市中级人民法院（2020）晋 05 民终 1110 号二审民事判决书。

间没有因果关系，不应承担赔偿责任。事故发生后，当班老师马某观察情况后找到另一班级的老师闫某利拨打 120 急救电话，后学校领导赶到现场。安某芸死亡后，学校立即报案，并积极配合公安机关的调查工作。为查明死因，学校提出尸检，但遭到原告安某荣、安某宏拒绝。故高平某学校在安某芸死亡事故中已履行教育机构应尽的教育、管理与保护的各项职责，不存在过失或过错。

被告某人保高平支公司认为，原告安某荣、安某宏追加某人保高平支公司为本案的被告没有任何法律依据，己方在原告安某荣、安某宏诉被告高平某学校生命权案件中不应承担赔偿责任。

山西省高平市人民法院认为，安某芸事发时已满 16 岁，系限制民事行为能力人。自习期间有老师马某在堂监管，安某芸在晕倒前能够和老师交谈请示上厕所，马某没有能够预见安某芸会晕倒的可能性。安某芸晕倒系突发，其晕倒后随堂老师马某观察其情况后找到闫某利拨打急救电话，总共用时两分钟，并未超过正常合理的时间范围，在场老师同学中均无专业医学知识，在已经拨打急救电话的情况下等待救护车符合常理，被告高平某学校作为教育机构对限制民事行为能力人的监管职责不应被无限扩大，因此被告高平某学校在安某芸晕倒后采取措施及时得当，不存在过错。但是高平某学校作为城市普通中小学，未按照《学校卫生工作条例》第 20 条规定，按学生人数以六百比一的比例配备专职卫生技术人员，导致安某芸晕倒后没有专业人员采取相应的抢救措施，应当承担过错责任，酌情认定被告高平某学校对安某芸的死亡损失承担 30% 的赔偿责任，被告某人保高平支公司在校（园）方责任保险责任限额内承担上述赔偿责任。一审宣判后双方当事人均不服该判决，向山西省晋城市中级人民法院提出上诉。山西省晋城市中级人民法院经审理后认为，一审判决事实证据充分，损失认定比例恰当，故作出终审判决，驳回上诉，维持原判。

【主要法律问题】

1. 学校未按规定配备专职卫生技术人员能否成为苛责的原因？
2. 学校对限制民事行为能力人的监管职责的边界如何界定？

【主要法律依据】

1.《学校卫生工作条例》

第 20 条　普通高等学校设校医院或者卫生科。校医院应当设保健科（室），负责师生的卫生保健工作。城市普通中小学、农村中心小学和普通中学设卫生室，按学生人数六百比一的比例配备专职卫生技术人员。中等专业学校、技工学校、农业中学、职业中学，可以根据需要，配备专职卫生技术人员。学生人数不足六百人的学校，可以配备专职或者兼职保健教师，开展学校卫生工作。

2.《中华人民共和国民法典》

第 1200 条　限制民事行为能力人在学校或者其他教育机构学习、生活期间受到人身损害，学校或者其他教育机构未尽到教育、管理职责的，应当承担侵权责任。

【理论分析】

1. 学校未按规定配备专职卫生技术人员能否成为苛责的原因？

学校是国家进行文化知识教育的重要场所，由于我国学校类型多、在校生数量多、年龄跨度大，为了更好地保障学生身体健康，加强学校卫生工作建设，《学校卫生工作条例》第 20 条专门规定了学校应当设立相应的卫生保健机构负责学生的卫生保健工作，该条规定表明学校应当对学生在校期间的卫生保健工作负责，并设立相应的卫生保健机构，具备一定医疗功能和能力。同时，《民法典》第 1199 条和第 1200 条分别明确规定了教育机构在无民事行为能力人受到人身损害情况下的过错推定责任，以及限制民事行为能力人受到人身损害情况下的过错责任。[1] 由此来看，《学校卫生工作条例》第 20 条规定的学校设立卫生室、配备专职卫生技术人员等职责符合《民法典》第 1199 条和第 1200 条中所表述的教育机构的教育、管理职责，因此，学校未按规定配备专职卫生技术人员可以成为苛责的原因。

本案中，被告高平某学校作为城市普通中小学，未按《学校卫生工作条例》第 20 条规定设立卫生室，并按学生人数以六百比一的比例配备专职卫生技术人员做好学生的卫生保健工作，导致安某芸在晕倒后没有任何专业人员可以进行相应的急救，被告高平某学校虽然及时拨打了急救电话，但是由于卫生技术人员的缺失使得其应急措施不足，因此被告高平某学校具有一定的过错，应当承担相应的责任。

2. 学校对限制民事行为能力人的监管职责的边界如何界定？

探究学校对限制民事行为能力人的监管职责的边界，首先应当明确的是学校与学生之间的关系，或者是学校与在校生之间的关系。目前在学界对于学校与学生关系的法律性质有四种不同的观点，分别是监护说、[2] 准行政关系说、[3] 合同关系说、[4] 教育管理关系说。其中教育管理关系说具有合理性，因为教育管理关系说以《教育法》《义务教育法》等法律法规为依据，学校对于学生不仅具有公法上的奖励、惩戒职责，还具有私法上的保护义务，虽然学校的形式不同，但教育管理关系说体现了所有教育关

---

[1] 《中华人民共和国民法典》第 1199 条规定："无民事行为能力人在幼儿园、学校或者其他教育机构学习、生活期间受到人身损害的，幼儿园、学校或者其他教育机构应当承担侵权责任；但是，能够证明尽到教育、管理职责的，不承担侵权责任。"第 1200 条规定："限制民事行为能力人在学校或者其他教育机构学习、生活期间受到人身损害，学校或者其他教育机构未尽到教育、管理职责的，应当承担侵权责任。"

[2] 监护说又可分为监护关系说、监护责任转移说、委托监护关系说。监护关系说认为学校与学生之间存在的是一种与父母与子女关系类似的监护关系；监护责任转移说认为当未成年人的父母将未成年人送入学校后，监护责任便转移给了学校；委托监护关系说认为因为被监护人因其法律关系处于他人的管教之下，所以负有管教责任的机构的责任类似于受委托履行监护职责的被委托人的职责。

[3] 准行政关系说认为学校因其承担着对学生的教育、管理职责，属于社会责任，类似于行政管理。

[4] 合同关系说认为学校与学生的关系是一种教育契约关系，根据双方约定使学校承担一定的违约责任。

系的共性，表现出了学校与学生之间的关系的本质。❶

具体到学校对于限制民事行为能力人的监管职责而言，《民法典》第 19 条规定了八周岁以上的未成年人为限制民事行为能力人，其无需监护人的代理或者追认便能实施与其年龄、智力相适应的民事法律行为，而超出其年龄、智力范围的民事法律行为仍应当由其监护人代理或追认，❷ 这说明对于限制民事行为能力人的监护人的要求相较于对无民事行为能力人的监护人的要求有所降低。根据教育管理关系说，学校对限制民事行为能力人的监管职责不应被无限扩大，因为学校与学生之间的关系并不是传统的家长与子女的监护关系，而是一种对学生在校期间教育、管理与保护的关系，不能过分苛求学校承担与其职责不相适应的责任。学校等教育机构并不是学生的监护人，苛求其承担相应侵权责任的依据只能来源于学校的过错，《中华人民共和国民法典》（以下简称《民法典》）第 1200 条规定限制民事行为能力人在学校或者其他教育机构学习、生活期间受到人身损害，学校或者其他教育机构应当承担侵权责任，但能够证明尽到教育、管理职责的不承担侵权责任，这说明若有限制民事行为能力人在校期间受到损害，学校只有在未尽职责的情况下才承担侵权责任。在本案中，被告高平某学校在安某芸晕倒后及时拨打急救电话，主动配合警察调查，被告采取的这一系列抢救措施在当时的条件下具有合理性，已经尽到了应尽的职责，不应成为苛求其承担全部侵权责任的依据来源，被告高平某学校承担侵权责任的原因是其未按《学校卫生工作条例》规定配备专职卫生技术人员，但事故发生的根本原因依然是安某芸自身身体条件，被告某学校所应承担的责任不应被扩大至承担全部责任。

【思考题】

1. 为何要求学校设立校医院或者配备专业卫生技术人员？
2. 学校在学生在校学习生活期间扮演了什么角色，与家长之间是怎样的关系？
3. 《民法典》第 1200 条规定的"尽到教育、管理职责"该如何界定？

三、放射卫生防护的法律规定

该部分主要通过对辐射安全许可证制度以及生态环境部门对放射性同位素、射线装置的监管职责进行阐述，探讨未办理辐射安全许可证擅自使用放射性同位素、射线装置的法律后果，以及生态环境部门行政不作为如何担责等法律问题。

---

❶ 叶厚隽. 论学校事故中的学校与学生关系［J］. 河南社会科学，2006（5）：115-117.
❷ 《中华人民共和国民法典》第 19 条规定："八周岁以上的未成年人为限制民事行为能力人，实施民事法律行为由其法定代理人代理或者经其法定代理人同意、追认；但是，可以独立实施纯获利益的民事法律行为或者与其年龄、智力相适应的民事法律行为。"

案例六　放射性危险因素行政管理案❶

【基本案情】

原告倪某纯原系某公司员工，自 2004 年开始在该公司具有放射性同位素、射线装置的大压延导开岗位工作。2014 年 3 月，被确诊为多发性骨髓瘤，经医生诊断是由于长期在辐射环境中工作所致。2015 年 2 月 10 日，原告向被告天津市生态环境局举报某公司，并要求对某公司无辐射安全许可证仍使用 PT 机十年的违法行为进行查处，被告天津市生态环境局于 2015 年 4 月对某公司安装并使用射线装置项目未依法办理竣工环境保护验收手续进行了处罚（津市环罚字〔2015〕19 号）。原告于 2016 年 5 月 18 日向被告天津市生态环境局申请信息公开，要求提供被告对某公司加速器的检查记录，以用于向天津市职业病防治院提供职业病鉴定所需材料。被告于 2016 年 6 月 6 日向原告作出市环境局编号为 108 号的《信息公开告知书》，告知原告自 2004 年至 2013 年底对某公司 PT 机的日常检查记录的政府信息不存在。

原告倪某纯认为，根据《放射性同位素与射线装置安全和防护条例》第 2 条第 3 款的规定，被告天津市环境局对本行政区域内放射性同位素、射线装置的安全和防护工作负有监督管理职责，但被告天津市环保局不履行上述监督管理职责，未及时发现某公司的违法行为，致使原告在无任何安全与防护的环境下工作了十年，并罹患血液肿瘤，丧失劳动能力。同时，由于被告天津市生态环境局对某公司使用放射性同位素和射线装置的日常监督检查信息缺失，致使原告无法进行职业病诊断，也无法享受职业病员工待遇，损害了原告的合法权益，故依法提起诉讼，请求确认被告天津市生态环境局未对某公司放射性同位素、射线装置的安全和防护工作履行法定监督管理职责的行为违法。

被告天津市生态环境局认为，其一，原告倪某纯的诉讼请求不属于《中华人民共和国行政诉讼法》规定的人民法院受理行政诉讼的范围，因为市环境局无权也从未对原告倪某纯进行监督检查，更未对原告倪某纯的人身、财产造成过损害；其二，原告倪某纯提起行政诉讼的起诉期限已经超过法定期限。原告倪某纯于 2015 年 2 月 10 日提出对某公司进行监督检查要求，被告于 2015 年 2 月 10 日对某公司进行现场检查，并对该公司未经验收射线装置擅自投入使用进行立案处罚。2015 年 6 月 18 日，被告应原告倪某纯申请向其寄出了对某公司的行政处罚决定书，原告倪某纯于 2015 年 6 月 19 日签收了挂号信，表明知道被告天津市生态环境局依法履行了对某公司的监督检查职责，后又于 2017 年 6 月 28 日向法院提起行政诉讼，因此依照《中华人民共和国行政诉讼

---

❶ 天津铁路运输法院（2017）津 8601 行初 7 号一审行政判决书，北京市第四中级人民法院（2019）京 04 行终 4 号二审行政判决书。

法》第 46 条的规定，原告倪某纯已经超过了起诉的法定期限；其三，原告倪某纯不是监督检查的相对人，其所患疾病与天津市环境局履行监督管理职责没有关联，因此其不是本案的适格原告；其四，根据《放射性同位素与射线装置安全和防护条例》第 29 条规定，使用放射性同位素和射线装置的某公司，具有法定的对本单位从事使用活动的个人剂量进行监测和职业健康检查，并建立个人剂量档案和职业健康档案的职责。因此原告倪某纯认为被告天津市生态环境局没有对某公司使用放射性同位素和射线装置履行监管职责，导致该公司使用放射性同位素和射线装置的日常监督检查信息缺失，致使原告无法享受职业病员工待遇没有事实和法律依据。

天津铁路运输法院认为，首先，本案中原告倪某纯在某公司放射性岗位工作数年，且该公司放射性装置既未经验收，也未取得辐射安全许可证便投入使用，原告倪某纯有理由认为其所得疾病是因被告天津市生态环境局不履行监管职责而使某公司无证使用放射性装置十年的事实造成，根据《中华人民共和国行政诉讼法》第 2 条第 1 款规定，原告倪某纯是本案的适格原告。其次，本案中某公司于 2004 年开始使用射线装置，直至 2014 年才取得辐射安全许可证，某公司违法使用射线装置长达十年，可证明被告天津市生态环境局作为放射性同位素和射线装置的法定监管机构未积极履行其法定职责。原告倪某纯在 2014 年患病后多次要求被告天津市生态环境局履行职责并公开相关信息。某公司的违法行为一直存在，则被告天津市生态环境局的法定监督管理职责也一直存在，因此，根据《最高人民法院关于适用〈中华人民共和国行政诉讼法〉的解释》第 66 条规定，原告倪某纯提起的行政诉讼并未超过法定起诉期限。最后，被告天津市生态环境局作为某公司环境影响评价文件的审批部门，具有相应的监督检查职责，其在 2009 年某公司申请射线装置环境影响报告的行政许可时，应当知道该企业有安装使用射线装置的计划，对该企业应该更加予以关注、加强监管。而被告天津市生态环境局直至 2015 年因原告倪某纯举报才对某公司进行检查，发现该企业射线装置未经验收使用的事实，在监督管理上存在疏漏。被告天津市生态环境局作为市级环保部门属于县级以上环境保护主管部门，其并未举证证明不同层级环境保护主管部门的具体分工，不能排除其监管职责，应承担相应责任。

【主要法律问题】

1. 未依法向生态环境部门申请辐射许可证就擅自使用放射性同位素和射线装置的法律后果是什么？

2. 生态环境部门行政不作为的判断基准是什么？

3. 因行政机关不作为受到利益损害的行政相对人能否提起行政诉讼？

【主要法律依据】

1. 《放射性同位素与射线装置安全和防护条例》

第 3 条第 3 款　县级以上地方人民政府生态环境主管部门和其他有关部门，按照职责分工和本条例的规定，对本行政区域内放射性同位素、射线装置的安全和防护工作实施监督管理。

第 5 条　生产、销售、使用放射性同位素和射线装置的单位，应当依照本章规定取得许可证。

第 6 条第 1 款　除医疗使用Ⅰ类放射源、制备正电子发射计算机断层扫描用放射性药物自用的单位外，生产放射性同位素、销售和使用Ⅰ类放射源、销售和使用Ⅰ类射线装置的单位的许可证，由国务院生态环境主管部门审批颁发。

第 6 条第 2 款　除国务院生态环境主管部门审批颁发的许可证外，其他单位的许可证，由省、自治区、直辖市人民政府生态环境主管部门审批颁发。

第 46 条第 1 款　县级以上人民政府生态环境主管部门和其他有关部门应当按照各自职责对生产、销售、使用放射性同位素和射线装置的单位进行监督检查。

2.《中华人民共和国行政诉讼法》

第 2 条　公民、法人或者其他组织认为行政机关和行政机关工作人员的行政行为侵犯其合法权益，有权依照本法向人民法院提起诉讼。

3.《最高人民法院关于适用〈中华人民共和国行政诉讼法〉的解释》

第 66 条　公民、法人或者其他组织依照行政诉讼法第四十七条第一款的规定，对行政机关不履行法定职责提起诉讼的，应当在行政机关履行法定职责期限届满之日起六个月内提出。

【理论分析】

1. 未依法向生态环境部门申请辐射许可证就擅自使用放射性同位素和射线装置的法律后果是什么？

放射性同位素，是指某种发生放射性衰变的元素中具有相同原子序数但质量不同的核素。射线装置，是指 X 线机、加速器、中子发生器以及含放射源的装置。❶ 上述两种物质或装置均具有放射性，对人体健康和环境安全都具有潜在的安全隐患，因此，我国对放射性同位素和射线装置的生产、销售和使用一律实行许可证登记制度。根据《放射性同位素与射线装置安全和防护条例》第 5 条、第 6 条的规定，生产、销售、使用放射性同位素和射线装置的都应当依法向有关生态环境主管部门申请辐射安全许可证，经有关生态环境主管部门审批并获得辐射安全许可证后方能进行生产、销售和使用。对于未按规定申领辐射安全许可证而擅自生产、销售、使用放射性同位素和射线装置的，依照《放射性同位素与射线装置安全和防护条例》第 52 条的规定，由县级以上人民政府生态环境主管部门视违法具体情况，给予相应的行政处罚，造成辐射事故的，依法追究刑事责任。本案中，某公司未依法向被告天津市生态环境局申领辐射安全许可证，擅自使用放射性同位素和射线装置，属于严重违反《放射性同位素与射线

---

❶ 邓利强，陈东明. 卫生法学［M］. 北京：清华大学出版社，2020：201.

装置安全和防护条例》第 5 条、第 6 条规定的情形，被告天津市生态环境局应当对某公司做出相应的行政处罚。

2. 生态环境部门行政不作为的判断基准是什么？

行政不作为，主要是指行政机关等行政主体负有法律法规规定的职权，负有法律法规规定的义务，在能够履行职权的情况下，不履行职权或者拖延履行职权。[1] 通常来说，行政不作为指行政主体不履行作为义务的状态，而作为义务的来源、现实作为的可能性、究竟是否已经作为这三个标准构成了行政不作为的判断基准。首先，作为义务的来源可以源自法律规范、行政规定、行政行为、行政契约，或是来自先行行为；其次，对于现实作为的可能性而言，行政许可型的行政不作为可以根据法律规定的法定期限和实体审查标准来进行判断，而危险防止型的行政不作为则要从行政机关能否预见危害结果的发生、能否通过行使规制权限避免损害结果发生、被害人自身是否只能依靠行政机关行使规制权限来获得救济三个维度进行判断；最后，究竟是否已经作为则应从是否明确拒绝、是否实施防止危害以及危害结果发生的行为以及行政行为的环节、内容，结合主客观标准进行判断。[2]

根据《放射性同位素与射线装置安全和防护条例》第 3 条规定，国务院生态环境主管部门对全国放射性同位素、射线装置的安全和防护工作实施统一监督管理。县级以上地方人民政府生态环境主管部门和其他有关部门，按照职责分工和本条例的规定，对本行政区域内放射性同位素、射线装置的安全和防护工作实施监督管理。本案中，被告天津市生态环境局作为全市范围内对放射性同位素、射线装置负有法定监管职权的主管部门，违反《放射性同位素与射线装置安全和防护条例》第 3 条规定，怠于履行自身负有的法定监管职权，未依法对某公司擅自使用放射性同位素和射线装置的行为进行监管，没有做到对某公司的日常监督检查，是行政不作为，严重损害相关行政相对人的合法权益以及社会公共利益，属于严重的失职行为。

3. 因行政机关不作为受到利益损害的行政相对人能否提起行政诉讼？

《中华人民共和国行政诉讼法》第 12 条列举了两种属于人民法院受案范围的行政不作为案件，即第 3 项规定的"申请行政许可，行政机关拒绝或者在法定期限内不予答复"和第 6 项规定的"申请行政机关履行保护人身权、财产权等合法权益的法定职责，行政机关拒绝履行或者不予答复的"两种情形。行政诉讼虽具有诉讼的性质和特征，但是它同时是行政法制监督和行政法律救济的环节，具有行政法制监督和行政法律救济的性质和特征。[3] 因此，对于人民法院受理行政不作为案件的范围还应当结合《中华人民共和国行政诉讼法》第 2 条的规定理解，即公民、法人或者其他组织认为行政机关和行政机关工作人员的行政行为侵犯其合法权益，有权向人民法院提起诉讼。

---

❶ 柏巍. 新时期行政不作为理论的研究趋势 [J]. 长春市委党校学报，2020（6）：19-22.

❷ 章志远. 行政法学总论 [M]. 北京：北京大学出版社，2014：229-236.

❸ 姜明安. 行政法 [M]. 北京：北京大学出版社，2017：598.

这里的行政行为既包括作为，也包括不作为。所谓作为，是指行政机关和行政机关工作人员违反法律程序越法、无权或是处罚程序违法等直接侵犯行政相对人合法权益的行为，而不作为则是指行政机关和行政机关工作人员怠于履行自身法定职权，损害行政相对人合法权益的行为。无论是行政机关和行政机关工作人员作为或是不作为，都严重侵害了行政相对人的合法权益，符合《中华人民共和国行政诉讼法》第 2 条规定的情形，合法利益因此受到损害的，有权依法向人民法院提起诉讼。本案中，某公司在未获得辐射安全许可证的情况下擅自使用放射性同位素和射线装置长达十年，直至 2015 年原告倪某纯举报，这一违法事实才得以发现，而在 2009 年某公司曾向被告天津市生态环境局申请射线装置环境影响报告的行政许可，作为对放射性同位素和射线装置具有监管职责的被告此时就应当知道该企业有安装使用射线装置的计划，对该企业应该格外予以关注、加强监管。原告倪某纯因长期在辐射环境中工作导致患上多发性骨髓瘤，亦有理由认为因被告天津市生态环境局不履行监管职责而使某公司无证使用放射性装置十年，进而使自己的合法权益遭受侵害，因此本案原告倪某纯有权提起行政诉讼，是本案的适格原告。

【思考题】

1. 为何要针对放射性同位素和射线装置建立辐射安全许可证制度？
2. 行政机关不作为有何具体表现与危害？
3. 因行政机关不作为受到利益损害的公民该如何维护自己的合法权益？

第四节　职业病防治法律制度

一、职业病工伤认定因工作单位变动后而引发的法律争议

该部分主要通过对工伤认定性质以及职工工作单位变动后患职业病而引发的法律争议进行剖析，由此探讨职工在这种情形下患职业病如何获得赔偿待遇，如何确定工作变动前后工作单位的法律责任及其承担方式等法律问题。

案例七　职业病工伤认定案❶

【基本案情】

2014 年 11 月 21 日，原告（中核深圳某集团有限公司，以下简称"中核"）向被

❶ 广东省深圳市中级人民法院（2015）深中法行终字第 1112 号行政判决书。

告（深圳市人力资源和社会保障局）提出工伤认定申请，称原告职工张某丽，即本案第三人于1964年8月分配到核工业国营743矿工作，其1964年8月至1964年12月、1965年12月至1968年11月、1970年2月至1986年7月在有放射性粉尘、氡气、放射性外照射矿井中工作，1991年调入原告处，1996年6月在原告处退休，2014年10月27日经广东省职业病防治院诊断为"职业性放射性肿瘤"，请求工伤认定。原告向被告提交了工伤认定申请表和职业病诊断证明书等材料。

其中，广东省职业病防治院2014年10月27日出具的粤职诊〔2014〕310号《职业病诊断证明书》载明"诊断结论：职业性放射性肿瘤"。被告经审核后，于2015年1月20日作出深人社认字（直）〔2014〕第1411201号《深圳市工伤认定书》，认定第三人张某丽于1991年1月至1996年6月在原告处工作直至退休，在此期间无从事任何放射性的工作（即无职业病危害接触史）。2014年10月27日经广东省职业病防治院诊断张某丽所患为职业放射性肿瘤，其情形不符合《广东省工伤保险条例》第9条第4项的规定，认定第三人不属于或不视同工伤。原告不服，遂向广东省福田区人民法院提起行政诉讼。

广东省福田区人民法院经审理认为，第三人所患职业病系其在核工业国营743矿工作造成，并非在中核处工作所造成，被告据此作出深人社认字（直）〔2014〕第1411201号《深圳市工伤认定书》，认定第三人的情形不属于或不视同工伤，事实清楚，依据充分，本院予以支持。因此，广东省福田区人民法院判决驳回原告中核深圳某集团有限公司的诉讼请求。

原告不服原审判决，向广东省深圳市中级人民法院提出上诉。广东省深圳市中级人民法院经审理认为，首先，工伤的核心在于因工作受伤或患病，工伤认定作为行政确认行为，是社会保险行政部门行使职权对职工是否因工作受伤或患病的事实进行确认，该事实不因职工工作单位的变动而改变。其次，对于职工患职业病认定为工伤，工伤保险条例并无附加其他条件，并未将职业病职工的用人单位限定于具有职业病危害因素、导致职工患职业病的工作单位，即并未明文设定职工须在用人单位工作期间患职业病的限制条件。

【主要法律问题】

1. 职业病是什么？
2. 工伤认定的性质是什么？
3. 工作单位变动后，职工能否以被确诊职业病时的工作单位为用人单位认定工伤？

【主要法律依据】

《工伤保险条例》

第14条　职工有下列情形之一的，应当认定为工伤：

（一）在工作时间和工作场所内，因工作原因受到事故伤害的；

…………

（四）患职业病的；

…………

第 17 条　职工发生事故伤害或者按照职业病防治法规定被诊断、鉴定为职业病，所在单位应当自事故伤害发生之日或者被诊断、鉴定为职业病之日起 30 日内，向统筹地区社会保险行政部门提出工伤认定申请。遇有特殊情况，经报社会保险行政部门同意，申请时限可以适当延长。

用人单位未按前款规定提出工伤认定申请的，工伤职工或者其近亲属、工会组织在事故伤害发生之日或者被诊断、鉴定为职业病之日起 1 年内，可以直接向用人单位所在地统筹地区社会保险行政部门提出工伤认定申请。

按照本条第一款规定应当由省级社会保险行政部门进行工伤认定的事项，根据属地原则由用人单位所在地的设区的市级社会保险行政部门办理。

用人单位未在本条第一款规定的时限内提交工伤认定申请，在此期间发生符合本条例规定的工伤待遇等有关费用由该用人单位负担。

第 19 条第 1 款　社会保险行政部门受理工伤认定申请后，根据审核需要可以对事故伤害进行调查核实，用人单位、职工、工会组织、医疗机构以及有关部门应当予以协助。职业病诊断和诊断争议的鉴定，依照职业病防治法的有关规定执行。对依法取得职业病诊断证明书或者职业病诊断鉴定书的，社会保险行政部门不再进行调查核实。

第 20 条第 1 款　社会保险行政部门应当自受理工伤认定申请之日起 60 日内作出工伤认定的决定，并书面通知申请工伤认定的职工或者其近亲属和该职工所在单位。

【理论分析】

1. 职业病是什么？

对于职业病的概念，《中华人民共和国职业病防治法》（以下简称《职业病防治法》）第 2 条有明确界定："职业病是指企业、事业单位和个体经济组织等用人单位的劳动者在职业活动中，因接触粉尘、放射性物质和其他有毒、有害因素而引起的疾病。"2013 年，根据新修订的《职业病防治法》，国家卫生和计划生育委员会、安全监管总局、人力资源社会保障部和全国总工会联合组织对职业病的分类和目录进行了调整，将职业病分为 10 类 132 种，列入在《职业病分类和目录》中。对于未明确列入其中的疾病，则不能被认定为职业病。我国现行职业病目录中，从疾病特征（发病潜伏期、病情进展等）来看，大致可分成两种类型：第一类为急性职业病，由生产安全事故导致，这类型职业病特征与事故型工伤特征类似。第二类为延发性慢性职业病，我国法定职业病多属该类型❶。据不完全统计，以"十三五"期间实施的《国家职业病防治规划（2009—2015）》为时间区间，2009 年至 2016 年全国累计发生职业病案例数及行业分布如图 1 所示❷。职业病发病率与行业具有职业病危害因素种类密切相关，职业病发病集中在矿山、危险化学品、冶金等行业。从职业病类型及行业分布可以看出，职业病的发病类型和多发疾病集中出现在延发性慢性职业病。

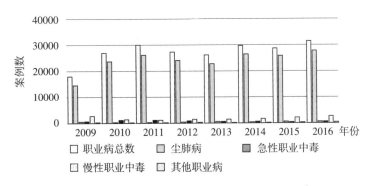

图 1　全国职业病类型情况统计（2009—2016 年）

　　延发性慢性职业病相对于事故性工伤的特点有：（1）潜伏期长。少则几个月，多达十几年。早期的损害表现相对隐匿，难以及时发现，比如作为发病率极高的尘肺病，其典型潜伏期为 2~10 年，有的长达 15~20 年。只有持续吸入高含量和高浓度的粉尘，尘肺病才会在 1~2 年内发生。（2）损害积累效应明显。不同时期不同单位造成的伤害分界不清，具有集体致害性。（3）病情进展反复。相对于突发的、一次性的事故性工伤，其即使脱离接触危害因素，损害仍可能发展、长期持续甚至加重。（4）依赖长期的医疗期等特点。

　　正是由于职业病本身具有上文所述的特点，再加上企业兴衰更替频繁，工作单位及工种变换成常态，在这样的就业环境下，目前我国仍未实现工伤保险全国统筹，按我国现行工伤保险规定，尘肺病等慢性职业病患者工伤保险待遇难以保障：在疾病潜隐期内，绝大多数劳动者都可能存在两种情况：其一，变换了工作单位和工种；其二，已失业，而且原致害用人单位可能已解体。当受害人发病时，如果遇到第二种情形，按目前工伤保险相关规定，患者不能从保险基金获得赔偿，也无法向用人单位索赔，诉求无门❸，遇到第一种情形，按目前规定，可以由工伤险及现用人单位支付费用，但现用人单位一般非实质加害单位，不一定存在相同职业病危害，往往难以配合职业病诊断及工伤认定，患者维权难度极大。对离职后职业病工伤认定，业界也存在争议❹。

❶　王旭东，罗孝文. 职业病伤害特殊性及工伤权益保障有关问题探讨［J］. 职业卫生与应急救援，2017，35（2）：188-191，194.

❷　罗通元. 职业性有害因素分级分类管理［J］. 现代职业安全. 2021（1）：85-88.

❸　詹小应. 浅谈企业如何做好职业健康工作［J］. 现代企业文化，2015，2（2）：85.

❹　王兴勤. 石化企业职业健康管理现状分析［J］. 安全、健康和环境，2014，14（2）：28-29.

2. 工伤认定行为的性质是什么？

在我国，职业病法律救济程序包含三项组成要件，即职业病认定的实体性标准、职业病工伤认定程序、职业病患救济方式。《工伤保险条例》第 17 条规定，当劳动者在工作过程中发生事故伤害，企业应该在职业伤害发生当日起三十天内，向社会保险统筹地区的社会保险行政部门提起工伤认定申请。由此可知工伤认定是社会保险行政部门依据相关法律的规定，当劳动者在工作中受到职业伤害时，对劳动者受到职业伤害的事实和性质进行行政确认的具体行政行为。《工伤保险条例》第 14 条第 4 项明确规定，职工患职业病的，应当认定为工伤。

的确，工伤的核心在于因工作受伤或患病，工伤认定作为行政确认行为，指的是社会保险行政部门行使职权对职工是否因工作受伤或患病的事实进行确认。在我国，《工伤保险条例》的立法目的是保障职工因工作遭受事故伤害或者患职业病获得救助和补偿，此处强调的是职工因工作受伤或患病应获得救济，并未有用人单位不同之差别。当然，由于涉及工伤保险费用缴纳、工伤认定申请、工伤保险责任承担等具体问题，《工伤保险条例》中对用人单位作出了规定，并课以其多项义务，但此并不足以否定工伤认定是对职工是否因工作受伤或患病这一事实进行确认的行为本质。

3. 工作单位变动后，职工能否以被确诊职业病时的工作单位为用人单位认定工伤？

在我国工伤保险体系中，工伤待遇并非工伤保险待遇。两者的关键区别在于承担主体不同：工伤待遇由用人单位承担，而工伤保险待遇由社保机构承担。职工在受到工伤后享受工伤待遇是其享有的法定权利，如果因单位的过错未缴纳工伤保险，致使职工的合法权益受到侵害，那么本应由社保机构负担的费用则需由单位来负担。也就是说工伤保险基金支付工伤保险待遇的前提条件是：发生工伤事故时或诊断职业病时，用人单位是否为职工缴纳工伤保险费。以伤害后果发生或发现时受害人所在的用人单位为工伤待遇支付责任主体，而不是由接触职业病危害时的用人单位直接支付费用，慢性职业病特别是尘肺病的潜伏期长，劳动者即使在离职前进行体检，也不一定就能查出，这样容易使致害主体与支付工伤待遇的责任主体分离。

《工伤保险条例》第 14 条第 4 项明确规定，职工患职业病的，应当认定为工伤。第 19 条第 1 款规定，"职业病诊断和诊断争议的鉴定，依照职业病防治法的有关规定执行。对依法取得职业病诊断证明书或者职业病诊断鉴定书的，社会保险行政部门不再进行调查核实。"由此，上述立法中对于职工患职业病认定为工伤，并无附加其他条件，即并未明文设定职工须在用人单位工作期间患职业病的限制条件。

因此，尽管被诊断职业病时的用人单位不存在致病因素，也可以为患职业病的职工申请工伤认定。《工伤保险条例》并未将职业病职工的用人单位限定于具有职业病危害因素、导致职工患职业病的工作单位，相反，在某种程度上，认同职工被诊断职业病时所在单位为职业病职工用人单位。如果《工伤保险条例》一方面在第 17 条要求职工被诊断为职业病时所在单位为职工申请工伤认定，另一方面又如被上诉人所理解，限定职业病病人只能以导致其患病的工作单位为用人单位认定工伤，那么《工伤保险条例》第 17 条的规定就丧失了意义和价值，因为提出申请只是启动了工伤认定程序，对职业病病人真正有意义的是工伤认定结论。

【思考题】

1. 申请工伤认定的程序是什么？
2. 退休后诊断为职业病能否享受工伤保险待遇？

二、停工留薪期法律制度

该部分主要通过对《工伤保险条例》第 33 条第 2 款规定的停工留薪期的具体含义及期限进行解释，由此探讨职工因职业病而工伤复发，经确认需治疗的，是否可重新享受《工伤保险条例》规定的停工留薪期待遇等法律问题。

案例八 职业病复发案❶

【基本案情】

邓某鹏于 2010 年 12 月 12 日被诊断为职业病（急性淋巴白细胞白血病），随后深圳市人力资源和社会保障局对邓某鹏认定为工伤。2013 年 2 月 7 日，深圳市劳动能力鉴定委员会出具《劳动能力鉴定结论》，认定邓某鹏受伤时间为 2010 年 12 月 12 日，受伤部位为全身多处，邓某鹏构成五级伤残，法定医疗终结期为 2012 年 12 月 12 日。

2016 年 2 月 4 日，邓某鹏白血病复发入院治疗，深圳市劳动能力鉴定委员会于 2016 年 3 月 2 日出具《工伤复发确认意见》，确认邓某鹏属于工伤复发，实际医疗期为 2016 年 2 月 4 日至 2016 年 8 月 4 日，邓某鹏于 2016 年 4 月 13 日去世。2016 年 5 月 9 日，深圳市社会保险基金管理局受理了邓某龙（系死者邓某鹏之父）作为家属向深圳市社会保险基金管理局提出的工伤待遇申请，深圳市社会保险基金管理局同意支付旧伤复发医疗费、鉴定费、住院伙食补贴共计 8195.15 元，不同意支付丧葬补助金、供养亲属抚恤金和一次性工亡补助金。邓某龙不服，遂向深圳市盐田区人民法院提起诉讼。

深圳市盐田区人民法院审理认为，根据《广东省工伤保险条例》第 26 条第 1 款（已于 2019 年修正，修正后为第 25 条第 1 款）明确规定，停工留薪期最长不超过 24 个月；工伤职工在鉴定伤残等级后仍需治疗的，五级至十级伤残，可以享受停工留薪期待遇。即工伤职工的停工留薪期最多为 24 个月，同时，享受停工留薪期待遇并非等同享受停工留薪期，即不能据此得出享受停工留薪期待遇便是享受停工留薪期的结论。

---

❶ 广东省深圳市中级人民法院（2016）粤 03 行终 792 号行政判决书。

深圳市社会保险基金管理局根据上述规定认定邓某鹏的近亲属不享有相关补助金等待遇，并无不当。因此，原审法院判决驳回邓某龙的诉讼请求。

邓某龙不服原审判决，向深圳市中级人民法院提起上诉。深圳市中级人民法院经审理认为，被上诉人深圳市社会保险基金管理局认为职工遭受工伤后（包括旧伤复发）可以享受的停工留薪期前后累计最长不能超过24个月，邓某鹏于2010年12月受工伤后已经享受过24个月停工留薪期，故其2016年2月工伤复发后不能再享受停工留薪期，以上主张不仅有悖国务院《工伤保险条例》第38条、《广东省工伤保险条例》第36条（2019年修正后为第34条）之规定，而且会造成损害伤情严重、职业病病情严重的工伤职工权益的后果，本院不予支持。深圳市社会保险基金管理局应向邓某鹏的近亲属核发丧葬补助金、供养亲属抚恤金和一次性工亡补助金。

【主要法律问题】

1. 停工留薪期制度是什么？
2. 如何确定停工留薪期的期限？
3. 处于停工留薪期的职工应享受哪些待遇？
4. 已经享受24个月停工留薪期的伤残职工，工伤复发后能否重新享受停工留薪期待遇？

【主要法律依据】

《工伤保险条例》

第28条 自劳动能力鉴定结论作出之日起1年后，工伤职工或者其近亲属、所在单位或者经办机构认为伤残情况发生变化的，可以申请劳动能力复查鉴定。

第33条 职工因工作遭受事故伤害或者患职业病需要暂停工作接受工伤医疗的，在停工留薪期内，原工资福利待遇不变，由所在单位按月支付。停工留薪期一般不超过12个月。伤情严重或者情况特殊，经设区的市级劳动能力鉴定委员会确认，可以适当延长，但延长不得超过12个月。工伤职工评定伤残等级后，停发原待遇，按照本章的有关规定享受伤残待遇。工伤职工在停工留薪期满后仍需治疗的，继续享受工伤医疗待遇。生活不能自理的工伤职工在停工留薪期需要护理的，由所在单位负责。

第38条 工伤职工工伤复发，确认需要治疗的，享受本条例第三十条、第三十二条和第三十三条规定的工伤待遇。

第39条 职工因工死亡，其近亲属按照下列规定从工伤保险基金领取丧葬补助金、供养亲属抚恤金和一次性工亡补助金：

（一）丧葬补助金为6个月的统筹地区上年度职工月平均工资；

（二）供养亲属抚恤金按照职工本人工资的一定比例发给由因工死亡职工生前提供主要生活来源、无劳动能力的亲属。标准为：配偶每月40%，其他亲属每人每月30%，孤寡老人或者孤儿每人每月在上述标准的基础上增加10%。核定的各供养亲属的抚恤金之和不应高于因工死亡职工生前的工资。供养亲属的具体范围由国务院社会保险行政部门规定；

（三）一次性工亡补助金标准为上一年度全国城镇居民人均可支配收入的20倍。

伤残职工在停工留薪期内因工伤导致死亡的，其近亲属享受本条第一款规定的待遇。

一级至四级伤残职工在停工留薪期满后死亡的，其近亲属可以享受本条第一款第（一）项、第（二）项规定的待遇。

【理论分析】

1. 停工留薪期制度是什么？

停工留薪期是指工伤职工发生工伤或者患职业病后，需要暂停工作接受治疗，继续享受原工资福利待遇的期限。[1] 停工留薪期是工伤职工在享受社会统筹承担的社会保障责任之前，享受的由用人单位给予的劳动保障。劳动者因工致残后，享受社会统筹范围内的工伤待遇，但因工伤待遇的确定须依照致残等级进行，即在职工发生工伤至致残等级确定前，职工因工伤已经无法参加工作，但又需致残等级确定后才能依法享受工伤待遇的，考虑其需停止工作，且不会有其他收入来源，故应由单位提供相应生活保障，这也就是停工留薪期制度设计的初衷。

2. 如何确定停工留薪期的期限？

根据《工伤保险条例》第33条第2款的规定，停工留薪期一般不超过12个月。伤情严重或者情况特殊，经设区的市级劳动能力鉴定委员会确认，可以适当延长，但延长不得超过12个月。

停工留薪期从因工负伤或患病之日起算，届满时间就成了关注的焦点，当前有三种主流观点。观点一，止于鉴定。这一观点直接源于《工伤保险条例》中的规定，主张在工伤职工评定伤残等级后，停发原待遇，按照有关规定享受伤残待遇。问题是如果员工迟迟不去做劳动能力等级鉴定，甚至拒绝进行鉴定，那么就存在停工留薪期不会届满的可能性。观点二，止于复工。这一观点主要源于停工留薪期的前提条件是因工负伤或患病停工治疗，主张既然员工已经返岗上班，前提条件消失，停工留薪期也就不复存在了。观点三，止于治疗终结。与上一观点类似，当员工结束治疗，停工留薪期即届满，只是这种情况也有弊端，工伤治疗比较复杂，并非只有在院治疗一种，在某些情况下虽然不需要治疗，但是还需要在家休养。对此，根据当地规定不同，实践中有几种操作方式，包括根据当地停工留薪期目录确定、由劳动能力鉴定委员会确定、根据医疗机构的休假证明确定。[2] 由于我国《工伤保险条例》并未对工伤职工的停工留薪期作出具体、明确的规定，地方政府劳动管理部门出台了工伤职工的停工留薪

---

❶ 杨喆. 停工留薪期背后的"停"与"留"［J］. 人力资源，2017（4）：36-39.

❷ 沈海燕. 停工留薪期的若干知识点［J］. 人力资源，2021（21）：42-47.

期管理办法。停工留薪期的认定依据工伤医疗机构的诊断证明，对照《停工留薪期目录》（各省制定有《停工留薪期目录》或者《停工留薪期分类目录》）确定。工伤职工达到《停工留薪期目录》规定的停工留薪期时间，需继续治疗或康复的，应申请延长停工留薪期，未在规定的时间内提出延长停工留薪期申请的，停工留薪期到期终止。❶

3. 处于停工留薪期的职工应享受哪些待遇？

熟悉停工留薪期限的相关规定后，另一个与职工息息相关的问题就是停工留薪期的待遇具体包括哪些。（1）工资福利待遇。根据《工伤保险条例》第 33 条的规定，用人单位首先需要保证工伤职工在所在薪期内，原工资福利待遇不变，由所在单位按月支付。其中"原工资"一般按照工伤职工因工作遭受事故伤害或者患职业病前 12 个月的平均月工资计算，包括计时工资或者计件工资、奖金、津贴和补贴等，但不包括加班工资。对此，通常应理解为员工正常出勤可以获得的报酬。也就是说，如果是只要出勤就能获得的奖金、津贴，企业就应当支付，如果是表现好才能获得的部分，就可以不支付。不过在实操中，各地仍存在一些倾向性意见或规定。比如在上海市、浙江省等地，停工留薪期不包含加班费。❷（2）护理费。《工伤保险条例》第 33 条规定，"生活不能自理的工伤职工在停工留薪期需要护理的，由所在单位负责。"例如《广东省工伤保险条例》第 25 条第 4 款规定："工伤职工在停工留薪期间生活不能自理需要护理的，由所在单位负责。所在单位未派人护理的，应当参照当地护工从事同等级别护理的劳务报酬标准向工伤职工支付护理费。"（3）五险一金。这一待遇在各地基本上都有明确的规定，要求用人单位在职工的停工留薪期内不得与工伤职工解除或者终止劳动关系，且必须为工伤职工按时缴纳社会保险费、住房公积金。❸

另外，职工在工伤复发治疗期间死亡后，其近亲属应享受工伤死亡丧葬补助金、供养亲属抚恤金和一次性工亡补助金。根据国务院《工伤保险条例》第 39 条第 1 款："职工因工死亡，其近亲属按照下列规定从工伤保险基金领取丧葬补助金、供养亲属抚恤金和一次性工亡补助金……（三）一次性工亡补助金标准为上一年度全国城镇居民人均可支配收入的 20 倍。"该条第 2 款："伤残职工在停工留薪期内因工伤导致死亡的，其近亲属享受本条第一款规定的待遇。"

4. 已经享受 24 个月停工留薪期的伤残职工，工伤复发后能否重新享受停工留薪期待遇？

《工伤保险条例》第 28 条规定，"自劳动能力鉴定结论作出之日起 1 年后，工伤职工或者其近亲属、所在单位或者经办机构认为伤残情况发生变化的，可以申请劳动能力复查鉴定"；第 38 条规定，"工伤职工工伤复发，确认需要治疗的，享受本条例第三

---

❶ 杨会霞. 工伤申报、处理流程中的六个典型问题［J］. 工友，2016（9）：24-25.

❷ 沈海燕. 停工留薪期的若干知识点［J］. 人力资源，2021（21）：42-47.

❸ 杨喆. 停工留薪期背后的"停"与"留"［J］. 人力资源，2017（4）：36-39.

十条、第三十二条和第三十三条规定的工伤待遇。"

工伤复发是指工伤员工的伤情恢复到工伤受伤时的伤情或者比工伤受伤时更为严重的状态。《工伤保险条例》立法原则是为了保障因工作遭受事故伤害或者患职业病的职工获得医疗救治和经济补偿。并且，职业病相对于事故性工伤有病情进展反复的特点，相对于突发的、一次性的事故性工伤，其即使脱离接触危害因素，损害仍可能发展、长期持续甚至加重。工伤职工在工伤复发后获得停工留薪期和停工留薪工资、护理费等待遇是受伤员工的基本生存和人权保障。如果以受伤时已经享受了 24 个月的停工留薪期为由，认为工伤复发后不能再享受停工留薪期，则违背了保障人权的精神，也违背了立法目的。

《工伤保险条例》第 38 条规定，"工伤职工工伤复发，确认需要治疗的，享受本条例第三十条、第三十二条和第三十三条规定的工伤待遇"，该条应当是重新享受工伤待遇的意思，指工伤复发后的停工留薪期不超过 24 个月，而非指任何情况下累计的停工留薪期不超过 24 个月。所以对于停工留薪期的期限的正确理解为：工伤复发员工的停工留薪期，应当从工伤复发之日开始重新计算。

【思考题】

1. 停工留薪期用人单位可以解除劳动合同吗？
2. 工伤停工留薪期工资和上班工资能兼得吗？
3. 工伤职工停工留薪期满后仍需治疗工资待遇该怎么支付？

三、职工离岗前未进行职业健康检查而引发的法律问题

该部分主要通过对用人单位实施职业健康检查措施的性质分析以及因职工离岗前未进行职业健康检查而签订解除劳动合同的效力问题进行剖析，由此职工在这种情形下患职业病如何处置，以及探讨因未进行职业健康检查而与劳动者协商一致解除的劳动合同的性质以及如何确定用人单位与劳动者的法律责任及其承担方式等法律问题。

案例九　职工离岗前未职业健康检查案[1]

【基本案情】

2010 年 1 月，张某杰与某豪公司建立劳动关系后被派遣至某海公司担任电焊工，双方签订最后一期劳动合同的期限为 2010 年 1 月 1 日至 2014 年 6 月 30 日。2014 年 1 月 13 日，某豪公司（甲方）与张某杰（乙方）签订协商双方自愿达成解除劳动合同协议书。2014 年 4 月，张某杰经上海市肺科医院诊断为电焊工尘肺壹期。2014 年 12 月

---

[1] 上海市第二中级人民法院（2015）沪二中民三（民）终字第 962 号民事判决书。

10 日，张某杰经上海市劳动能力鉴定委员会鉴定为×××疾病致残程度柒级。

因对从事接触×××疾病危害作业未进行离岗前职业健康检查，用人单位与劳动者协商一致解除劳动合同是否当然有效发生争议，张某杰诉至原审法院，认为其在某豪公司工作至 2014 年 1 月 23 日，是某豪公司提出解除劳动合同，未给其做离职体检，故对未进行离岗前职业健康检查的劳动者不得解除或者终止与其订立的劳动合同，要求自2014 年 1 月 13 日起恢复与某豪公司的劳动关系。

上海市崇明区人民法院认为，双方协商一致解除劳动关系，不属于该法第 40 条、第 41 条规定的情形，且双方的解除行为系真实意思的表示，人民法院判决驳回张某杰要求与上海某豪劳务服务有限公司自 2014 年 1 月 13 日起恢复劳动关系的诉讼请求。

上诉人张某杰不服原审判决，向上海市第二中级人民法院提出上诉。上海市第二中级人民法院认为根据《中华人民共和国劳动合同法》第 42 条第 1 款规定，虽然没有排除用人单位与劳动者协商一致解除劳动合同的情形，但根据《中华人民共和国×××疾病防治法》第 36 条的规定，"对从事接触×××疾病危害的作业的劳动者，用人单位应当按照国务院安全生产监督管理部门、卫生行政部门的规定组织上岗前、在岗期间和离岗时的职业健康检查，并将检查结果书面告知劳动者……对未进行离岗前职业健康检查的劳动者不得解除或者终止与其订立的劳动合同"。因此，用人单位安排从事接触×××疾病危害的作业的劳动者进行离岗职业健康检查是其法定义务，该项义务并不因劳动者与用人单位协商一致解除劳动合同而当然免除。因此，鉴于双方签订的劳动合同原应于 2014 年 6 月 30 日到期，而张某杰 2014 年 12 月 10 日被鉴定为"×××疾病致残程度柒级"，依据《工伤保险条例》的规定，用人单位可以终止到期合同，故张某杰与某豪公司的劳动关系应于 2014 年 12 月 10 日终止。

【主要法律问题】

1. 职业健康检查是什么？
2. 劳动者离职前未进行健康检查而协商一致签订的劳动解除合同当然有效吗？

【主要法律依据】

1. 《中华人民共和国职业病防治法》

第 35 条第 1 款　对从事接触职业病危害的作业的劳动者，用人单位应当按照国务院卫生行政部门的规定组织上岗前、在岗期间和离岗时的职业健康检查，并将检查结果书面告知劳动者。职业健康检查费用由用人单位承担。

2. 《工伤保险条例》

第 37 条　职工因工致残被鉴定为七级至十级伤残的，享受以下待遇：

（一）从工伤保险基金按伤残等级支付一次性伤残补助金，标准为：七级伤残为 13 个月的本人工资，八级伤残为 11 个月的本人工资，九级伤残为 9 个月的本人工资，十级伤残为 7 个月的本人工资；

（二）劳动、聘用合同期满终止，或者职工本人提出解除劳动、聘用合同的，由工伤保险基金支付一次性工伤医疗补助金，由用人单位支付一次性伤残就业补助金。一次性工伤医疗补助金和一次性伤残就业补助金的具体标准由省、自治区、直辖市人民政府规定。

【理论分析】

1. 职业健康检查是什么？

职业健康检查是医疗卫生机构按照国家有关规定，对从事接触职业病危害作业的劳动者进行的上岗前、在岗期间、离岗时的健康检查。相较于普通疾病，职业病具有隐匿性、迟发性、影响长远等特点。为了更好地监督、管理、防治职业病问题，我国建立了从中央到地方一整套的职业病防治监督执法机构，并要求用人单位安排劳动者进行职业健康检查。❶

职业健康检查在不同的用工阶段有不同的种类：入职职业健康检查的主要目的在于掌握劳动者的健康状况，发现职业禁忌；在职期间用人单位应为劳动者定期安排职业健康体检，及时发现劳动者的健康损害，合法合规地进行岗位调整❷；离职时的职业健康检查是为了了解劳动者离开工作岗位时的健康状况，以便厘清健康损害的责任。由此可见，职业健康检查制度不仅是对员工身体健康的制度保障，同时也是用人单位用于自查职业健康管理风险的必要手段。《职业病防治法》第35条、《工作场所职业卫生管理规定》第29条和第31条对职业健康检查的具体实施方式作出了详细规定。

2. 劳动者离职前未进行健康检查而协商一致签订的劳动解除合同当然有效吗？

劳动合同与民事合同毫无疑问是具有某些共性的，但随着劳动法与民法的逐渐脱离，劳动合同有了自己独特的价值取向。劳动合同的特殊性取决于调整对象的特殊性，即劳动关系的从属性。市场经济下雇主的中心地位，使雇主成为雇用条件的决定者，而劳动者则与用人单位有着很强的人身依附关系。正是这种劳动关系中双方的不平等地位，使得劳动合同无效制度在立法中不同于民事合同的无效制度，突出强调了劳动权益的保护。❸

《劳动合同法》第42条明确，员工没有进行离职体检的，不得由用人单位进行单方解除，但是对于协商解除行为是否亦必须进行离岗体检，该条没有明确。与此同时，《职业病防治法》第35条也明确了所有情形的解除行为均需履行离岗体检流程。❹在判断用人单位与从事接触职业病危害作业而未做离岗前职业健康检查的劳动者协商解除时，双方劳动关系是否属于当然解除？《职业病防治法》第35条规定，用人单位安排

❶ 吴文莉. 风险排查，职业健康检查须合规［J］. 人力资源，2021（19）：39-40.
❷ H. M. Schian. Vocational rehabilitation and participation in working life：the German model［M］. Vocational rehabilitation（Springer Paris），2006：309-327.
❸ 尹悦. 我国劳动合同效力"二元评价机制"理论分析［J］. 行政科学论坛，2020（4）：46-50.
❹ 钟新霞. 离职体检，这个环节切勿忽视［J］. 人力资源，2021（19）：44-45.

从事接触职业病危害作业的劳动者进行离岗职业健康检查属于其法定义务，该义务不应因劳动者与用人单位协商一致解除劳动合同而当然免除。若用人单位在解除劳动合同的过程中，免除自己的法定责任、排除劳动者权利的，将导致解除协议无效，用人单位解除行为无效、劳动关系继续存续。

【思考题】

1. 在劳动者确认解除劳动合同离岗时，在不需要用人单位进行职业健康体检的情况下，能否免除用人单位的法定义务？

2. 如果用人单位安排了离岗体检，员工却不愿意进行体检或者自动放弃离职健康检查，用人单位怎样确保劳动合同解除的合法性？

第五节　国境卫生检疫的法律制度

本节主要通过对妨害国境卫生检疫罪的客观构成要件进行分析，由此探讨在新冠病毒肆虐的情形下妨害国境卫生检疫罪的适用问题。

案例十　修改阳性新冠血清检测报告入境案[❶]

【基本案情】

2020 年 12 月 16 日，被告人黄某在明知自己为新冠病毒感染者的情况下，委托他人将新冠血清检测报告结果改为阴性，并用改后的报告骗领健康码，于 2020 年 12 月 18 日乘坐 SU208 航班从俄罗斯联邦莫斯科飞抵上海浦东国际机场入境，入境后在《入境健康申明卡》上仍隐瞒已感染新冠病毒的病情，后经入境防疫检测及上海市公共卫生临床中心确诊为新冠病毒感染者，即接受隔离治疗。

2021 年 1 月 15 日，被告人黄某被抓获到案后，如实供述了上述犯罪事实。公诉机关认为，被告人黄某的行为已构成妨害国境卫生检疫罪，因具有坦白情节，自愿认罪认罚，建议判处黄某有期徒刑一年，并处罚金，可适用缓刑。被告人黄某对指控事实、证据、罪名及量刑建议均无异议并自愿签字具结，在开庭审理过程中亦无异议。

上海市浦东新区人民法院认为，公诉机关指控被告人黄某犯妨害国境卫生检疫罪的事实清楚，证据确实、充分，指控罪名成立，量刑建议适当。判决被告人黄某犯妨害国境卫生检疫罪，判处有期徒刑一年，缓刑一年，并处罚金人民币二千元。（缓刑考验期限从判决确定之日起计算，罚金款于判决生效后一个月内缴纳。）

---

❶ 上海市浦东新区人民法院（2021）沪 0115 刑初 1685 号刑事判决书。

【主要法律问题】

1. 如何理解《刑法》第332条规定的"引起检疫传染病传播或者有传播严重危险"？
2. 妨害传染病防治罪与妨害国境卫生检疫罪有什么区别？

【主要法律依据】

《中华人民共和国刑法》

第332条　违反国境卫生检疫规定，引起检疫传染病传播或者有传播严重危险的，处三年以下有期徒刑或者拘役，并处或者单处罚金。

单位犯前款罪的，对单位判处罚金，并对其直接负责的主管人员和其他直接责任人员，依照前款的规定处罚。

【理论分析】

1. 如何理解《刑法》第332条规定的"引起检疫传染病传播或者有传播严重危险"？

违反国境检疫罪在《刑法》第332条有规定，违反国境卫生检疫规定，引起检疫传染病传播或者有传播严重危险的，处三年以下有期徒刑或者拘役，并处或者单处罚金。单位犯前款的，对单位判处罚金，并对直接负责的主管人员和其他直接责任人员，依照前款的规定处罚。但是该条款并未对"引起检疫传染病传播或者有传播严重危险"的具体情形作出规范。该条款对妨害国境卫生检疫罪的犯罪构成规定较为原则和概括，"违反国境卫生检疫规定""引起检疫传染病传播或者有传播严重危险"，在实践中难以认定。

为做好外防输入工作，突出打击在国境卫生检疫环节行为性质恶劣、危害严重的行为，2020年3月13日，最高人民法院、最高人民检察院、公安部、司法部、海关总署联合印发《关于进一步加强国境卫生检疫工作　依法惩治妨害国境卫生检疫违法犯罪的意见》（以下简称《意见》）。《意见》最大的亮点，在于明文列举了"检疫传染病染疫人或者染疫嫌疑人拒绝执行海关依照国境卫生检疫法等法律法规提出的卫生检疫措施，或者卫生处理措施的""检疫传染病染疫人或者染疫嫌疑人采取不如实填报健康申明卡等方式隐瞒疫情，或者伪造、涂改检疫单、证等方式伪造情节的"等6类妨害国境卫生检疫行为，对妨害国境卫生检疫违法犯罪行为的认定标准做出了规定，坚持以问题为导向，特别是结合执法实践，有利于全方位封堵境外输入的漏洞。❶

《意见》第2部分还规定，实施违反国境卫生检疫规定的行为，引起鼠疫、霍乱、黄热病以及新冠肺炎等国务院确定和公布的其他检疫传染病传播或者有传播严重危险的，依照刑法第332条的规定，以妨害国境卫生检疫罪定罪处罚。

---

❶ 祁云海. 把依法惩治妨害国境卫生检疫犯罪工作做细［J］. 中国国门时报，2020（3）：1.

第一，根据国境卫生检疫法第 3 条的规定，妨害国境卫生检疫罪中的"检疫传染病"，是指鼠疫、霍乱、黄热病以及国务院确定和公布的其他传染病。经国务院批准，国家卫健委发布 2020 年第 1 号公告，明确将新冠肺炎纳入乙类传染病并采取甲类传染病的预防、控制措施。因此，新冠肺炎属于检疫传染病的范围，纳入国境卫生检疫法规定的检疫传染病管理。

第二，"检疫传染病传播"是指造成入境、出境的船舶、航空器等交通工具上的人员感染检疫传染病，或者造成交通工具以外的其他人员感染检疫传染病的情形。实践中应注意结合案件具体情况分析判断，如染疫人、染疫嫌疑人与被感染者是否有密切接触，被感染者的感染时间是否在与染疫人、染疫嫌疑人接触之后，被感染者是否接触过其他染疫人、染疫嫌疑人等因素，综合认定因果关系。如果综合案件证据情况，无法确定他人是否被染疫人、染疫嫌疑人感染，则不应认定属于"检疫传染病传播"的情形。

第三，"有传播严重危险"是指虽未造成他人被确诊为染疫人、染疫嫌疑人，但引发了检疫传染病传播的严重危险。"严重危险"应当是现实、具体、明确的高度危险。认定"传播严重危险"需要重点审查行为人是否采取特定防护措施，被诊断为染疫嫌疑人的人数及范围，被采取就地诊验、留验和隔离的人数及范围等。同时，对于"有传播严重危险"，有三个方面需要注意：一是妨害国境卫生检疫罪所要求的"有传播严重危险"与以危险方法危害公共安全罪所要求的给不特定或多数人造成危险并不相同。六种行为即使只给个别、少数、特定人带来染疫严重危险，也应属于此罪所指的严重危险。二是如果行为人实施六种行为之一后，即刻被有效控制，所实施的行为未引起检疫传染病传播或者有传播严重危险的，则不符合此罪的构成要件，可以视具体情形，依据相关法律规范予以处罚。三是如果事后证实行为人及案件发生过程中的相关人并无染疫，或者逃避审批携带入境的特殊物品不含检疫传染病病原体，即使行为人主观上认为自己是染疫人、自己夹藏入境的是检疫传染病病原体，也应视为客观不能犯而定无罪。

2. 妨害传染病防治罪与妨害国境卫生检疫罪有什么区别？

妨害传染病防治罪与妨害国境卫生检疫罪有所区别。《刑法》第 330 条规定的妨害传染病防治罪针对的是违反传染病防治法、突发事件应对法、国务院《突发公共卫生事件应急条例》等规定，拒绝执行卫生防疫机构依照传染病防治法提出的防控措施的行为，适用于在我国境内的卫生防控防治。《刑法》第 332 条规定的妨害国境卫生检疫罪针对的是违反国境卫生检疫法及《实施细则》等法律法规的规定，拒绝执行国境卫生检疫机关依照国境卫生检疫法提出的检疫措施的行为，适用于在出入我国国境时的卫生防控防疫环节。妨害传染病防治罪中的"甲类传染病"包括甲类传染病以及采取甲类传染病预防、控制措施的传染病，妨害国境卫生检疫罪中的"检疫传染病"为鼠疫、霍乱、黄热病以及国务院确定和公布的其他传染病。"检疫传染病"的范围要大于"甲类传染病"。还有两个维度可以考虑：一是两者犯罪主体的范围不同，妨害国境卫生检疫罪的主体包括自然人、单位；而以危险方法危害公共安全罪的主体只限于具有刑事责任能力的自然人，单位不能成为其犯罪主体。二是两者侵犯的客体不同，妨害国境卫生检疫罪侵犯的客体是国境卫生检疫秩序或者管理活动，以危险方法危害公共安全罪的客体是国家对社会公共安全的管理秩序。

对入境不如实申报健康状况等违法行为，按照构成妨害国境卫生检疫罪还是构成妨害传染病防治罪立案侦办，实践中存在分歧。陈晖教授认为，妨害国境卫生检疫罪适用的范围限于国境口岸，即国际通航的港口、机场、车站、陆地边境和国界江河的关口。妨害传染病防治罪适用范围要广，适用于中华人民共和国境内。在国境口岸发生的当事人逃避国境检疫的行为违反的是国家卫生检疫的具体规定，应当优先适用《刑法》第332条妨害国境卫生检疫罪来定罪。尹辉金则认为妨害传染病防治罪可以说是妨害国境卫生检疫罪在国内的扩展与延伸。入境人员妨害新冠肺炎疫情防控的，可能在不同时间段分别涉及妨害传染病防治罪、妨害国境卫生检疫罪。行为人在入境时拒绝执行国境卫生检疫机关的检疫措施，引起新冠肺炎传播或者有传播严重危险的，构成妨害国境卫生检疫罪。行为人在入境后拒绝执行卫生防疫机构的防控措施，引起新冠病毒传播或者有传播严重危险的，构成妨害传染病防治罪。

【思考题】

在新冠疫情背景下，如何更好地适用妨害国境卫生检疫罪？

CHAPTER 3 第三章

医疗物品管理法律制度

 本章知识要点

（1）药品管理法律制度；（2）疫苗法律规制；（3）血液与血液制品管理与规制；（4）医疗器械管理监督等法律制度。

第一节　药品管理法律制度

本节主要通过对社会实践当中的药品销售和购买行为进行考察，对其中存在的问题进行揭示，结合我国药品管理规定说明相关方的责任以及相关性质认定。

案例一　代销未经许可进口药品案❶

【基本案情】

2017 年 4 月，根据群众的举报，常州钟楼警方会同常州市食品药品监督管理局，在武进区绿城玉兰广场春晓苑查处了一家代销进口药品的网店，抓获店主陈某，并现场查出标示外文的感冒药、止泻冲剂等大量未经国家许可的药品。

经审讯，30 岁的陈某在 2017 年年初开设了一家淘宝店铺，卖进口药品和保温杯之类的物品，后被淘宝网查封，于是其又以丈夫名义，重开了一家淘宝店，在卖母婴产品的同时代卖日本药品。广东的李某因自己女儿生病，曾从陈某处购买过药品，发现利润丰厚，李某在淘宝网开了三家网店，接到订单后，向陈某网店订购药品，再以一到两倍的加价倒卖给客户。

2018 年，常州市钟楼区人民法院开庭审理此案，公诉人指出，根据我国《药品管

---

❶ 案例来源：江苏省常州市钟楼区人民法院（2018）苏 0404 刑初 331 号刑事判决书。

理法》有关规定，药品进口须经国家食品药品监督管理部门组织审查，符合质量标准、安全有效的，方可批准进口，并发给进口药品注册证书，允许市场销售。即使是真药，只要没有获得批文，一律以假药论处。而销售未经批准进口的药品，可按销售假药罪入刑。法庭审理认为，被告人陈某、李某违反国家药品管理法规，构成了销售假药罪，分别判处拘役五个月缓刑十个月和拘役四个月缓刑八个月，并各处罚金五千元和四千元，同时禁止在缓刑考验期内从事药品生产、销售及相关活动。

【主要法律问题】

1. 我国对药品经营进行管制的目的以及意义是什么？

2. 对假药如何进行定义？

3. 新法中增加了哪些有关网络销售药品的管理规定？

4. 陈某和李某的行为定性是什么？如果按照 2019 年新修订的《药品管理法》，陈某和李某的行为定性是否会发生改变？按照新法陈某和李某需要承担什么法律责任？

5. 网络购物平台的监管责任有哪些？

【主要法律依据】

《中华人民共和国药品管理法》

第 24 条第 1 款　在中国境内上市的药品，应当经国务院药品监督管理部门批准，取得药品注册证书；但是，未实施审批管理的中药材和中药饮片除外。实施审批管理的中药材、中药饮片品种目录由国务院药品监督管理部门会同国务院中医药主管部门制定。

第 51 条第 1 款　从事药品批发活动，应当经所在地省、自治区、直辖市人民政府药品监督管理部门批准，取得药品经营许可证。从事药品零售活动，应当经所在地县级以上地方人民政府药品监督管理部门批准，取得药品经营许可证。无药品经营许可证的，不得经营药品。

第 52 条　从事药品经营活动应当具备以下条件：

（一）有依法经过资格认定的药师或者其他药学技术人员；

（二）有与所经营药品相适应的营业场所、设备、仓储设施和卫生环境；

（三）有与所经营药品相适应的质量管理机构或者人员；

（四）有保证药品质量的规章制度，并符合国务院药品监督管理部门依据本法制定的药品经营质量管理规范要求。

第 62 条　药品网络交易第三方平台提供者应当按照国务院药品监督管理部门的规定，向所在地省、自治区、直辖市人民政府药品监督管理部门备案。

第三方平台提供者应当依法对申请进入平台经营的药品上市许可持有人、药品经营企业的资质等进行审核，保证其符合法定要求，并对发生在平台的药品经营行为进行管理。

第三方平台提供者发现进入平台经营的药品上市许可持有人、药品经营企业有违反本法规定行为的，应当及时制止并立即报告所在地县级人民政府药品监督管理部门；发现严重违法行为的，应当立即停止提供网络交易平台服务。

第 68 条　国务院药品监督管理部门对下列药品在销售前或者进口时，应当指定药品检验机构进行检验；未经检验或者检验不合格的，不得销售或者进口：

（一）首次在中国境内销售的药品；

（二）国务院药品监督管理部门规定的生物制品；

（三）国务院规定的其他药品。

第 124 条　违反本法规定，有下列行为之一的，没收违法生产、进口、销售的药品和违法所得以及专门用于违法生产的原料、辅料、包装材料和生产设备，责令停产停业整顿，并处违法生产、进口、销售的药品货值金额十五倍以上三十倍以下的罚款；货值金额不足十万元的，按十万元计算；情节严重的，吊销药品批准证明文件直至吊销药品生产许可证、药品经营许可证或者医疗机构制剂许可证，对法定代表人、主要负责人、直接负责的主管人员和其他责任人员，没收违法行为发生期间自本单位所获收入，并处所获收入百分之三十以上三倍以下的罚款，十年直至终身禁止从事药品生产经营活动，并可以由公安机关处五日以上十五日以下的拘留：

（一）未取得药品批准证明文件生产、进口药品；

（二）使用采取欺骗手段取得的药品批准证明文件生产、进口药品；

（三）使用未经审评审批的原料药生产药品；

（四）应当检验而未经检验即销售药品；

（五）生产、销售国务院药品监督管理部门禁止使用的药品；

（六）编造生产、检验记录；

（七）未经批准在药品生产过程中进行重大变更。

销售前款第 1 项至第 3 项规定的药品，或者药品使用单位使用前款第 1 项至第 5 项规定的药品的，依照前款规定处罚；情节严重的，药品使用单位的法定代表人、主要负责人、直接负责的主管人员和其他责任人员有医疗卫生人员执业证书的，还应当吊销执业证书。

未经批准进口少量境外已合法上市的药品，情节较轻的，可以依法减轻或者免予处罚。

第 131 条　违反本法规定，药品网络交易第三方平台提供者未履行资质审核、报告、停止提供网络交易平台服务等义务的，责令改正，没收违法所得，并处二十万元以上二百万元以下的罚款；情节严重的，责令停业整顿，并处二百万元以上五百万元以下的罚款。

【理论分析】

1. 我国对药品经营进行管制的目的和意义。

根据《药品管理法》第 1 条的规定，制定该法是"为了加强药品管理，保证药品质量，保障公众用药安全和合法权益，保护和促进公众健康，制定本法"。药品经营作为药品管理中的重要环节，对其进行管制的目的当然与该法立法目的一致。

（1）立法目的的修改体现出"以公众健康为中心"的立法宗旨。

《药品管理法》第1条立法目的的表述在上述2019年最新一次修订中被全面修改。2013年版本中，该条的表述是"为加强药品监督管理，保证药品质量，保障人体用药安全，维护人民身体健康和用药的合法权益，特制定本法。"最新修订主要修改了保障对象，从"人体用药安全"改为"公众用药安全"，保障目的从"维护人民身体健康"改为"保护和促进公众健康"。这一修改就是把药品管理和公众健康紧密地结合起来，在立法目的中明确体现了要保护和促进公众健康。

（2）章节表述调整体现出药品管理全过程、全方位法治化的新要求。

2019年修改的《药品管理法》，将原法中有关药品经营的第三章"药品经营企业管理"改为"药品经营"（第五章），经营主体从原法的企业扩大为从事药品批发和零售的所有主体。这一规定直接提升了从事药品经营的入行门槛，即只要是从事此类行业的，无论是自然人还是法人、非法人组织，均需要符合《药品管理法》对相应资质的要求，必须接受法律的监督。这一修改体现出该法修改的方向是要将药品管理的各环节全过程、全方位地纳入规范范围，提升法律的适用范围。

2．如何定义假药？

从境外进口药品，必须经过批准，这是新法修订所作出的规定。没有经过批准的药品，即使在国外已经合法上市，也不能进口。这次对假劣药的范围进行修改，没有再把未经批准进口的药品列为假药，并将责任认定从刑事责任划归为行政责任。

这次把未经批准进口的药品从假药里面拿出来单独规定，不等于就降低了处罚力度，而是从严设定了法律责任。

3．新增有关网络销售药品的管理规定。

在国家简政放权和"互联网+"的背景下，本着便民的原则，在加强药品监管的同时，应当为满足人民的用药需求，对网售处方药加强事中事后监管，优化公共服务，不要一禁了之。

综合各方面的意见，新法修订坚持线上线下相同标准、一体监管的原则，对网络销售药品作了比较原则的规定，即要求网络销售药品要遵守药品经营的有关规定，并授权国务院药品监督管理部门会同国务院健康卫生主管部门等部门制定具体办法，同时规定了几类特殊管理药品不能在网上销售，为实践探索留有空间。

首先，网售的主体必须是取得了许可证的实体企业，即线下要有许可证，线上才能够卖药。其次，网上销售药品要遵守新的《药品管理法》关于零售经营的要求。再次，由于网络销售的特殊性，网络销售的处方药受到了更严格的要求，比如药品销售网络必须和医疗机构信息系统互联互通，信息共享，以此确保处方的来源真实，保障患者的用药安全。最后，配送也必须符合药品经营质量规范的要求。

4．陈某和李某的行为是什么性质？如果按照2019年新修订的《药品管理法》，陈某和李某的行为性质是否会发生改变？按照新法陈某和李某需要承担什么法律责任？

在本案中陈某与李某的行为被认定为销售假药。在《药品管理法》进行修订前，其对于假药、劣药的定义范围的规定过于宽泛，没有明确的定义依据。但在司法实践中，根据我国《药品管理法》有关规定，药品进口必须经过国家食品药品监督管理部门审查，在符合质量标准且安全有效的前提下，才可以获批进口，办理进口药品注册证书，可在市场进行销售。因此，在实践中，即使是真药，若无批文，也以假药论处，所以在此之前，陈某与李某的行为依据此定义应认定为销售假药罪。但是根据新修订《药品管理法》的规定，未经批准进口少量境外已合法上市的药品，不再按"假药"论处，对未经批准进口少量境外已合法上市的药品，且情节较轻的，可以减轻处罚；没有造成人身伤害后果或者延误治疗的，可以免于处罚。由此可知，若依照新修订的《药品管理法》规定，陈某与李某二人通过网店销售国外感冒药、止泻冲剂等未经国家许可的药品，虽然存在未经批准的情形，但是依据新修订的法律规定，不应当认定为销售假药罪，除非药品本身存在问题。因此，依照新修订的《药品管理法》规定，其不构成销售假药罪。但是由于二人违反国家规定，未经批准销售境外药品，客观上侵犯了国家限制买卖物品以及经营许可证的市场管理制度，考虑到其行为情节较轻，销售所获金额较少，所以应依据新修订的《药品管理法》第124条"未经批准进口少量境外已合法上市的药品，情节较轻的，可以依法减轻或者免予处罚"。

5. 网络购物平台的监管责任。

依照《药品管理法》规定，作为药品网络交易的第三方平台提供者，网络购物平台应当及时按照国务院药品监督管理部门的有关规定，向其所在地省、自治区、直辖市人民政府药品监督管理部门进行备案，并获得相应的网络平台资格。对于申请进入平台经营的药品上市许可持有人、药品经营企业的资质等，网络平台要进行审核，保证其符合法定要求，同时对其在平台发生的药品经营行为进行管理。第三方平台提供者若是发现进入平台经营的药品上市许可持有人、药品经营企业存在违反《药品管理法》规定的相关行为，就应当及时制止并立即报告所在地县级人民政府药品监督管理部门。另外若发现严重违法行为的，应当立即停止提供网络交易平台服务。如果药品网络交易第三方平台提供者未按照规定履行资质审核、报告、停止提供网络交易平台服务等义务的，依照《药品管理规定》，有关部门应责令改正，没收其违法所得，并处二十万元以上二百万元以下的罚款；情节严重的，责令停业整顿，并处二百万元以上五百万元以下的罚款。

【思考题】

1. 我国药品经营监督管理制度有哪些？其内在逻辑是什么？
2. 新修改的《药品管理法》在法律责任规定上有哪些变化？
3. 个人从事药品经营活动需要具备哪些条件？

案例二　违法发布医疗用毒性药品广告案[1]

【基本案情】

2021年5月20日，广州市天河区市场监管局对广州某医疗美容门诊部有限公司发布医疗用毒性药品广告的违法行为作出罚款20万元的行政处罚。

前期，天河区市场监管局接到举报，称广州某医疗美容门诊部有限公司涉嫌通过网店发布瘦脸针违法广告，天河区市场监管局执法人员立即对该公司进行现场检查。经查，当事人自2020年2月通过互联网开设"DR REBORN 医疗美容旗舰店"，销售医疗美容项目。在销售"DR REBORN 国产瘦脸针　除皱改善咬肌小V脸　瘦肩针瘦腿针医美"项目中，发布涉及"国产瘦脸针""衡力瘦脸针"的广告，其瘦脸针实为"衡力牌注射用A型肉毒毒素"。

根据《关于将A型肉毒毒素列入毒性药品管理的通知》（国食药监办〔2008〕405号），A型肉毒毒素已列入毒性药品管理。当事人发布医疗用毒性药品违法广告的行为，违反了《中华人民共和国广告法》第15条第1款的规定。天河区市场监管局依法责令当事人停止发布虚假广告，并依法对当事人作出行政处罚。

医疗用毒性药品、麻醉药品、精神药品、放射性药品等特殊类药品，一方面是医疗活动中所必需药品，使用得当有利于治疗疾病、缓解患者痛苦；另一方面，潜在危害性很大，一旦使用不当，有可能导致成瘾、损害身体健康，甚至危及生命安全，对其应当实行最严格的管理。市场监管部门将依法严厉查处发布此类特殊药品的广告行为，维护广告市场秩序。

【主要法律问题】

1. 医疗美容机构的法律规制？
2. 《中华人民共和国药品管理法》能够为规范医美市场提供哪些法律依据？

【主要法律依据】

《中华人民共和国药品管理法》

第49条第1款　药品包装应当按照规定印有或者贴有标签并附有说明书。

第49条第3款　麻醉药品、精神药品、医疗用毒性药品、放射性药品、外用药品和非处方药的标签、说明书，应当印有规定的标志。

第61条第2款　疫苗、血液制品、麻醉药品、精神药品、医疗用毒性药品、放射性药品、药品类易制毒化学品等国家实行特殊管理的药品不得在网络上销售。

---

[1]　案例来源：穗天市监处字〔2021〕263号行政处罚决定书。

第89条 药品广告应当经广告主所在地省、自治区、直辖市人民政府确定的广告审查机关批准；未经批准的，不得发布。

第90条 药品广告的内容应当真实、合法，以国务院药品监督管理部门核准的药品说明书为准，不得含有虚假的内容。

药品广告不得含有表示功效、安全性的断言或者保证；不得利用国家机关、科研单位、学术机构、行业协会或者专家、学者、医师、药师、患者等的名义或者形象作推荐、证明。

非药品广告不得有涉及药品的宣传。

第112条 国务院对麻醉药品、精神药品、医疗用毒性药品、放射性药品、药品类易制毒化学品等有其他特殊管理规定的，依照其规定。

第137条 有下列行为之一的，在本法规定的处罚幅度内从重处罚：

（一）以麻醉药品、精神药品、医疗用毒性药品、放射性药品、药品类易制毒化学品冒充其他药品，或者以其他药品冒充上述药品；

…………

第139条 本法第115条至第138条规定的行政处罚，由县级以上人民政府药品监督管理部门按照职责分工决定；撤销许可、吊销许可证件的，由原批准、发证的部门决定。

【理论分析】

1. 医疗美容机构的法律规制。

基于整形需求的不断增加和市场的不断扩大，医美行业在中国蓬勃发展。但在满足人们变美需求的同时，因医疗美容中违规使用某些药品而引发的医疗事故也屡见不鲜。艾瑞咨询的《2020年中国医疗美容行业洞察白皮书》显示，2019年中国医疗美容市场规模为近1769亿元，从业人员超10万名，医美用户1367.2万人，且市场规模以每年近20%的发展速度增长，方兴未艾。

虽然医美技术不断发展和完善，但是医美风险也不可忽视。艾瑞咨询的《2020年中国医疗美容行业洞察白皮书》显示，在整形美容行业中，合法医师在医美行业中的比例不到30%，而非法从业者的数量则有十万以上。同时，非法针剂高达七成，使得该行业内机构所提供的药物安全性无法保证。实际上，中国整形美容协会每年收到约20000起医美手术导致毁容的投诉。因此对于医美行业必须严格规范。

医美行业主要涉及两大主体：机构和用户，而机构的资质要求既包括自身应有的资质，还包括对医师和护士资质的要求。另外，由于医美的特殊性，往往还涉及对麻醉药品的使用，这就涉及医疗美容过程中药品的规范管理、使用等。从法律角度来讲，对用户的保护主要有《消费者权益保护法》《中华人民共和国广告法》《民法典》《产品责任法》等，例如禁止虚假宣传，例如若因医美导致对用户侵权的，用户可以要求医美机构承担侵权责任，同时这也可能构成合同中的加害给付。对行业的法律规制则主要包括《医疗机构管理条例》《医疗机构管理条例实施细则》《医疗美容服务管理办法》《药品管理法》《麻醉药品和精神药品管理条例》《美容医疗机构、医疗美容科（室）基本标准（试行）》等。艾瑞调研显示，医美机构所使用的非法针剂高达七成，很多针剂只是具有安慰效果却没有实际效用，有的针剂甚至由于添加违禁物质而对用户造成损害。如何通过法律来规制医美行业，保障公民健康与安全，成为摆在各部门法面前的重大问题。

2.《中华人民共和国药品管理法》能够为规范医美市场提供哪些法律依据？

（1）建立药品追溯制度，杜绝"身份不明"的药品。

《中华人民共和国药品管理法》（以下简称《药品管理法》）总则明确规定国家建立健全药品追溯制度。药品追溯制度是用信息化的手段保障药品生产经营质量安全，防止假药、劣药进入合法渠道，并且能够实现药品风险控制，精准召回，所以药品追溯制度也是药品管理法的一个重要的制度。药品追溯制度建设主要是以"一物一码、一码同追"为方向。

《药品管理法》明确规定，上市许可持有人、生产经营企业、医疗机构要建立实施药品追溯制度，各个单位自建追溯体系，要做到数据互联互通。按照这个要求，药监局也正在建立追溯协同平台、追溯监管平台，并且将发布一系列追溯的技术标准，以使相关的各个部门能够有一个统一的追溯体系标准规范，最终实现全品种、全过程来源可查、去向可追。

（2）严格控制制剂药品，警惕"美容秘方"。

实践中，医疗美容机构通过自制"秘方"获取暴利的情况并不少见，例如在化妆品中加入禁用药品，摇身一变成为商家口中的"内部用药""秘方"。此种行为在新修改的《药品管理法》中得到了更为严格的规制。《药品管理法》规定，医疗机构配制的制剂，应当是本单位临床需要而市场上没有供应的品种，并应当经所在地省、自治区、直辖市人民政府药品监督管理部门批准；但是，法律对配制中药制剂另有规定的除外。医疗机构配制制剂，应当经所在地省、自治区、直辖市人民政府药品监督管理部门批准，取得医疗机构制剂许可证。无医疗机构制剂许可证的，不得配制制剂。医疗机构制剂许可证应当标明有效期，到期重新审查发证。医疗机构配制的制剂应当按照规定进行质量检验；合格的，凭医师处方在本单位使用。经国务院药品监督管理部门或者省、自治区、直辖市人民政府药品监督管理部门批准，医疗机构配制的制剂可以在指定的医疗机构之间调剂使用。医疗机构配制的制剂不得在市场上销售。

另外，如果医疗美容机构未取得药品生产许可证、药品经营许可证或者医疗机构制剂许可证生产、销售药品的，责令关闭，没收违法生产、销售的药品和违法所得，并处违法生产、销售的药品（包括已售出和未售出的药品，下同）货值金额十五倍以上三十倍以下的罚款；货值金额不足十万元的，按十万元计算。

在处罚措施上，加重了处罚力度。医疗美容机构生产、销售假药的，没收违法生产、销售的药品和违法所得，责令停产停业整顿，吊销药品批准证明文件，并处违法生产、销售的药品货值金额十五倍以上三十倍以下的罚款；货值金额不足十万元的，按十万元计算；情节严重的，吊销药品生产许可证、药品经营许可证或者医疗机构制剂许可证，十年内不受理其相应申请；药品上市许可持有人为境外企业的，十年内禁止其药品进口。违反本法规定，医疗机构将其配制的制剂在市场上销售的，责令改正，没收违法销售的制剂和违法所得，并处违法销售制剂货值金额二倍以上五倍以下的罚款。

【思考题】

1. 医疗美容机构在药品经营、使用过程中还存在哪些违法情形？《药品管理法》所对应的规范与处罚措施有哪些？

2. 消费者在医疗美容过程中如果遭遇侵权，如何运用法律维护自身合法权益？

3. 药品广告的发布应当符合什么程序？

4. 经营医疗美容的公司若经营范围涉及药品，需要具备什么资质？

第二节　疫苗管理法律制度

本节主要通过对疫苗管理进行探讨，明确在社会当中疫苗的管理问题，明晰疫苗的规范管理相关制度。

案例三　长春长生问题疫苗造假案❶

【基本案情】

2018 年 7 月 15 日，国家药品监督管理局（以下简称"国家药监局"）通告称，国家药监局根据线索组织检查组对长春长生生物科技有限责任公司（以下简称"长春长生"）生产现场进行例行检查发现，长春长生在冻干人用狂犬病疫苗生产过程中存在记录造假等严重违反《药品生产质量管理规范》（药品 GMP）的行为。经查明，企业编造生产记录和产品检验记录，随意变更工艺参数和设备，严重违反了《药品管理法》《药品生产质量管理规范》有关规定。国家药监局责成吉林省食品药品监督管理局收回长春长生《药品 GMP 证书》（证书编号：JL20180024），要求责令企业停止狂犬疫苗生产，责成企业严格落实主体责任。此次所有涉事批次产品均尚未出厂和上市销售，全部产品已得到有效控制。吉林省食药监局有关调查组已经进驻长春长生，对相关违法违规行为立案调查。

---

❶ 案件来源：最高人民法院、最高人民检察院通报 4 起生产销售假药典型案例（2014 年 11 月 18 日）。

2018 年 10 月 16 日，国家药监局和吉林省食药监局分别对长春长生公司作出多项行政处罚。国家药监局撤销长春长生公司狂犬病疫苗（国药准字 S20120016）药品批准证明文件；撤销涉案产品生物制品已签发合格证，并处罚款 1203 万元。吉林省食药监局吊销其《药品生产许可证》；没收违法生产的疫苗、违法所得 18.9 亿元，处违法生产、销售货值金额三倍罚款 72.1 亿元，罚没款共计 91 亿元；对涉案的高某等 14 名直接负责的主管人员和其他直接责任人员作出依法不得从事药品生产经营活动的行政处罚。

依据《证券法》相关规定，证监会拟决定对长生生物处以 60 万元罚款的顶格处罚，拟对其直接负责的主管人员高某等 4 名当事人给予警告，并分别处以 30 万元的顶格处罚，同时采取终身市场禁入措施。此外，对其他涉案当事人给予 30 万元以下不等罚款，同时拟对张某等 3 名当事人采取 5 年的证券市场禁入措施。证监会将在充分听取当事人陈述申辩意见后，依法作出正式行政处罚决定。

2018 年 7 月 29 日，依据《中华人民共和国刑事诉讼法》第 79 条规定，长春新区公安分局以涉嫌生产、销售劣药罪，对长春长生生物科技有限责任公司董事长高某等 18 名犯罪嫌疑人向检察机关提请批准逮捕。刑事审判至今未出结果。

对金育辉（吉林省副省长，2017 年 4 月起分管吉林省食品药品监管工作）予以免职，对李晋修（吉林省政协副主席，2015 年 12 月—2017 年 4 月任分管吉林省食品药品监管工作的副省长）责令辞职，要求刘长龙（长春市市长，2016 年 9 月任长春市代市长，2016 年 10 月至今任长春市市长）、毕井泉（市场监管总局党组书记、副局长，2015 年 2 月—2018 年 3 月任原食品药品监管总局局长）引咎辞职，要求姜治莹（吉林省省委常委、延边朝鲜族自治州州委书记，2012 年 3 月—2016 年 5 月任长春市委副书记、市长）、焦红（国家药监局局长）作出深刻检查；对 35 名非中管干部进行问责；决定中央纪委国家监委对吴浈（原食品药品监管总局副局长、原卫生计生委副主任，分管药化注册管理、药化监管和审核检验等工作）进行立案审查调查。

2018 年 9 月 25 日，国家市场监管总局党组会提出做好疫苗续种补种和赔偿工作，并要求国家药监局、吉林省人民政府依法对相关企业进行处罚，适时向社会公布。市场监管总局党组以及全系统广大干部职工按照党中央、国务院决策部署，安排、推进相关案件查处工作，对所有疫苗生产企业进行全面排查，研究完善疫苗管理体制，研究起草了《关于改革和完善疫苗管理体制的意见》，会同相关部门积极做好吉林长春长生生物疫苗案件处置后续工作。

【主要法律问题】

1. 政府对疫苗质量如何监管？
2. 对疫苗质量如何实施内部控制？
3. 长春长生疫苗没引起不良反应就能免除法律责任吗？

【主要法律依据】

由于案件发生时，我国尚未制定《疫苗管理法》，行政机关和司法机关对于案件的裁判主要依据《药品管理法》和《刑法》，涉及法条如下：

1. 《中华人民共和国药品管理法》

第98条 禁止生产（包括配制，下同）、销售、使用假药、劣药。有下列情形之一的，为假药：

（一）药品所含成份与国家药品标准规定的成份不符；

（二）以非药品冒充药品或者以他种药品冒充此种药品；

（三）变质的药品；

（四）药品所标明的适应症或者功能主治超出规定范围。

有下列情形之一的，为劣药：

（一）药品成份的含量不符合国家药品标准；

（二）被污染的药品；

（三）未标明或者更改有效期的药品；

（四）未注明或者更改产品批号的药品；

（五）超过有效期的药品；

（六）擅自添加防腐剂、辅料的药品；

（七）其他不符合药品标准的药品。

第117条第1款 生产、销售劣药的，没收违法生产、销售的药品和违法所得，并处违法生产、销售的药品货值金额十倍以上二十倍以下的罚款；违法生产、批发的药品货值金额不足十万元的，按十万元计算，违法零售的药品货值金额不足一万元的，按一万元计算；情节严重的，责令停产停业整顿直至吊销药品批准证明文件、药品生产许可证、药品经营许可证或者医疗机构制剂许可证。

第118条第1款 生产、销售假药，或者生产、销售劣药且情节严重的，对法定代表人、主要负责人、直接负责的主管人员和其他责任人员，没收违法行为发生期间自本单位所获收入，并处所获收入百分之三十以上三倍以下的罚款，终身禁止从事药品生产经营活动，并可以由公安机关处五日以上十五日以下的拘留。

第120条 知道或者应当知道属于假药、劣药或者本法第一百二十四条第一款第一项至第五项规定的药品，而为其提供储存、运输等便利条件的，没收全部储存、运输收入，并处违法收入一倍以上五倍以下的罚款；情节严重的，并处违法收入五倍以上十五倍以下的罚款；违法收入不足五万元的，按五万元计算。

2. 《中华人民共和国刑法》

第142条 【生产、销售劣药罪】生产、销售劣药，对人体健康造成严重危害的，处三年以上十年以下有期徒刑，并处罚金；后果特别严重的，处十年以上有期徒刑或者无期徒刑，并处罚金或者没收财产。药品使用单位的人员明知是劣药而提供给他人使用的，依照前款的规定处罚。

3.《中华人民共和国疫苗管理法》

虽然案件发生时尚无《疫苗管理法》，但并不影响我们回顾案件时，从后来制定的《疫苗管理法》中寻找法律依据，涉及法条如下：

第3条　国家对疫苗实行最严格的管理制度，坚持安全第一、风险管理、全程管控、科学监管、社会共治。

第11条　疫苗研制、生产、检验等过程中应当建立健全生物安全管理制度，严格控制生物安全风险，加强菌毒株等病原微生物的生物安全管理，保护操作人员和公众的健康，保证菌毒株等病原微生物用途合法、正当。

疫苗研制、生产、检验等使用的菌毒株和细胞株，应当明确历史、生物学特征、代次，建立详细档案，保证来源合法、清晰、可追溯；来源不明的，不得使用。

第24条　疫苗应当按照经核准的生产工艺和质量控制标准进行生产和检验，生产全过程应当符合药品生产质量管理规范的要求。

疫苗上市许可持有人应当按照规定对疫苗生产全过程和疫苗质量进行审核、检验。

第25条　疫苗上市许可持有人应当建立完整的生产质量管理体系，持续加强偏差管理，采用信息化手段如实记录生产、检验过程中形成的所有数据，确保生产全过程持续符合法定要求。

【理论分析】

1. 疫苗质量的政府监管。

（1）政府监管是保障人民身体健康的重要防线。

回顾此次疫苗事件，在事件全面爆发之前，长春长生就存在生产安全隐患，但是由于政府日常监管不严，并未引起厂商重视，导致2017年11月出现了问题疫苗。

（2）疫苗相关法律法规的制定滞后于现实需要。

我国是疫苗生产大国，自1978年实施免疫规划开始，国产疫苗已基本能够满足覆盖群众基本传染疾病的需要，并随之制定了一系列关于药品安全监管的法律法规。但是在2019年之前，我国在法律层面上并没有专门的疫苗立法，行政法规之中也只有一部《疫苗流通与预防接种管理条例》，该条例是2005年国务院专门针对疫苗监管出台的，但是2006年立马就出现了安徽泗县大庄镇防保所违规进行群体性接种事件。在2016年山东非法疫苗案之后，国务院立即对条例进行修改，重点防治药品经营企业非法贩卖疫苗和疾控中心内部工作人员的腐败问题，而后2018年又出现了吉林长春长生疫苗事件。这些触目惊心的案例均显现出我国疫苗监管法律的威慑性不高，不法分子违法成本低，缺乏对法律的敬畏之心。

由于"长春长生生物疫苗案件"的影响，2019年"两会"期间，国务院向全国人大作《政府工作报告》时强调：药品疫苗攸关生命安全，必须强化全程监管，对违法者要严惩不贷，对失职渎职者要严肃查办，坚决守住人民群众生命健康的防线。疫苗和高风险产品都是药品监管的重点内容，其中疫苗的监管又是监管重点中的重点。由于一个案件的发生，将疫苗安全问题重新摆在大众面前，引起政府高度重视，也正是因为该案影响重大，直接倒逼全国人大于 2019 年通过了我国首部疫苗管理的法律《中华人民共和国疫苗管理法》。

（3）疫苗管理需要政府多部门协同治理。

我国目前采用的监管方式以行政监督为主。国家药监局负责药品的审批上市以及飞行检查，地方药监局负责药品企业的日常监管；国家卫生部门负责全国的免疫规划，地方各级卫生部门和疾控中心负责本行政区域内的预防接种。只有各职责部门明确各自职责，加强配合，方能守住疫苗安全的重要防线。

另外，《疫苗管理法》将监管职责落实到主要负责人也为加强政府职责作出了具体规定，生产、销售的疫苗属于假药，或者生产、销售的疫苗属于劣药且情节严重的，由省级以上人民政府药品监督管理部门对法定代表人、主要负责人、直接负责的主管人员和关键岗位人员以及其他责任人员，没收违法行为发生期间自本单位所获收入，并处所获收入一倍以上十倍以下的罚款，终身禁止从事药品生产经营活动，由公安机关处五日以上十五日以下拘留。这种处罚到人的方式，进一步强化了违法责任，提升了违法成本。

2. 疫苗质量的内部控制。

要保证疫苗的质量符合国家标准，第一步当然在于疫苗的研发和生产企业。我国《疫苗管理法》通过专章对这一问题进行了较为充分的规范。

（1）对疫苗生产企业实行准入制度。

国家对疫苗生产实行严格准入制度。从事疫苗生产活动，应当经省级以上人民政府药品监督管理部门批准，取得药品生产许可证。从事疫苗生产活动，除符合《药品管理法》规定的从事药品生产活动的条件外，还应当具备下列条件：（一）具备适度规模和足够的产能储备；（二）具有保证生物安全的制度和设施、设备；（三）符合疾病预防、控制需要。疫苗上市许可持有人应当具备疫苗生产能力；超出疫苗生产能力确需委托生产的，应当经国务院药品监督管理部门批准。接受委托生产的，应当遵守本法规定和国家有关规定，保证疫苗质量。

（2）对疫苗上市许可持有人的法定代表人、主要负责人实行资格限制。

疫苗上市许可持有人的法定代表人、主要负责人应当具有良好的信用记录，生产管理负责人、质量管理负责人、质量授权人等关键岗位人员应当具有相关专业背景和从业经历。疫苗上市许可持有人应当加强对前款规定人员的培训和考核，及时将其任职和变更情况向省、自治区、直辖市人民政府药品监督管理部门报告。

对生产工艺偏差、质量差异、生产过程中的故障和事故以及采取的措施，疫苗上市许可持有人应当如实记录，并在相应批次产品申请批签发的文件中载明；可能影响疫苗质量的，疫苗上市许可持有人应当立即采取措施，并向省、自治区、直辖市人民政府药品监督管理部门报告。

（3）法定代表人等主要负责人对疫苗生产工艺和质量控制负首要责任。

a. 生产环节的质量管控

疫苗应当按照经核准的生产工艺和质量控制标准进行生产和检验，生产全过程应当符合药品生产质量管理规范的要求。疫苗上市许可持有人应当按照规定对疫苗生产全过程和疫苗质量进行审核、检验。对生产工艺偏差、质量差异、生产过程中的故障和事故以及采取的措施，疫苗上市许可持有人应当如实记录，并在相应批次产品申请批签发文件中载明；可能影响疫苗质量的，疫苗上市许可持有人应当立即采取措施，并向省、自治区、直辖市人民政府药品监督管理部门报告。

疫苗上市许可持有人应当建立完整的生产质量管理体系，持续加强偏差管理，采用信息化手段如实记录生产、检验过程中形成的所有数据，确保生产全过程持续符合法定要求。

对生产工艺偏差、质量差异、生产过程中的故障和事故以及采取的措施，疫苗上市许可持有人应当如实记录，并在相应批次产品申请批签发的文件中载明；可能影响疫苗质量的，疫苗上市许可持有人应当立即采取措施，并向省、自治区、直辖市人民政府药品监督管理部门报告。

b. 销售环节的质量管控

疫苗上市许可持有人在销售疫苗时，应当提供加盖其印章的批签发证明复印件或者电子文件；销售进口疫苗的，还应当提供加盖其印章的进口药品通关单复印件或者电子文件。疾病预防控制机构、接种单位在接收或者购进疫苗时，应当索取前款规定的证明文件，并保存至疫苗有效期满后不少于五年备查。

疫苗上市许可持有人应当按照规定，建立真实、准确、完整的销售记录，并保存至疫苗有效期满后不少于五年备查。

3. 长春长生疫苗没引起不良反应就能免除法律责任吗？

针对生产记录的造假，国家药品监督管理局已对长春长生进行行政处罚，但是即使该企业声称该公司所有狂犬疫苗"没有发生过因产品质量问题引起不良反应事件"，也不能排除该企业有构成刑事犯罪的可能性。对于本案中的长春长生疫苗，虽然其实际上并没有引起不良反应，但是疫苗的产品质量问题是实质存在的，没有引起不良反应并不代表不会引起，因此存在危害人体健康的风险。因此，即使未产生危害结果，也应承担相关法律责任。

最高人民法院、最高人民检察院《关于办理生产、销售伪劣商品刑事案件具体应用法律若干问题的解释》（以下简称《解释》）第3条规定，经省级以上药品监督管理部门设置或者确定的药品检验机构鉴定，生产、销售的假药具有下列情形之一的，应认定为《刑法》第141条规定的"足以严重危害人体健康"：含有超标准的有毒有害物质的；不含所标明的有效成分，可能贻误诊治的；所标明的适应症或者功能主治超出规定范围，可能造成贻误诊治的；缺乏所标明的急救必需的有效成分的。

【思考题】

1. 我国疫苗管理相关立法较为滞后，参考其他疫苗立法相对完善的国家，我国立法还存在哪些可以改进的地方？

2. 疫苗管理中是否可以加入第三方专业机构的监督？

3. 公民监督在疫苗管理中是否能够有所作为？是否能够融入现有的监督框架中？

4. 我国对于疫苗管制的法律、行政法规都有哪些？地方政府是否也通过了相关地方性法规、规章？

5. 长春长生疫苗造假应怎么赔偿受害人？

第三节　血液、血液制品监督管理

本节主要通过对卫生法中"血液"的定义与范围、输血感染事故中的归责原则两个方面进行分析，探讨我国现行的血液及血液制品监督管理制度的现状、不足和完善。

案例四　上海脐带血血液违法采集案[❶]

【基本案情】

2004年1月16日，上海市卫生局（以下简称"卫生局"）认定上海某干细胞工程有限公司（以下简称"某公司"）未经许可擅自采集血液，违反了卫生部《血站管理办法（暂行）》（以下简称"管理办法"）第21条的规定。对某公司作出取缔、没收某公司YSD-35-125液氮生物容器3只、YSD-3-200液氮生物容器1只的卫生行政强制决定。某公司不服，向上海市黄浦区人民法院提起行政诉讼。

原告某公司认为，脐带血不是管理办法所规定的全血或成分血，且我公司从事的是脐带血造血干细胞储存和相关产品的研究、开发，并非开设血站，卫生局适用管理办法作出行政强制决定依据不足，程序违法，适用法律错误，应予撤销。被告卫生局辩称，原告的目的是采集脐带血、提取干细胞，用于治疗。在医学上，脐带血即是血液，属于管理办法中的"用于临床的血液"，因此原告请求维持该行政强制决定。上海市黄浦区人民法院经审理认为，从医学及法律规范的角度分析，脐带血应属于血液中全血的范畴，故某公司采集血液的事实成立，卫生局适用献血法和管理办法的规定，对其作出取缔性质的强制决定，适用法律正确。但卫生局在决定没收某公司液氮生物容器时，构成程序违法。据此，上海市人民法院确认卫生局对某公司非法采集血液的

[❶] 案例来源：（2004）沪二中行终字第256号行政判决书。

行为予以取缔的具体行政行为合法，没收某公司液氮生物容器的具体行政行为无效。一审判决宣判后，某公司不服，向上海市第二中级人民法院提起上诉。

某公司上诉的理由是：原审判决认定事实不清，适用法律不当。脐带血不是管理办法所规定的血液（即用于临床的全血或成分血）；上诉人并未采集脐带血，只是从事储存脐带血造血干细胞的业务；未经储存的干细胞用于临床；自体干细胞储存与临床用血安全无关。请求撤销卫生局的行政强制决定。卫生局的答辩意见为，献血法、管理办法不仅适用于对血站的管理，也适用于对血液的采、供、用的管理，某公司采集脐带血、提取干细胞并用于临床治疗的行为，属于献血法和管理办法的调整范围，被诉的卫生行政强制决定认定事实清楚，适用法律正确。上海市第二中级人民法院经审理认为，上诉人的上诉请求缺乏事实证据和法律依据，不予支持。判决驳回上诉，维持原判。

【主要法律问题】

1. 脐带血是否属于法律规定的"血液"？

2. 脐带血的法律性质？

3. 脐带血作为"物"的特殊性？

【主要法律依据】

1.《中华人民共和国献血法》

第 8 条　血站是采集、提供临床用血的机构，是不以营利为目的的公益性组织。设立血站向公民采集血液，必须经国务院卫生行政部门或者省、自治区、直辖市人民政府卫生行政部门批准。血站应当为献血者提供各种安全、卫生、便利的条件。血站的设立条件和管理办法由国务院卫生行政部门制定。

第 18 条　有下列行为之一的，由县级以上地方人民政府卫生行政部门予以取缔，没收违法所得，可以并处十万元以下的罚款；构成犯罪的，依法追究刑事责任：（一）非法采集血液的；（二）血站、医疗机构出售无偿献血的血液的；（三）非法组织他人出卖血液的。

2.《血站管理办法》（2018 年修订）

第 2 条　本办法所称血站是指不以营利为目的，采集、提供临床用血的公益性卫生机构。

第 48 条　脐带血造血干细胞库等特殊血站在《血站执业许可证》有效期满后继续执业的，应当在《血站执业许可证》有效期满前三个月向原执业登记的省级人民政府卫生计生行政部门申请办理再次执业登记手续。

第 63 条　血站违反规定，向医疗机构提供不符合国家规定标准的血液的，由县级以上人民政府卫生计生行政部门责令改正；情节严重，造成经血液途径传播的疾病传播或者有传播严重危险的，限期整顿，对直接负责的主管人员和其他责任人员，依法给予行政处分；构成犯罪的，依法追究刑事责任。

3.《脐带血造血干细胞库管理办法（试行）》

第3条 本办法所指脐带血为与孕妇和新生儿血容量和血循环无关的，由新生儿脐带扎断后的远端所采集的胎盘血。

【理论分析】

1. 脐带血是否属于法律规定的"血液"？

首先，《脐带血造血干细胞库管理办法（试行）》第3条明确规定，"本办法所指脐带血为与孕妇和新生儿血容量和血循环无关的，由新生儿脐带扎断后的远端所采集的胎盘血"。而脐带血是指婴儿出生时脐带断裂所迸发的血液，其中含有大量的造血干细胞和造血祖细胞。[1] 因此，根据该规定，脐带血应属于法律规定的血液范围。

其次，根据《血站管理办法》第2条的规定，该办法所称的血站是指不以营利为目的，采集、提供临床用血的公益性卫生机构。而脐带血作为细胞治疗中的干细胞、体细胞和免疫细胞的重要来源，已经广泛地应用于多种疾病的治疗。特别是脐带血造血干细胞，在一些造血系统疾病、恶性肿瘤、自身免疫性疾病以及神经性疾病等方面的治疗都取得了一定的疗效。[2] 因此，脐带血符合《血站管理办法》对于"血液"的定义，属于法律规定的血液范围。

简言之，《脐带血造血干细胞库管理办法（试行）》中明确了脐带血的法律含义，点明了脐带血与血液的关系。同时，《血站管理办法》对其管理的血液范围进行了阐述，两相对比，进一步明确脐带血与血液之间的联系。另外，医学专家认为脐带血这一称谓是根据人体的解剖部位而来的，其成分与新生儿的血液成分一致。因此，脐带血属于法律规定的"血液"这一范围是毋庸置疑的。

2. 脐带血的法律性质如何？

关于脐带血的法律属性，法学界有着不同的认识与看法。

（1）物的范畴说。

该学说认为，脐带血在未脱离人的身体之前不能被称为"物"，只有在其与人体相分离，失去了人体这一物质载体之后，才能够被认为是民法上的"物"。

"把人体脱离物视为物"是物的范畴说的主要理论基础。[3] 王泽鉴教授认为，"人的身体，虽不是物，但人体的一部分如果已经分离，不问其分离原因如何，均成为物（动产），由其人当然取得其所有权，而适用物权法的一般规定（得为抛弃或让与）"。[4] 杨立新教授认为，脱离人体的器官和组织具有物的属性较为合理。原因是，

---

❶ 徐铭鸿. 脐带血的法律属性及其支配规则 [J]. 民商法争鸣，2017（1）：54-60.

❷ 孙颖飞，陶博，任奇杰. 脐带血细胞的临床应用进展 [J]. 中国输血杂志，2021，34（6）：673-676.

❸ 曾见. 徘徊在"物"与"人格"之间——《民法典》视角下人体脱离物法律属性之法理辨析 [J]. 学海，2021（1）：150-157.

❹ 王泽鉴. 民法总则 [M]. 北京：中国政法大学出版社，2001：217.

一旦人体器官脱离了人体这一物质载体，便与民事主体的人格脱离了关系，不再具有人格因素了，不再是人格的载体，而是具有了物的属性。❶但是这种物与普通的物存在一定的区别，是有生命的物。日本通说认为，与生存中的人身不同，已经分离出来的人身组成部分构成物权法上的"物"，其所有权归属于第一次分离前所属的人，故对该身体部分的让渡以及其他处分是可能的。❷

（2）人格权说。

这一学说认为，脐带血不论是否脱离人体，都不能被称为"物"。这一学说完全否认了将人类的器官和组织物化的可能。这一学说认为对脱离人体的器官和组织的保护是以人格权为基础进行的。

法国民法采用了人格权说。《法国民法典》第16条明确规定，"每个人享有身体受到尊重的权利。人的身体不可侵犯。人体、人体器官、人体的产物不可作为财产权的客体。"

（3）限定的人体范畴说。

该学说认为，以保护人身体完整性为目的，在一定条件下，应该将活体的脱落器官视为人的身体，换句话说，脱离人体的器官和组织具有人格和物的双重属性。

这一学说发端于德国法上的储存精子灭失案，按照德国联邦最高法院的观点，如果分离器官和组织与人的身体的目的在于，根据权利主体的意愿，在事后将这些器官和组织与身体连为一体，从而实现保护身体正常机能的目的，❸那么侵犯这些分离的部分，也会构成对人身体完整性的侵犯，需要承担相应的过错侵权责任。王利明教授认为，从身体上分割下来的组织或者细胞不同于一般的物，如果这些被分割出来的组织或细胞会再次回到人的身体中，那么这一部分组织或细胞应该被认为是人体的组成部分，属于身体权的客体，应该由人格权法进行保护。❹

目前，我国学者大多赞同第一种观点，即物的范畴说这一观点。因为脐带血脱离人体之后，就与人格这一载体相分离，失去了人格的因素与载体，具有了物的属性，可以独立存在。

首先，脐带血具有独立性，可以独立地存在于人身之外。脐带血的独立性主要体现在，它与孕妇和新生儿血容量和血循环是无关的，它是由新生儿脐带扎断后的远端所采集的胎盘血，不需依赖人体便能够独立存在。另外，脐带血可以在低温液态氮的环境中，保存一段时间，在这一期间内细胞数量、质量基本保持不变。

其次，脐带血能够被人控制或支配。民法上的物，需要能够被民事主体控制或支配。目前，随着科学技术的进步，人们已经能够采集、储存和有效利用脐带血。对于脐带血应用的研究仍在不断深入。此外，在利用脐带血时，需要严格遵守公序良俗原则。

---

❶ 杨立新，曹艳春. 脱离人体的器官或组织的法律属性及其支配规则［J］. 中国法学，2006（1）：47-55.
❷ 徐铭鸿. 脐带血的法律属性及其支配规则［J］. 民商法争鸣，2017（1）：54-60.
❸ 何政金. 浅析脐带血的法律性质［J］. 知识经济，2010（19）：38.
❹ 何政金. 浅析脐带血的法律性质［J］. 知识经济，2010（19）：38.

最后，脐带血具有能够满足人们的社会生活需要的价值。经过多年的研究发现，脐带血中含有可以重建人体造血和免疫系统的造血干细胞，可用于造血干细胞移植，治疗 80 多种疾病，例如造血系统疾病、恶性肿瘤、自身免疫性疾病以及神经性疾病等。同时，与其他的干细胞相比，脐带血在临床方面具有采集方便、配对率高等优势，能够更好地满足治疗疾病的现实需要。

3. 脐带血作为"物"的特殊性？

脐带血满足民法上"物"的三大基本属性。但因脐带血来源于人体，曾是人体的一部分，承载了一部分人格因素，因此，与一般的物相比，脐带血具有一般物所不具备的特殊属性。❶

（1）限定的独立性。

脐带血的独立性需要以环境和时间为前提。首先，当脐带血与脐带均存在于孕妇体内的时候，不具有独立性；当脐带血因治疗等原因进入自然人体内的时候，不具有独立性。不具有独立性的原因是处于这两种情况的脐带血还带有人格的因素，是人格的载体，因此不具有物的独立性。

在婴儿出生之后，将婴儿的脐带扎断后远程采集的胎盘血，才会失去人格因素，具有独立于人体之外的资格，此时抽出的脐带血，才能够成为民法上的"物"。

脐带血限定的独立性还表现在其存在时间和环境的特殊性。因为脐带血本身具有生命这一特征，因此其独立性也需要具有生命力和活性。这就意味着脐带血的活性保持需要遵守特定的要求和流程。但因为脐带血从采集到应用之间存在一定的时间间隔，为了使脐带血能够在人体之外存活，需要将脐带血保存在一个特殊的环境之中。目前通用的保存方式是将从脐带血中获取的干细胞储存在液氮中，这种方法可以使其在几个月甚至在十多年内依然保持很高的细胞活性。❷

（2）高度稀缺性。

脐带血是胎儿娩出、脐带结扎并离断后残留在胎盘和脐带中的血液，过去作为医疗废物来处理。脐带血移植已经成为继骨髓移植和外周血干细胞移植后的一种重要的造血干细胞来源。脐带血干细胞资源丰富，可变废为宝，对供者（母婴）无任何不良影响，病毒感染风险低，人类白细胞抗原组织配型相合要求低，移植后发生排斥反应的危险性小，移植物抗宿主病反应低，干细胞不受疾病、衰老等影响，脐带血干细胞在血液系统和免疫系统疾病治疗方面越来越受到重视。❸

虽然脐带血中含有大量的造血干细胞，可以被用来治疗多种疾病，但因为之前对脐带血的认识程度不够，甚至误将其归为医疗废物，再加上采集、储存等各方面的原

---

❶ 黄彤，胡艳丽. 对脐带血的民事法律规制［J］. 经济与社会发展，2007（2）：114-117.

❷ 许利民，王劲，洪淋，等. 脐血造血干细胞不同温度长期冻存效果的实验研究［J］. 中国现代医学杂志，2007（24）：3034-3036，3039.

❸ 黄璐，宋瑰琦，吴云，等. 深低温冻存不同时间对脐血细胞质量的影响［J］. 中国实验血液学杂志，2013，21（1）：177-180.

因，造成了脐带血高度稀缺的情况。

脐带血的稀缺性主要表现在以下两方面：一方面脐带血的合格率不高。首先，脐带血的储存需要经过严格的筛选程序。为了保证脐带血的医疗价值，需要对采集的脐带血进行严格筛选，脐带血在入库前都需要进行检查，检查内容不仅包括脐带血的外观、血量、细胞数等，还需要结合产妇的检查结果，确定符合储存要求之后才可以入库保存，如果检测不合格，则不能封存。其次，脐带血的采集和储存流程要求极为严格。脐带血作为一种直接进入人体的细胞产品，必须在其采集和储存过程中考虑到传染病、免疫排斥、外来污染等风险，[1] 这就对采集人员与储存机构提出了严格的要求。另一方面，脐带血的供需不平衡。尽管脐带血能够被用来治疗多种疾病，但基于各种原因，脐带血的供应量相对于其庞大的需求量来说，只是杯水车薪。主要原因之一就是建造脐带血库受到的严格限制。我国目前只在北京、天津、上海、广东、四川、山东、浙江共批准发放了 7 张脐带血库执业"牌照"，对这 7 所血库实行"一省一库"限制属地管理，不准异地采集脐带血。[2] 这种限制不仅在存量上无法满足造血干细胞的移植需求，也为统一脐带血的合格标准制造了障碍。

（3）脐带血的可再造性。

脐带血的特殊性还体现在它的可再造性中。脐带血的强大造血功能来源于它含有的大量造血干细胞和造血祖细胞，正是由于这些造血干细胞和造血祖细胞的存在，脐带血才可以被用来治疗多种疾病。当脐带血通过配型，移植进入到活人体内，使这一病人逐渐恢复造血功能时，被移植的脐带血就成为受移植之人的身体组成部分。脐带血的可再造性使得它能够在一定条件下再次成为人格因素的载体，具有人格因素。

【思考题】

1. 脐带血的所有权归属。
2. 脐带血库的未来发展方向。
3. 脐带血的支配规则。
4. 应如何规范脐带血库的运营过程。

案例五　新疆输血感染事故案[3]

【基本案情】

2014 年原告于某某到昌吉州某医疗单位（被告一附院）住院治疗，其主要诊断均

---

[1] 曾庆想，李婵，李佩芳，等. 中、美脐带血造血干细胞质量控制标准比对分析 [J]. 中国标准化，2021（15）：191-196.

[2] 张磊. 脐带血库行政审批亟待废止 [N]. 中国科学报，2018-08-23（6）.

[3] 案例来源：（2015）新民一初字第 1718 号民事判决书。

为慢性丙型病毒性肝炎，2014 年 3 月 26 日，新疆某律师事务所委托新疆天诚司法鉴定所对原告感染丙肝与被告一附院的输血之间是否存在因果关系及后续医疗费进行了评定，鉴定意见为：被鉴定人于某某系在医疗单位输血感染丙型肝炎。2014 年 9 月 24 日，法院委托乌鲁木齐医学会进行了医疗事故技术鉴定，鉴定意见为：一附院在诊疗过程中，对患者颅内良性肿瘤诊断明确，手术指征正确，有手术适应证，无手术禁忌证。术前履行了风险告知义务，术后患者血色素低，有输血指征，对输血风险向患者家属进行告知，家属同意并签字。诊疗过程无违法违规事实。一附院三次输入的血液均由被告血液中心提供，血液中心提供的丙肝抗体检测报告均为阴性。鉴于丙肝病毒容易发生变异和具有"窗口期"的特点，目前的检测手段未检测出丙肝抗体，且丙肝感染存在多种途径，一附院的诊疗行为及采供血机构提供的血制品无违法、违规的事实。专家组一致认为患者感染丙肝病毒与甲方诊疗责任无因果关系。本病历不属于医疗事故。另，原告丈夫、长女、次女于 2015 年 9 月 15 日分别在昌吉州另两家医疗单位检查丙肝抗体，结果均为阴性。

新疆维吾尔自治区乌鲁木齐市新市区人民法院认为本案被告承担侵权责任的前提是原告所输血液与其所患丙肝之间存在因果关系及被告血液中心的采、供血行为、被告一附院的诊疗行为存在过错。被告一附院在实施诊疗行为过程中，亦在原告输血前对输血可能产生的风险，其中包括可能感染丙肝的风险向原告的亲属进行了详尽告知，并且，乌鲁木齐医学会已认定被告一附院的诊疗行为无违法、违规的事实，故也没有证据证明被告一附院的诊疗行为存在过错。综上，二被告在本案中不存在过错。

一审法院最终认定被告血液中心的采、供血行为及被告一附院的诊疗行为不存在过错，但本案能够认定原告所患丙肝与其所输血液之间存在因果关系，故在因果关系要件事实成立，原、被告均没有过错的情况下，由原告单独承担输血感染丙肝的损害后果则存在明显的不公平，并且，法律亦规定当事人对造成损害都没有过错的，可以根据实际情况，由当事人分担损失。综上，法院认为，由原、被告对原告主张的合理费用各承担 50% 的责任既符合法律规定，亦利于保护原告的合法权益，其中，被告应承担的 50% 的责任由被告血液中心、一附院各承担一半即 25% 亦比较公平。

【主要法律问题】

1. 《中华人民共和国民法典》第 1223 条中"不合格的血液"的认定。
2. "无过错输血感染丙肝"是否属于医疗事故？
3. 输血感染事故中因果关系的认定。
4. "无过错输血感染"的侵权责任归责原则。

【主要法律依据】

1. 《中华人民共和国民法典》

第 6 条　民事主体从事民事活动，应当遵循公平原则，合理确定各方的权利和义务。

第 1165 条　行为人因过错侵害他人民事权益造成损害的，应当承担侵权责任。依照法律规定推定行为人有过错，其不能证明自己没有过错的，应当承担侵权责任。

第 1186 条　受害人和行为人对损害的发生都没有过错的，依照法律的规定由双方分担损失。

第 1223 条　因药品、消毒产品、医疗器械的缺陷，或者输入不合格的血液造成患者损害的，患者可以向药品上市许可持有人、生产者、血液提供机构请求赔偿，也可以向医疗机构请求赔偿。患者向医疗机构请求赔偿的，医疗机构赔偿后，有权向负有责任的药品上市许可持有人、生产者、血液提供机构追偿。

第 1224 条第 1 款　患者在诊疗活动中受到损害，有下列情形之一的，医疗机构不承担赔偿责任：（一）患者或者其近亲属不配合医疗机构进行符合诊疗规范的诊疗；（二）医务人员在抢救生命垂危的患者等紧急情况下已经尽到合理诊疗义务；（三）限于当时的医疗水平难以诊疗。

2.《中华人民共和国献血法》

第 22 条　医疗机构的医务人员违反本法规定，将不符合国家规定标准的血液用于患者的，由县级以上地方人民政府卫生行政部门责令改正；给患者健康造成损害的，应当依法赔偿，对直接负责的主管人员和其他直接责任人员，依法给予行政处分；构成犯罪的，依法追究刑事责任。

3.《最高人民法院关于审理医疗损害责任纠纷案件适用法律若干问题的解释》（2017 年）

第 7 条　患者依据侵权责任法第五十九条规定请求赔偿的，应当提交使用医疗产品或者输入血液、受到损害的证据。患者无法提交使用医疗产品或者输入血液与损害之间具有因果关系的证据，依法申请鉴定的，人民法院应予准许。医疗机构，医疗产品的生产者、销售者或者血液提供机构主张不承担责任的，应当对医疗产品不存在缺陷或者血液合格等抗辩事由承担举证证明责任。

4.《最高人民法院关于民事诉讼证据的若干规定》（2002 年）

第 4 条　下列侵权诉讼，按照以下规定承担举证责任：

……（八）因医疗行为引起的侵权诉讼，由医疗机构就医疗行为与损害结果之间不存在因果关系及不存在医疗过错承担举证责任。

5.《医疗事故处理条例》

第 2 条　本条例所称医疗事故，是指医疗机构及其医务人员在医疗活动中，违反医疗卫生管理法律、行政法规、部门规章和诊疗护理规范、常规，过失造成患者人身损害的事故。

第 33 条　有下列情形之一的，不属于医疗事故：

……（四）无过错输血感染造成不良后果的；……

【理论分析】

1. 《民法典》第1223条中"不合格的血液"的认定。

《民法典》第1223条规定："因药品、消毒产品、医疗器械的缺陷，或者输入不合格的血液造成患者损害的，患者可以向药品上市许可持有人、生产者、血液提供机构请求赔偿，也可以向医疗机构请求赔偿。患者向医疗机构请求赔偿的，医疗机构赔偿后，有权向负有责任的药品上市许可持有人、生产者、血液提供机构追偿。"其中，药品、消毒产品、医疗器械属于医疗产品，因其缺陷造成损害，适用产品质量法的相关规定处理，而对于血液的产品侵权责任采取了另外的一种新的提法，即"输入不合格的血液"。由此可以推断目前我国对于血液的属性认定为——血液并非产品，但是输入不合格的血液这种情况发生时，《民法典》也将血液提供机构与医疗机构作为受害患者可以选择追责的责任主体，并且明确医疗机构享有追偿权。在这里，"不合格的血液"如何定义，成为判定"输入不合格的血液"产生侵权责任的基础。

从法律对事实分类角度观察，不合格血液可以分为法律不合格血液和事实不合格血液。法律不合格血液是指采集、检测、使用等过程未遵照国家法定标准，导致患者人身损害的血液。事实不合格血液是指即便血液中心或医疗机构履行了国家法定义务，但由于血液的特殊性，仍导致了患者人身损害的血液。由于科学技术发展水平所限，一些经过科学技术检测为合格的血液，仍存在一些无法在短时间内检测到的病毒，这样的血液称为"窗口期血液"，如人体感染艾滋病毒HIV后，一般需要2~12周，平均42天左右，才可在血液中检测到HIV病毒，即使使用目前最先进的核酸检测技术，HIV抗体的检测也需要7天左右时间。"窗口期血液"输入人体后要经过一段时间才能在人体中被检测到，在人体中被检测到病毒的血液也就是事实不合格血液❶。无过错采供血是事实不合格血液流通入人体的最主要方式。"无过错输血"是指实践中经采供血机构检验合格的血液，输血者仍有感染疾病的可能，也就是"窗口期血液"。事实上，在立法上并未明确血液中心对无过错采供血承担赔偿责任，更未明确医疗机构对无过错采供血承担赔偿责任❷。

2. "无过错输血感染丙肝"是否属于医疗事故。

输血感染是指病人在就医阶段中因输入血液或血液制品，感染了严重的新疾，比如感染上甲肝、乙肝、丙肝、艾滋病等，致使病人的身体遭受严重的损害❸。由输血引发的感染问题会牵涉三方主体，即病人、医疗单位及血液中心。在本案中，三方主体为原告于某某、被告一附院及被告血液中心。

输血感染，在民事法律责任领域可分为过错的输血感染和无过错的输血感染。区

---

❶ 马家忠，等. 血液的法律属性及其侵权责任归责原则刍议——兼论《侵权责任法》中"不合格血液"问题［J］. 医学与哲学（A），2013，34（1）：68-70.

❷ 尹志强. 医疗损害责任例解与法律适用［M］. 北京：人民出版社，2010：232.

❸ 黄传英. 论输血感染纠纷的法律适用［J］. 经济与社会发展，2003（10）：99-101.

分这两个方面的焦点在于，医疗单位在输血过程中是否已经尽到了相应的检查义务、是否遵守了国家对于输血医疗程序的相关规定。如果违反了法律的明文规定、未尽到合理的注意义务或在医疗程序中进行了错误的操作，那么此种类型致病人感染属于过错的输血感染。相反，如果医疗单位在诊疗过程中严格遵守法律的相关规定、高度重视自己的责任及违反责任的后果，并已经根据当时的医疗水平进行了正确的操作，那么由于"漏检率""窗口期"或其他原因造成的输血感染，我们称之为无过错的输血感染。

《医疗事故处理条例》第 2 条规定："本条例所称医疗事故，是指医疗机构及其医务人员在医疗活动中，违反医疗卫生管理法律、行政法规、部门规章和诊疗护理规范、常规，过失造成患者人身损害的事故。"该条例明确医疗事故的构成要件有三部分，一是时间要件，即必须发生在医疗活动中；二是行为要件，即存在违反医疗卫生管理法律、行政法规、部门规章和诊疗护理规范、常规的行为；三是主观要件，必须有过失。另外《医疗事故处理条例》第 33 条规定"有下列情形之一的，不属于医疗事故：……（四）无过错输血感染造成不良后果的；……"。

结合上述规定，可以得出"无过错输血感染丙肝"不属于医疗事故。具体分析如下：

首先，在时间要件层面，"无过错输血感染丙肝"的"输血"这一行为的确发生在医疗活动中，但在这里需要引入一个"窗口期"的因素。从中国疾病预防控制中心官方网站上查找到关于"艾滋病窗口期"的定义为"从艾滋病病毒感染人体到血液中能检出抗体或核酸的一段时间。抗体检测的窗口期一般为 4~12 周，核酸检测的窗口期为 1~4 周"。对比可知，"窗口期"是指从人体感染某种具有传染性的病原体到病原体通过检测的手段检测出受感染情况的一段时间，在这段时间内，患者经过各项检查均不能明确疾病的诊断。所以在窗口期内，医疗单位无法在输血时通过科技手段检测出丙肝病毒的存在。也即医疗单位的输血行为正好卡在丙肝病毒的窗口期内，这是不能将后期感染病毒归因于医疗单位的关键。

其次，在医疗行为层面，"无过错输血感染丙肝"完全符合医疗卫生管理法律、行政法规、部门规章和诊疗护理规范、常规等的要求，即该医疗行为并无违法性。在本案中，被告一附院分三次为原告进行了输血治疗，并就输血风险向原告家属徐某某进行了告知，内容包括由于科学技术水平、检测手段的限制及窗口期等原因，输血仍有某些不能预测或不能防止的输血反应和输血传染病，输血可能发生的主要情况包含感染肝炎（×××、丙肝）……上述被告一附院为原告所输血液均由被告血液中心提供血液编号，被告血液中心提供了检测人员分别于三次交叉检测的化验单，检测过程中亦使用质控样品进行了质量控制，血液的检测结果均为丙型肝炎抗体阴性。同时，被告一附院已经将某些无法通过技术手段规避的结果进行告知。可以看出，医疗单位及血液中心已经尽了高度的注意义务。所以说，在行为要件上，"无过错输血感染丙肝"不属于医疗过失行为。

最后，在主观要件层面，"无过错输血感染丙肝"已经明确了医疗单位在其主观层面不符合医疗事故的要件。另外，"无过错输血感染丙肝"中的"无过错"这一主观属性，主要是"窗口期"和"漏检率"两个核心要素决定的。"窗口期"在上文的时间要件层面已经分析过，"无过错输血"中经采供血机构检验合格，但输血者仍有感染疾病可能的血液就是"窗口期血液"。此外，我国目前检测传染性病毒的准确性在95%上下，无法确保100%的准确性，即具有漏检的概率。❶ 所谓的"漏检率"，即这种无法通过科学技术手段规避的风险概率。即使在科学技术飞速发展、人类文明不断进化的今天，完全排除"漏检率"的可能性依然几乎为零。

3. 输血感染事故中因果关系的认定。

（1）举证责任。

依据《最高人民法院关于审理医疗损害责任纠纷案件适用法律若干问题的解释》第7条的规定，"患者依据侵权责任法第59条规定请求赔偿的，应当提交使用医疗产品或者输入血液、受到损害的证据。患者无法提交使用医疗产品或者输入血液与损害之间具有因果关系的，依法申请鉴定的，人民法院应予准许。医疗机构，医疗产品的生产者、销售者或者血液提供机构主张不承担责任的，应当对医疗产品不存在缺陷或者血液合格等抗辩事由承担举证证明责任"，以及《证据规定》（最高人民法院2002年4月）第4条规定"下列侵权诉讼，按照以下规定承担举证责任：……（八）因医疗行为引起的侵权诉讼，由医疗机构就医疗行为与损害结果之间不存在因果关系及不存在医疗过错承担举证责任"，可以得出，在输血感染事故中，我国法律主张适用举证责任倒置的原则。

在本案判决书中有这样一个表述："医学作为一门科学，人类对其认知仍存在一定的局限性，医务人员的医疗行为客观上存在一定的风险，因此，判断被告是否存在过错需要原告举证证明被告客观上存在违反采、供血及诊疗规范的行为"。笔者认为，在损害医疗诉讼赔偿中，当事人双方在举证能力上显然不对等，一方是懂得专业医学知识的医护专业人士，而另一方却是没有相应医学知识的病人，病人明显处于弱势的地位。因此，若是要求病人一方就医方存在过失承担举证责任，病人一方几乎无法顺利完成。在现实情况中，整个医疗行为是在医疗单位进行的，事前准备、术中及事后用品的清理都由医疗单位单方面完成，这无疑加重了病人对所使用血液不合格的举证困难性。因此，适用举证责任倒置原则，由医疗中心证明其治疗行为不具有过错，更有利于保障病人的合法权益。

（2）因果关系。

在输血感染损害赔偿中的因果联系，是指输血活动和由输血感染之间的引起和被引起的联系，即输血活动是输血感染产生的原因，而输血感染则是输血活动所造成的结果。

---

❶ 李晔，唐荣智. 无过错输血感染风险分担的法理探讨［J］. 医学信息，2006（3）：448-450.

目前理论上在大陆法系中主要有条件说、相当因果联系说以及盖然因果联系说；在英美侵权行为法中主要有法律上的因果联系和事实上的因果联系以及近因理论❶。在我国，针对怎样认定因果联系的学说主要有必然因果联系说和相当因果联系说❷。现在，相当因果联系已成为大众观点，绝大多数的学者对必然因果联系说进行了批判，认为必然因果联系说混淆了哲学上的因果联系与法律上的因果联系，以哲学上的因果联系观念替代法律上的因果联系概念，不认可间接因果联系和偶然因果联系❸。

相当因果联系说认为不应要求行为与损害结果之间存在主要的因果联系，一旦行为人的活动对损害结果形成适当标准，行为人必须负责。例如，《民法典》第 1165 条规定"行为人因过错侵害他人民事权益造成损害的，应当承担侵权责任。依照法律规定推定行为人有过错，其不能证明自己没有过错的，应当承担侵权责任"。根据目前的中国疾病预防控制中心官网记载，丙肝的传播途径有输血和注射（如毒品注射）途径传播、性接触传播、母婴传播、密切生活接触传播，也就是说，病人若在输血时受到感染，只需要排除上述的其他感染原因，证明病人是因在医疗单位输血而感染了病菌，就避免了病人的该感染结果与输血所用的血液之间是否具有因果关系的举证责任。若血液中心或医疗单位也无法证明他们所用血液不存在质量问题，则由医疗单位和血液中心承担侵权赔偿责任，又或者说是补偿责任。

这种观点不难为大众所接受，因为要证明输血感染侵权的各方面因果关系，必须请有专业知识的人来做鉴定，并对这其中的因果关系加以说明。且在现实情况中，整个医疗行为是在医疗单位进行的，事前准备、术中及事后用品的清理都由医疗单位单方面完成，这无疑加重了病人对所使用血液不合格的举证困难性。因而采用相当因果联系说，更能够彰显公平公正，符合保护弱者利益的理念。

4. "无过错输血感染"的侵权责任归责原则。

《献血法》第 22 条规定，"医疗机构的医务人员违反本法规定，将不符合国家规定标准的血液用于患者的，由县级以上地方人民政府卫生行政部门责令改正；给患者健康造成损害的，应当依法赔偿，对直接负责的主管人员和其他直接责任人员，依法给予行政处分；构成犯罪的，依法追究刑事责任"。

由该法条可知，"无过错输血感染"的侵权责任归责原则适用无过错责任。即只要医疗机构的行为违反法律规定，在输血过程中使用不合格的血液，致患者受到伤害，就需要承担相应的民事责任、行政责任甚至是刑事责任。

因为《医疗事故处理条例》第 33 条规定"有下列情形之一的，不属于医疗事故：……（四）无过错输血感染造成不良后果的；……"，表示在"无过错输血感染"状况下，医疗单位能够很容易获得免责理由，所产生的损害负担将由病人独自来承担，

---

❶ 王怀福，梁艳清. 浅析无过错输血感染责任的承担 [J]. 现代预防医学，2008（4）：711-712，717.

❷ 杜寒阳. 输血感染民事责任研究 [D]. 湖北：武汉大学，2013：74.

❸ 李晓东. 输血感染的损害赔偿的制度研究 [D]. 江苏：苏州大学，2010：5.

这明显对病人的处境十分不利，也不适合公平责任原则的立法宗旨。如果在"无过错输血感染"中适用过错责任归责标准，医疗单位则无须对病人承担一切责任，就会导致病人无从追偿损失的后果。

针对所谓"无过错输血感染"，也有学者持无过错归责原则的观点。石慧荣❶认为，无过错归责原则的适用目标存在三个特点，即严重危险性；多属于偶然事故范围；发生事故后，加害人是不是存在过错，受害人举证艰难。而无过错的输血感染并不包括以上特征❷。但是对于无过错的输血感染选择适用公平原则，也有学者表示不赞同，比如刘大洪、张剑辉（2004）❸认为，从无过错输血造成的感染来看，可以把它认定成不可抗力的因素导致。血液中心在采血的阶段，时常会碰到类似"窗口期"的不合格血液，在检查抽血化验血液时，这种血液通常不呈现阳性反应，而须等待 3 个月到 6 个月的时间才会被发现并且检测出来，此时的血液虽存在传染性，但漏检无法避免。

综上所述，无过错输血感染在当下是不可避免、无法预见且不能克服的，那么它应当属于不可抗力的范畴。在当前的医学技术水平下，血液中心和医疗机构没有发现血液问题的能力，即属于意外事件的免责事由，医疗机构则适用《民法典》第 1124 条"患者在诊疗活动中受到损害，有下列情形之一的，医疗机构不承担赔偿责任：（一）患者或者其近亲属不配合医疗机构进行符合诊疗规范的诊疗；（二）医务人员在抢救生命垂危的患者等紧急情况下已经尽到合理诊疗义务；（三）限于当时的医疗水平难以诊疗"。所以，无过错输血在实践中是无法要求医疗机构或血液中心承担赔偿责任的，更不能适用产品责任原则由无过错方承担。

在本案判决书中，依据《民法典》第 6 条"民事主体从事民事活动，应当遵循公平原则，合理确定各方的权利和义务"及第 1186 条"受害人和行为人对损害的发生都没有过错的，依照法律的规定由双方分担损失"，应由医疗单位和血液中心对病人进行一定的补偿，而非赔偿。法院认定"被告血液中心的采、供血行为、被告一附院的诊疗行为不存在过错，但本案能够认定原告所患丙肝与其所输血液之间存在因果关系，故在因果关系要件事实成立，原、被告均没有过错的情况下，由原告单独承担输血感染丙肝的损害后果显失公平。法律亦规定当事人对造成损害都没有过错的，可以根据实际情况，由当事人分担损失"。本案法院利用因果关系和公平责任原则对各方的权利和义务进行了评判，由此得出医疗中心承担 25% 的责任、血液中心承担 25% 的责任、原告自身承担 50% 的责任，可以认为本案判决是合法且合理的。

【思考题】

1. 血液是否属于产品？

---

❶ 石慧荣. 产品缺陷研究 [J]. 现代法学，1996（2）：84-85.

❷ 王岳，周革利. 论输血致患者感染所引发的法律问题 [J]. 中国医院管理，2003（5）：18-20.

❸ 刘大洪，张剑辉. 论产品严格责任原则的适用与完善——以法和经济学为视角 [J]. 法学评论，2004（3）：107-112.

2. 在本案中，无过错责任原则和公平原则哪种归责原则更为合理？

3. 如果医疗单位和血液中心在采供血时有过错，应该怎样归责？

第四节　医疗器械监督管理

本节主要对卫生法中无证生产医疗器械和医疗器械广告监督管理两个方面进行分析，探讨我国现行医疗器械监督管理制度的现状、不足与进一步的完善。

案例六　广州市无证生产医疗器械案[1]

【基本案情】

原告广州市某医疗器械有限公司是经工商行政管理部门合法登记的企业，拥有医疗器械经营企业许可证，但未取得医疗器械生产企业许可证。2013 年 5 月 1 日至 2014 年 1 月 9 日，原告委托广州某美容器械制造有限公司生产"按摩床"（微波经络理疗仪）相关硬件共 15 台。原告收货后，自行安装软件，制作配套标签说明书。在此期间，原告以收取"加盟费"的方式共销售给客户 12 台"微波经络理疗仪"。

2014 年 1 月 9 日，被告执法人员前往原告处进行检查，发现存放在原告处的"按摩床"（微波经络理疗仪）及热感成像检测仪产品及说明书标示有相关辅助治疗用语，但未标示医疗器械生产许可或医疗器械注册证号。被告于 2014 年 6 月 5 日作出并向原告送达《行政处罚决定书》，认定原告 2013 年 5 月 1 日至 2014 年 1 月 9 日，存在未取得《医疗器械生产企业许可证》生产第二类医疗器械的行为，决定予以以下处罚："1. 责令你（单位）停止未取得《医疗机械生产企业许可证》生产第二类医疗器械的行为；2. 没收你（单位）违法生产的'按摩床'和'热感成像检测仪'；3. 没收违法所得 63260 元；4. 并处违法所得五倍的罚款 316300 元。"

原告不服，于 2014 年 8 月 4 日向广州市食品药品监督管理局申请行政复议。2014 年 10 月 27 日，广州市食品药品监督管理局作出《行政复议决定书》上述决定予以维持。原告仍不服，诉至法院。原告认为："不否认食品药品监督管理局对违法行为具有查处的权利，但否认其具有定性权；被告认定涉案产品符合第二类医疗器械的范围，严重缺乏事实根据，适用法律错误；被告认定有违法所得，严重缺乏法律依据。"法院经过审理，认为被告作为县级药品监督管理部门，虽然对医疗器械的生产经营不具有审查批准权，但对在生产、经营、使用医疗器械过程中发生的违法行为具有行政处罚的职权，并有权对医疗器械的类别作出判定。被告按照罚款的最高倍数对原告予以从

---

[1] 案例来源：（2015）穗中法行终字第 717 号行政判决书。

重处罚,与原告的违法事实、情节以及社会危害后果不相当,处罚畸重。综上所述,法院最终判决变更广州市食品药品监督管理局作出的《行政处罚决定书》第4项为"并处违法所得三倍的罚款189780元",驳回原告其他的诉讼请求。

【主要法律问题】

1. 为何我国要实行医疗器械分类管理制度?
2. 如何定性无证生产医疗器械的行为?
3. 我国的医疗器械监督管理体系应该如何进一步完善?

【主要法律依据】

1.《医疗器械监督管理条例》

第6条 国家对医疗器械按照风险程度实行分类管理。

第一类是风险程度低,实行常规管理可以保证其安全、有效的医疗器械。

第二类是具有中度风险,需要严格控制管理以保证其安全、有效的医疗器械。

第三类是具有较高风险,需要采取特别措施严格控制管理以保证其安全、有效的医疗器械。

评价医疗器械风险程度,应当考虑医疗器械的预期目的、结构特征、使用方法等因素。

第13条第1款 第一类医疗器械实行产品备案管理,第二类、第三类医疗器械实行产品注册管理。

第16条第1款 申请第二类医疗器械产品注册,注册申请人应当向所在地省、自治区、直辖市人民政府药品监督管理部门提交注册申请资料。申请第三类医疗器械产品注册,注册申请人应当向国务院药品监督管理部门提交注册申请资料。

第32条第1款 从事第二类、第三类医疗器械生产的,应当向所在地省、自治区、直辖市人民政府药品监督管理部门申请生产许可并提交其符合本条例第三十条规定条件的有关资料以及所生产医疗器械的注册证。

2.《医疗器械注册与备案管理办法》

第13条 医疗器械注册、备案应当遵守相关法律、法规、规章、强制性标准,遵循医疗器械安全和性能基本原则,参照相关技术指导原则,证明注册、备案的医疗器械安全、有效、质量可控,保证全过程信息真实、准确、完整和可追溯。

第20条 医疗器械注册、备案工作应当遵循医疗器械分类规则和分类目录的有关要求。

【理论分析】

1. 为何我国要实行医疗器械分类管理制度?

在我国现行法律体系中,对于医疗器械的定义主要是指直接或者间接用于人体的仪器、设备、器具、体外诊断试剂及校准物、材料以及其他类似或者相关的物品,包括所需要的计算机软件；其效用主要通过物理等方式获得，不是通过药理学、免疫学或者代谢的方式获得，或者虽然有这些方式参与，但只是起到辅助作用。医疗器械因其自身天然带有医疗产品与工业制品双重属性，与国民的生命健康安全密切相关，并且具有被动性消费的特点，因此具有准公共性，同时其监督管理具有特有的难点。在经济全球化的今天，作为医疗器械进出口大国，我国的医疗器械分类管理体系在立足于国情的同时，也受到了国际监管政策的影响❶。为了更好地监管医疗器械，我国构建了由《医疗器械监督管理条例》《医疗器械生产监督管理办法》等组成的医疗器械监督管理体系，其中最重要的就是医疗器械的分类管理制度。目前我国借鉴了欧盟的分类规则，将医疗器械分为三类并分别采取不同的监管模式：第一类医疗器械是指风险程度较低的医疗器械，主要采取备案管理模式；第二类和第三类医疗器械主要是指中度风险和较高风险的医疗器械，采取更为严格的注册管理模式。从法律条文可以看出，我国医疗器械的分类核心是医疗器械的风险程度。受限于现今的技术水平，无论是何种医疗器械都会具有其固有的潜在风险，同时也会对公众的生命健康带来利好，而分类注册与生产制度的意义就在于平衡不同种类的医疗器械之间的风险与收益比例，并以此为依据把握好医疗器械市场的入口。

在具体的监管权分配中，第一类医疗器械的备案管理工作由设区的市级人民政府的药品监督管理部门负责，第二类医疗器械的注册审批工作由省级人民政府的药品监督管理部门负责，第三类医疗器械的注册审批工作由国务院的药品监督管理部门负责。根据医疗器械的风险程度高低，进行了从中央到地方的医疗器械监督管理权限的划分，构建了完整的医疗器械监督管理网络，力求实现医疗器械监督管理全覆盖。在本案中，原告提出"不否认食品药品监督管理局对违法行为具有查处的权利，但否认其具有定性权。若同时具有定性权和查处权，是既做裁判员又做运动员"，但最终法院没有支持其请求。我国的医疗器械在注册或者备案阶段的监督管理权限是分级划分的，但是在日常的监督管理工作中，发现、处理无证生产、经营医疗器械等违法行为，依赖的却是广大的基层药品监督管理部门。假如不赋予这些部门在日常行政执法中的定性权，将会极大地降低监管部门打击医疗器械违法行为的效率。因此我国的基层药品监督管理部门对于在生产、经营、使用医疗器械过程中发生的违法行为具有行政处罚的职权，享有对医疗器械的定性权，有权对医疗器械的类别作出判定。

同时，我国针对不同的医疗器械采取备案制和注册制两种监督管理模式。当前社会技术发展日新月异，对于医疗器械的定义也愈发困难，但可以肯定的是，公众对于医疗器械的需求是与日俱增的。创新的技术及产品给公众健康不断带来新的希望，但同时也往往意味着新的、未知的风险，这给监管部门不断带来新的挑战❷。倘若对所有

---

❶ 周良彬，伍倚明，李伟松，等. 国内外医疗器械分类管理思路和规则的对比分析 [J]. 中国医疗器械信息，2016，22（7）：26-31，35.

❷ 王兰明. 关于改革和完善中国医疗器械注册管理制度的探讨 [J]. 中国医疗器械杂志，2012，36（6）：426-432.

的医疗器械都采取注册审批管理制度，将会使企业进入医疗器械市场的门槛大大提高，新型医疗器械的产生也会大大延迟，公众获取医疗器械的难度也会加大。因此我国目前的医疗器械采取分类监督管理的模式，是尽可能地在医疗器械产业发展与监管秩序之间寻求平衡，虽然存在一定的借鉴因素，但无疑是符合我国基本国情的。

具体到本案，原告在未取得医疗器械企业生产许可证以及医疗器械注册证的情况下，自行购买零部件组装"按摩床"与"热感成像检测仪"并且安装软件，是典型的无证生产医疗器械的行为。该种医疗器械本身需要依靠电源才能工作，从医疗器械的产品特征上来看属于有源医疗器械，且具有"针灸""红外线"等功能，具有中度潜在风险，定性为第二类医疗器械并无不妥。无证生产该种医疗器械，不仅会破坏国家对于医疗器械的监督管理秩序，还会对人民群众的生命健康造成威胁。目前，中国庞大的人口规模和越来越多的老年人口、城市人口，形成了全球最具潜力的医疗器械市场。跨国医疗器械企业向中国转移制造能力和研发力量的趋势越来越明显，这对医疗器械监督管理提出了更加严峻的挑战❶。

2. 如何定性无证生产医疗器械的行为？

无证生产医疗器械的行为同时受到刑法与行政法的规制。对于无证生产医疗器械的行为如何定性，其核心就在于区分该行为是一般的行政违法行为还是刑事犯罪行为。在刑法体系中，按照"四要件说"犯罪行为的成立要满足以下几个要件：犯罪客体、犯罪客观方面、犯罪主体、犯罪主观方面。《刑法》（全国人民代表大会，2020 年 12 月）第 145 条"生产、销售不符合标准的医用器材罪，是指生产不符合保障人体健康的国家标准、行业标准的医疗器械、医用卫生材料，或者销售明知是不符合保障人体健康的国家标准、行业标准的医疗器械、医用卫生材料，足以严重危害人体健康的"。而对于行政违法行为的认定主要是根据《行政处罚法》（全国人大常委会，2021 年 1 月）第 4 条"公民、法人或者其他组织违反行政管理秩序的行为，应当给予行政处罚的，依照本法由法律、法规、规章规定，并由行政机关依照本法规定的程序实施"。有学者对犯罪行为和行政违法行为之间的关系进行了梳理，认为行政违法与刑事违法存在三种关系：其一，某些刑事违法不以行政违法为前提，例如，故意杀人、强奸、抢劫等；其二，某些行政违法行为无论如何都不可能演变或者上升为刑事违法。例如，吸毒与嫖娼；其三，某些刑事违法以行政违法为前提。亦即只有违反了行政法律，并进一步符合刑法规定的犯罪成立条件，才可能成为刑事违法行为❷，我们对于刑事犯罪行为和行政违法行为区分标准的论述主要是针对这一关系。

目前，犯罪行为与行政违法的区分标准在学界主要有"量的差异说""质的差异说"以及"质量差异说"三种不同的观点。"量的差异说"认为，两者在行为的方式

---

❶ 国家食品药品监督管理司医疗器械监管司：改革开放 30 年医疗器械监管成就 [J]. 中国医疗器械信息，2009，15（4）：37-47，72.

❷ 张明楷. 避免将行政违法认定为刑事犯罪：理念、方法与路径 [J]. 中国法学，2017（4）：37-56.

上并不存有质的差异，而只是在行为的轻重程度上具有量的差异。"质的差异说"认为，两者的区别在于质的差异，即二者质的价值差异。"质量的区别说"认为，二者在行为的量上和行为的质上均有所不同❶。本书采用第三种"质量差异说"进行后续论证。在该学说中"质"主要指的是立法目的以及所保护的法益，而"量"则是指该违法行为对于社会的危险程度或者损害后果的大小。按照这一思路，行政法所保护的法益主要是以社会管理秩序为代表的公共利益，目的在于建立和维护社会秩序与行政管理秩序，确保行政机关充分、有效地实施行政管理，而刑法的目的则是惩罚犯罪与保障人权，可以看出二者所保护的法益以及立法目的有根本上的区别。另一方面，从"量"的角度考量，刑法所针对的是具有严重社会危害性、严重侵害法益的行为，而行政违法行为针对的则仅仅是违反了行政管理秩序、社会危害性只达到一般程度的行为。"质量差异说"清晰地把握了行政犯罪与行政违法行为在法益侵害角度的差别，通过对法益侵害中所涉社会伦理受侵害程度高低来划分行政犯罪与行政违法行为。并在此基础上，提出行政犯罪与行政违法行为在行为的量上和质上均有所不同，并由此产生了区分行政犯罪与行政违法行为的标准，即以危害程度为基础、以行为类型的不同为必要补充❷。在这一标准的指导下，对于犯罪的认定必须坚持从实质层面进行区分，避免盲目进行形式判断，对于那些虽然形式上符合各分则构成要件但是实质上情节显著轻微、危害不大的行为，应坚持《刑法》第13条的规定，不将其认定为犯罪，而应该视情况认定为一般的行政违法行为或者非违法行为。

具体到本案中，本案原告在没有取得医疗器械的生产许可证和医疗器械注册证的情况下自行购买零部件组装"按摩床"等医疗器械，违反了我国的医疗器械监督管理秩序，对公民的生命健康安全造成了一定风险，毫无疑问构成行政违法行为，应该受到行政处罚。但根据我们前文的论述，此时需要判断原告是否构成《刑法》中的"生产、销售不符合标准的医用器材罪"。根据《刑法》第145条的规定，要构成该罪需要"足以严重危害人体健康"。在本案中，虽然原告确实有无证生产医疗器械的行为，但没有证据表明原告所生产的医疗器械具有重大的安全隐患，同时原告在被查处时虽然已经通过"加盟费"的方式进行了医疗器械的销售，但并未导致公民的生命健康受到损害。另一方面，《刑法》第145条要求生产、销售的是"不符合标准的医用器材"，那么在无生产许可证以及医疗器械注册证情况下所生产的医疗器械是否一定是不合标准的呢？笔者认为，对于此处的"不符合标准"仍应该坚持实质判断的标准，不能将没有医疗器械生产许可证以及注册证的医疗器械当然地等同为"不符合标准的医用器材"，而是应该对其进行质量检测鉴定，从实质上判断是否符合医疗器械的质量与安全标准❸，由此来认定是否构成《刑法》第145条的罪名。可见，对于医疗器械行政违法

❶ 高铭暄，孙晓. 行政犯罪与行政违法行为的界分 [J]. 人民检察，2008（15）：5-8.
❷ 高铭暄，孙晓. 行政犯罪与行政违法行为的界分 [J]. 人民检察，2008（15）：5-8.
❸ 王勇. 当前疫情下"假口罩"类案件常见问题解析 [N]. 检察日报，2020-02-04（3）：4.

行为和犯罪行为，我国实务中分别采取侧重形式和实质的认定方式，这是由行政法和刑法所保护的法益以及立法目的的不同造成的。综合来看，本案中的原告无证生产医疗器械的行为并没有严重危害我国的医疗器械监管秩序以及公民的生命健康，因此认定其为行政违法行为而非犯罪是合理的。

3. 我国的医疗器械监督管理体系应该如何进一步完善？

我国的医疗器械监督管理体系虽然起步较晚，但得益于国家的重视与支持以及众多学者和从业者的不懈努力，监管体系发展十分迅速。从 20 世纪 80 年代开始至今，我国的医疗器械监管经历了一个不断探索、不断发展的过程，逐步进入了规范化、制度化、法治化轨道❶。但当今医疗器械生产技术迅猛发展，国内外市场规模不断扩大，人民群众的需求不断增加，种种情况都要求对我国的医疗器械监督管理体系进行进一步完善。

首先，应进一步完善医疗器械分类管理制度。我国的医疗器械分类管理制度依据风险程度将医疗器械划分为三个等级，同时结合目录制度出台了《医疗器械分类目录》和《医疗器械分类规则》。这一分类管理制度在过去的医疗器械监管工作中发挥了重大的作用，但随着时代的变迁，该制度也存在一定的问题需要进行完善。一方面，应该将目前的《医疗器械分类目录》进一步细化，添加对于医疗器械结构特征以及具体功能的描述，同时也应该加强对于医疗器械命名的标准化管理。现今《医疗器械分类目录》的结构为医疗器械名称概括以及产品列举，虽然通过对医疗器械名称的描述实现了分类，但是缺乏对具体类别医疗器械基本特征的定义，随着科学技术的发展，医疗器械新技术、新产品不断涌现，现行的《医疗器械分类规则》和《医疗器械分类目录》已经不能涵盖所有的医疗器械产品❷，导致在超出列举产品范围的情况出现时难以定性，旧有的医疗器械也需要重新进行分类。同时也会导致在实际的监管过程中，仅仅因为名称的不同导致结构功能相似的产品被划分至同一分类，或功能完全不同的产品因为名称相同而被误划至同一分类，最终导致的都是风险等级认定错误以及管理类别的错位。❸ 另一方面，应该由相关部门积极出台相关司法解释或者政策性文件，对于法律适用和审批标准等问题进行解释与指导，以此来将不同地区之间的医疗器械产品的质量差别控制在一个合理的范围内，营造更为公平、健康和有序的医疗器械市场。我国目前按照不同的类别将具体的医疗器械备案或者注册权划分给不同级别的药品监督管理部门，这一制度的优点在于覆盖范围广、效率较高。但缺点在于，第一类和第二类医疗器械的备案与注册管理工作归于设区的市级以及省级人民政府管理，导致地区与地区之间难免产生差异。各地审批人员素质参差不齐，能力高低不一，对产品审查要点的理解和尺度松紧掌握不同，以至于同样的产品，审批结果不同。技术水平低

❶ 国家食品药品监督管理局医疗器械监管司. 改革开放 30 年医疗器械监管成就［J］. 中国医疗器械信息，2009，15（4）：37-47，72.

❷ 母瑞红，王越，郭世富，等. 浅析医疗器械分类界定工作中应注意的几个问题［J］. 中国医疗器械杂志，2013，37（6）：451-453.

❸ 杨昕，卓越. 完善医疗器械分类方法的建议［J］. 中国医疗器械杂志，2015，39（6）：449-450，459.

的产品在某些省市得到批准，技术水平更高的相同产品在某些省市反而可能没有被批准❶。最终形成的结果是不同地区在对待相似的医疗器械时所采取的审批程序宽严不一，但同时获得相关审批的医疗器械又会在全国范围内进行流通。

其次，应该积极推进维修、转赠、退出等其他环节规范的补充。目前，我国的医疗器械监管法律体系以《医疗器械监督管理条例》为核心，辅以《医疗器械注册与备案管理办法》《医疗器械生产监督管理办法》等部门规章，形成了相对完备的监管体系，这一监管体系主要围绕注册、生产、经营以及使用等环节，基本覆盖了医疗器械整个流通流程，但在一些领域内还是缺乏相应的规范性文件。例如，医疗器械故障后检修的主要法律依据仅包含《医疗器械监督管理条例》第52条，即"发现使用的医疗器械存在安全隐患的，医疗器械使用单位应当立即停止使用，并通知医疗器械注册人、备案人或者其他负责产品质量的机构进行检修"。《条例》对维修主体无准入资格要求，以致从事医疗器械维修的机构及人员的水平参差不齐，维修后的医疗器械质量难以得到保障；对维修后的医疗器械无检验要求，以致在我国法定检验机构较少、医疗器械使用频率又较高的情况下，医疗机构往往选择不检验便重新投入使用，其是否符合相应标准根本无法得到保障。除维修外，医疗器械进口、医疗器械的转让捐赠及淘汰退出等环节都有不同程度的规范缺失❷。未来我们应该围绕这些环节，补充相应的规范依据，进一步完善我国的医疗器械监督管理体系。

总体而言，我国目前所建立的以分类管理为核心的医疗器械监督管理体系是较为完备的，为我国医疗器械事业的蓬勃发展提供了制度保障，但同时医疗器械事关国计民生，其技术的进步和市场的变化也要求我们进一步立足于中国国情，不断完善我国的医疗器械监管制度。

【思考题】

1. 一、二、三类医疗器械分别有哪些？
2. 如何理解"质量差异说"关于行政违法和行政犯罪的区分标准？

案例七 徐州虚假医疗器械广告案❸

【基本案情】

2019年3月25日，泉山区市监局执法人员接到群众举报后，对某医疗器械有限公司第一分公司位于徐州市泉山区黄河新村的经营场所进行检查，现场发现其第一分公

---

❶ 常永亨. 我国医疗器械监督管理中存在的主要问题 [J]. 中国医疗器械信息，2007（2）：42-49，74.
❷ 温永芬，温馨，张代英，等. 我国在用医疗器械之法律制度的缺失 [J]. 医学与法学，2020，12（6）：85-88.
❸ 案例来源：（2021）苏03行终63号行政判决书.

司店内陈列的宣传材料中带有"最佳治疗""唯一"等绝对化用语，并存在利用患者进行疗效宣传等内容。泉山区市监局调查后认定，第一分公司构成发布虚假广告、利用患者及未成年人等广告代言人名义发布医疗器械广告等行为。泉山区市监局于2019年11月4日作出行政处罚决定，责令当事人改正，并给予罚款人民币4700元的行政处罚，制作行政处罚决定书并于次日向某医疗器械有限公司第一分公司直接送达。

涉案行政处罚决定书认定："当事人制作的宣传单页上印制了产品的适用范围、适用人群以及不同产品的使用效果，根据全国人大常委会2018年颁布的《中华人民共和国广告法》第2条，属于直接介绍自己产品的纸质媒介广告。当事人以未成年人名义对产品作推荐和证明，违反了《广告法》第16条，但当事人的治疗仪并未直接销售给普通消费者，其在店内放置宣传彩页的行为可以认定为情节轻微，且当事人已停止违法行为，并未造成严重后果，符合《行政处罚法（2019修订版）》第27条规定的不予处罚的情形，对其放置宣传彩页的行为不予处罚。另一方面，当事人在《都市信息》上发布的广告内容中提及可治疗的病症并不在医疗器械注册证及医疗器械广告审查批准文件批准的适用范围内，违反了《广告法》第4条，依据《广告法》第28条规定，构成发布虚假广告的行为，以《广告法》第55条对当事人进行处罚。"某医疗器械有限公司第一分公司不服上述行政处罚决定，故提起行政诉讼，诉讼请求为："判决确认行政处罚决定违法并撤销。"原告认为，被告行政处罚立案程序存在违法，行政处罚行为适用法律错误。法院经过审理，认为被告所作行政处罚决定认定事实清楚，适用法律、法规正确，符合法定程序，并无明显不当，判决驳回原告的诉讼请求。

【主要法律问题】

1. 虚假医疗器械广告如何认定？
2. 《广告法》为何要禁止使用绝对化用语？
3. 如何理解《行政处罚法（2021修订版）》第33条"不予处罚"的情形？

【主要法律依据】

1. 《医疗器械广告管理办法》

第2条　凡利用各种媒介或形式发布有关用于人体疾病诊断、治疗、预防，调节人体生理功能或替代人体器官的仪器、设备、装置、器具、植入物、材料及其相关物品的广告，均属本办法管理范围。

第4条　医疗器械广告必须真实、科学、准确，不得进行虚假、不健康宣传。

2. 《医疗器械监督管理条例》

第60条第1款　医疗器械广告的内容应当真实合法，以经负责药品监督管理的部门注册或者备案的医疗器械说明书为准，不得含有虚假、夸大、误导性的内容。

第60条第2款　发布医疗器械广告，应当在发布前由省、自治区、直辖市人民政府确定的广告审查机关对广告内容进行审查，并取得医疗器械广告批准文号；未经审查，不得发布。

3.《药品、医疗器械、保健食品、特殊医学用途配方食品广告审查管理暂行办法》

第 6 条　医疗器械广告的内容应当以药品监督管理部门批准的注册证书或者备案凭证、注册或者备案的产品说明书内容为准。医疗器械广告涉及医疗器械名称、适用范围、作用机理或者结构及组成等内容的，不得超出注册证书或者备案凭证、注册或者备案的产品说明书范围。

推荐给个人自用的医疗器械的广告，应当显著标明"请仔细阅读产品说明书或者在医务人员的指导下购买和使用"。医疗器械产品注册证书中有禁忌内容、注意事项的，广告应当显著标明"禁忌内容或者注意事项详见说明书"。

第 11 条　药品、医疗器械、保健食品和特殊医学用途配方食品广告不得违反《中华人民共和国广告法》第九条、第十六条、第十七条、第十八条、第十九条规定，不得包含下列情形：

…………

（二）使用科研单位、学术机构、行业协会或者专家、学者、医师、药师、临床营养师、患者等的名义或者形象作推荐、证明；

…………

4.《中华人民共和国广告法》（全国人大常委会 2021 年 4 月修正）

第 9 条　广告不得有下列情形：

…………

（三）使用"国家级""最高级""最佳"等用语；

…………

第 12 条第 1 款　广告中涉及专利产品或者专利方法的，应当标明专利号和专利种类。

5.《中华人民共和国行政处罚法》

第 33 条第 1 款　违法行为轻微并及时改正，没有造成危害后果的，不予行政处罚。初次违法且危害后果轻微并及时改正的，可以不予行政处罚。

【理论分析】

1. 虚假医疗器械广告如何认定？

广告作为促进商品销售的一种方式，自诞生就以各种形式存在于市场经济中，某种程度上广告是随着商品经济的不断繁荣而发展的。在这些纷繁复杂的广告类型中，医疗器械广告无疑是一种新兴门类，是随着我国医疗器械市场的扩大而产生的，但同时其发展却十分迅速。在探讨虚假医疗器械广告之前，首先要解决的问题是，哪些商业行为应该被定义为发布医疗器械广告的行为？我国《广告法》第 2 条规定的适用范围是："商品经营者或者服务提供者通过一定媒介和形式直接或者间接地介绍自己所推销的商品或者服务的商业广告活动"，结合《医疗器械广告管理办法》第 2 条的规定，笔者认为医疗器械广告指的是医疗机械生产者或者经营者承担费用，通过一定媒介和形式直接或者间接地介绍自己所推销的医疗器械的商业广告。进一步讲，医疗器械广告应该具备以下特征。第一，生产者或者经营者承担费用的商业广告；第二，以一定的媒介或者形式承载；第三，目的是推销医疗器械。我国目前采取的是医疗器械发布前审查的制度，只有取得医疗器械广告批准文号才可以进行医疗器械广告的发布活动。未经审批发布的医疗器械广告不仅可能构成不正当竞争、扰乱医疗器械监督管理秩序，还会增加消费者的辨认成本，使消费者选择医疗器械更为困难，侵犯消费者的权益。

在本案中，原告宣传其产品达到诸多疗效，其中有一些疗效超出了其获得的医疗器械注册证及医疗器械广告审查批准文件的范围，但其认为"涉案宣传单、店内放置的宣传彩页不是《广告法》的调整对象，是出于对消费者知情权的保护，且根本没违反广告法向住宅及交通工具散发"。在上述三个特征中，有争议的是原告医疗器械广告的目的特征，即是否是为了进行医疗器械推销。随着商品经济和科学技术的快速发展，广告宣传行为的类型也变得更为复杂、难以把握。时至今日，即使是公民家中的智能家居设备上都会有广告的存在，广告的定性也不受其存在的场景所制约。原告的宣传文件虽然未在住宅及交通工具等公共场合发放，但面向进入店中的潜在消费者进行发放，无疑起到了诱导购买的作用。同时，原告声称发放宣传页是为了保障患者的知情权，但其彩页中的疗效介绍却远超产品注册的范围，这恰恰是对患者知情权的侵害，也是医疗器械广告监督管理的典型对象。除此之外，原告还在《都市信息》及宣传单页上提及激活脑细胞的"独家专利产品""专利产品""独家专利"等内容，却未标明获得专利号和专刊种类。上述种种行为本质上是承诺超出产品注册范围的医疗效果、捏造虚假的证明材料为其产品背书，是以虚假或者引人误解的内容欺骗、误导消费者，构成了发布虚假广告行为。

虚假广告相对于真实广告而言，其宣传内容是虚假编造的，或者是容易引人误解的。主要包括两种类型：一类是广告内容所宣传的产品或者服务效果与实际明显不符，构成了对于消费者的欺诈；另一类是广告宣传语模棱两可或者故意采用有歧义的语句，以此来诱导消费者做出错误的购买决定❶。本案中并无公民因该广告的宣传购买医疗器械而受到损害，但不能认定该广告发布行为是合法的。原因在于如果广告主在设计虚假广告时并不高明，或民众有相当强的识别能力，则虚假广告就会少有受害者，但这并不表明没有危害，因为虚假广告的危害还会及于市场信息、媒体的公信力等抽象利益❷。

2.《广告法》为何要禁止使用绝对化用语？

本案中，在市场监管执法人员进行检查时，现场发现店内宣传材料中带有"最佳治疗""唯一"等绝对化用语。实际上《广告法》第9条的规定并非仅针对医疗器械

---

❶ 朱建军. 论虚假广告的法律规制［J］. 理论与现代化，2012（1）：89-96.

❷ 应飞虎. 对虚假广告治理的法律分析［J］. 法学，2007（3）：81-90.

广告，而是包括所有的商业广告。因此，有必要对《广告法》如此规定的法理依据进行一定的辨析。在日常的经济生活中，买卖双方处于貌似对等的状态下，双方根据自己的自由意志，对于商品的价格和质量等达成合意后完成交易。然而，在广告介入市场经济生活之后，这一平衡就会微微倾斜。卖方对于自己的商品本身就有着比买方更为清晰的认识，如果对于广告不加限制，卖方就会利用广告使买方产生更进一步的误解。《广告法》第1条指出了其立法目的："为了规范广告活动，保护消费者的合法权益，促进广告业的健康发展，维护社会经济秩序，制定本法。"其中"保护消费者的合法权益"甚至位于"促进广告业的健康发展"之前，足以看出立法者对于消费者保护的重视。从消费心理学的角度来讲，消费者在选择与他们生活息息相关的商品或服务时，多数时候都缺乏足够的知识、信息或训练去做出明智判断，大多缺乏专门的甚至是必要的商品知识，其消费行为的做出甚至是非理性的❶。因此《广告法》一定程度上否认了买卖双方形式上的平等，认为消费者处于实质上的弱势地位，在买卖双方之间选择了站在消费者一方，并给了了消费者更多的保护。即便在消费者群体内部，其辨认能力也是天差地别的，某些看似合理夸张的用语也会对消费者产生不利的诱导。对于不了解该类商品行业状况的消费者而言，"最高级"和"最佳"等极限词隐含着与同行业其他竞争产品的比较，会使消费者产生不合理的过高期望。同时，商品生产者或者经营者在发布广告之后的短时间内往往不会对内容进行变更，然而行业技术进步十分迅速，其并不能保证在广告存续时间内始终处于行业"最佳"❷。现代医学本身秉持严谨科学的精神，医疗器械使用效果会受到很多种因素的影响，不同使用者本身身体状况的不同、所针对病症的轻重也有所区别，种种原因会导致哪怕是在同一人身上多次使用，其每次使用效果也不尽相同。因此，对于医疗器械广告，"最佳"等极端化用语更应该受到限制。

另一方面，《广告法》自2015年修订，明确禁止绝对化用语之后，针对该条款的讨论也一直没有停止。有学者认为，该条款是对于商业上言论自由的侵犯——使用广告宣传和推广自己的产品或服务，这是宪法赋予经营者的一种商业言论自由，禁止使用绝对化广告用语，固然有保护消费者免受虚假或误导性信息干扰之考量，但一概禁止此类用语的使用会导致打击面过宽，不当地抑制商业言论自由❸。《中华人民共和国宪法》第35条规定："中华人民共和国公民有言论、出版、集会、结社、游行、示威的自由。"该理论认为《宪法》这一条中的言论自由包含了商业上的言论自由，具体而言是指在市场经济中商品或者服务的提供者有权自由地进行介绍或者宣传。商业言论自由理论起源于美国，在美国通过判例确立起来的商业言论原则，其要义是应为商业

---

❶　左亦鲁. 公共对话外的言论与表达：从新《广告法》切入 [J]. 中外法学, 2016, 28 (4)：971-993.

❷　高逸凡. 对《广告法》有关禁止绝对化用语规定的思考 [J]. 时代报告, 2018 (11)：122-124.

❸　施立栋. 绝对化广告用语的区分处罚 [J]. 法学, 2019 (4)：159-168.

言论提供言论自由的保障,但商业言论所能获得的保护应低于政治性言论的保护水平❶。除此之外,我国目前对于绝对化广告用语采取的"一刀切"绝对禁止的规制方式确实存在一定的问题。根据我国《广告法》第 57 条对于绝对化用语的广告处罚起罚点即为 20 万元,这一标准在略显严苛的同时对广告违法行为的区分度也有所不足。《广告法》重视保护消费者的利益无疑是正确的,但是在评判行为是否应当受到严厉处罚时,若仅从消费者和其他经营者等私主体的直接损害性视角出发,而未考量违法行为对市场秩序本身造成的危害,就忽视了市场规制法兼具公法性质应保护市场秩序价值的重要意义❷。另有学者认为,应该具体地将绝对化的广告用语做出区分,将不会欺骗和误导消费者的绝对化用语和不会损害同行间正当竞争的绝对化用语排除出禁止之列;简言之,绝对化广告语言不可被绝对化地禁止❸。具体到本案中,虽然当事人在店中摆放了含有绝对化用语的宣传材料,但是监管部门认为其情节轻微且已停止违法行为,并未造成严重后果,符合《行政处罚法》第 33 条规定的不予处罚的情形,处理符合实质正义,十分得当。

3. 如何理解《行政处罚法》第 33 条"不予处罚"的情形?

在本案中,行政执法人员认为原告在店内放置宣传彩页、发放宣传单的行为符合《行政处罚法》第 33 条规定的不予处罚的情形,最终没有针对该行为进行行政处罚,这样的处置是否合理?"不予处罚"制度设置的目的是什么?

《行政处罚法》第 33 条规定"违法行为轻微并及时纠正,没有造成危害后果的,不予行政处罚"。从中可以归纳出,违法行为不予行政处罚需要同时满足"轻微""及时纠正""没有造成危害后果"三个要件。这三个要件用词较为模糊,实际上给予了行政机关执法过程中一定程度上的自由裁量权。《行政处罚法》第 5 条第 2 款规定,"设定和实施行政处罚必须以事实为依据,与违法行为的事实、性质、情节以及社会危害程度相当"。该规定要求行政处罚必须与违法行为相适应,实际上是与第 33 条一脉相承的。从法律体系的角度出发,"轻微"是指事实、情节、性质以及社会危害程度均较小;"及时纠正"是指在造成危害结果之前采取措施防止其发生;"没有造成危害后果"是指没有造成行政法所保护法益的损害❹。具体到本案之中,原告并未将医疗器械直接售卖给消费者,宣传页仅仅放置在店面之内,宣传单也只在小范围内发放,应该认定为违法行为"轻微"。同时,其销售的医疗器械并没有使得使用者的生命健康权受到侵害,应该认定为没有造成"危害后果"。上述两要件的满足并无争议,值得注意的是"及时纠正"这一要件是否满足。"及时"强调时间上处于危害结果发生之前,本案符合这一要求,但本案中原告是在执法人员进行执法活动之后才停止了违法行为,属于

---

❶ 邓辉. 言论自由原则在商业领域的拓展——美国商业言论原则评述 [J]. 中国人民大学学报,2004(4):117-123.

❷ 殷洁,王雨情. 绝对化用语广告过罚失当问题研究 [J]. 河北法学,2021,39(1):135-150.

❸ 施立栋. 绝对化广告用语的区分处罚 [J]. 法学,2019(4):159-168.

❹ 张红. 免予行政处罚制度的现实困境与解决之道 [J]. 中国司法,2020(4):57-61.

被动纠正。仅从《行政处罚法》第 33 条的文本上看，并未区分被动或者主动，只是规定了"纠正"。从被动纠正与主动纠正的区别来看，二者最后实现的效果是一样的，都是停止了违法行为，是否造成了危害结果则与二者无关，二者的差异主要体现在停止违法行为的主观因素上。在解释有不同理解的法律条文时，应秉持有利于行政相对人的解释原则，对于轻微的违法行为，只要其纠正后没有对公共秩序造成危害，哪怕行为人是在"被迫"的主观状态下及时纠正的，也应当认为其是符合"及时纠正"这一要件的。因此本案中原告在行政执法人员进行执法活动时停止了违法行为，应该认定为"及时纠正"❶。

另一个问题是"不予处罚"条款的立法目的，即为什么要对部分形式上满足构成要件的违法行为不予处罚？一方面，这是对于过罚相当原则的贯彻。《行政处罚法》第 4 条规定"公民、法人或者其他组织违反行政管理秩序的行为，应当给予行政处罚的，依照本法由法律、法规、规章规定，并由行政机关依照本法规定的程序实施"。该条体现的就是过罚相当原则。行政违法行为的本质特征体现在所造成的危害后果的双重性，既有可能侵害到特定的个人或组织的合法权益，也有可能侵害社会公益和国家利益❷。在这一基础上，过罚相当原则就要求行政处罚的施加与否、所科刑罚的轻重等都要与行政违法行为本身的社会危害性相适应。"行政处罚"作为国家的制裁行为，其目的是平衡公私利益，因此只有构成对于公私利益的侵害时，行政处罚的设立与实施的权力方具有正当性。另一方面，这是提高行政效率的要求。我国目前正在进行行政体制改革，要求行政机关精简机构和人员、紧缩行政经费、减少行政成本，繁重的执法任务额与有限的执法力量加大了执法难度，增多了执法纠纷❸。通过"不予处罚"制度，对轻微、及时纠正并没有造成损害后果的行政违法行为不再给予行政处罚，能够实现行政违法案件的繁简分流，提高行政效率。

广告在现代市场经济体系中是一把"双刃剑"，对于医疗器械行业就更是如此。我们在充分利用广告所带来的经济效益时，更应该严格遵守医疗器械广告监督管理制度，维护公民的生命健康安全，营造良好的医疗器械市场环境。

【思考题】

1. 虚假医疗器械广告的表现形式有哪些？

2. 我国《广告法》对于绝对化用语的规制是否合理？

3. 如何减少违法医疗器械广告数量？

---

❶ 尹培培. 不予行政处罚论——基于我国《行政处罚法》第 27 条第 2 款规定之展开 [J]. 政治与法律，2015（11）：149-160.

❷ 杨解君，王松庆. 论行政违法的本质与特性 [J]. 南京大学学报（哲学·人文科学·社会科学版），1997（3）：188-192.

❸ 方世荣，白云锋. 行政执法和解的模式及其运用 [J]. 法学研究，2019，41（5）：83-98.

健康保障法律制度

　本章知识要点

（1）食品安全法律制度；（2）母婴保健法律制度；（3）精神卫生法律制度。

第一节　食品安全法律制度

该节通过对轰动一时的"三鹿奶粉案"进行分析，介绍了食品安全领域相关的法律规范，以及就该案三鹿集团及工作人员应当承担的法律责任。

案例一　生产、销售伪劣产品案[1]

【基本案情】

2007 年 12 月以来，被告单位石家庄三鹿集团股份有限公司（以下简称"三鹿集团"）陆续收到消费者投诉，为查明原因，三鹿集团成立了由王某负责的技术攻关小组。王某在后续对奶粉样品检测中检出三聚氰胺成分，但是三鹿集团在明知其婴幼儿系列奶粉中含有三聚氰胺的情况下，并没有停止奶粉的生产、销售。9 月 12 日，三鹿集团被政府勒令停止生产和销售。经检测和审计，2008 年 8 月 2 日至 9 月 12 日，被告单位三鹿集团共生产含有三聚氰胺的婴幼儿奶粉 72 个批次，总量 904.2432 吨；销售含有三聚氰胺的婴幼儿奶粉 69 个批次，总量 813.737 吨，销售金额 47560800 元。

此外，在 2008 年 8 月 3 日，被告人杭某经被告人田某同意，指示被告人吴某将加工三厂拒收的含"非乳蛋白态氮"超标的原奶转送到其他加工厂以保证奶源。这些原奶与其他原奶混合后进入了加工程序，分别生产为原味酸奶、益生菌酸奶、草莓酸酸

---

[1]　中华人民共和国最高人民检察院公报 2009 年第 4 号第 25~28 页。

乳等含有三聚氰胺的液态奶。经检测，其中 12 个批次的液态奶均含有三聚氰胺（含量最高为 199mg/kg，最低为 24mg/kg），共 269.44062 吨，并已经全部销售，销售金额合计 1814022.98 元。

2009 年 1 月 21 日，河北省石家庄市中级人民法院依照法律规定作出如下判决：一、被告单位石家庄三鹿集团股份有限公司犯生产、销售伪劣产品罪，判处罚金人民币 49374822 元；二、被告人田某犯生产、销售伪劣产品罪，判处无期徒刑，剥夺政治权利终身，并处罚金人民币 24687411 元；三、被告人王某犯生产、销售伪劣产品罪，判处有期徒刑十五年，并处罚金人民币 23780400 元；四、被告人杭某犯生产、销售伪劣产品罪，判处有期徒刑八年，并处罚金人民币 907011 元；五、被告人吴某犯生产、销售伪劣产品罪，判处有期徒刑五年，并处罚金人民币 604674 元。

被告人田某、王某、杭某、吴某均不服一审判决，向河北省高级人民法院提起上诉。2009 年 3 月 15 日，河北省高级人民法院依照法律规定，裁定驳回上诉，维持原判。

【主要法律问题】

1. 我国有关食品安全的法律规定有哪些？
2. 案例中涉及的违法情形有哪些？
3. 案例中三鹿集团主要负责人应当承担哪些法律责任？

【主要法律依据】

1.《中华人民共和国食品安全法》

第 34 条第 1 款　禁止生产经营下列食品、食品添加剂、食品相关产品：

（一）用非食品原料生产的食品或者添加食品添加剂以外的化学物质和其他可能危害人体健康物质的食品，或者用回收食品作为原料生产的食品。

第 63 条　国家建立食品召回制度。食品生产者发现其生产的食品不符合食品安全标准或者有证据证明可能危害人体健康的，应当立即停止生产，召回已经上市销售的食品，通知相关生产经营者和消费者，并记录召回和通知情况。……

食品生产经营者应当对召回的食品采取无害化处理、销毁等措施，防止其再次流入市场。……

2.《中华人民共和国刑法》

第 31 条　单位犯罪的，对单位判处罚金，并对其直接负责的主管人员和其他直接责任人员判处刑罚。本法分则和其他法律另有规定的，依照规定。

第 140 条　生产者、销售者在产品中掺杂、掺假，以假充真，以次充好或者以不合格产品冒充合格产品……

第 144 条　在生产、销售的食品中掺入有毒、有害的非食品原料的，或者销售明知掺有有毒、有害的非食品原料的食品的……

【理论分析】

1. 我国关于食品安全的法律规制。

"三鹿奶粉"事件是一起震惊国人的食品安全事件，也是一起重大违法犯罪案件。该案发生于 2008 年，当时我国食品安全领域最重要的法律是《中华人民共和国食品卫生法》（1995 年版）（以下简称《食品卫生法》），故以此作为该案件处理的重要法律依据。如今，《食品卫生法》已经废止，现行有效的法律是 2009 年 2 月出台的《中华人民共和国食品安全法》（以下简称《食品安全法》）。

"民以食为天，食以安为先。"食品是人类生存所必需的基本物质，关系到国家和社会的稳定发展，关系到公民的生命健康基本权利，其重要性不言而喻。我国对于食品安全的法律规制始于 20 世纪 50 年代，在 1953 年颁布了第一个食品卫生法规《清凉饮食物管理暂行办法》，对食品卫生安全问题进行监督管理。1965 年，国务院颁布了《食品卫生管理试行条例》（1965 年版），使食品卫生管理工作更加规范。1982 年 11 月，第五届全国人大常委会第二十五次会议通过了《中华人民共和国食品卫生法（试行）》。1995 年 10 月，第八届全国人大常委会第十六次会议通过了《中华人民共和国食品卫生法》。《食品卫生法》的施行对保证食品安全、保障人民群众身体健康发挥了积极作用，帮助我国食品安全的总体状况得到不断改善。但是，食品安全问题仍然比较突出，不少食品存在各种安全隐患，食品安全事故时有发生，其中"三鹿奶粉"事件的爆发就是一个代表性事件。为了从制度上解决存在的问题，更好地保证食品安全，国家开始着手对原有的食品卫生制度加以补充、完善，制定食品安全法。

2009 年 2 月，第十一届全国人大常委会第七次会议通过了《食品安全法》，该法自 2009 年 6 月 1 日起施行，《食品卫生法》同时废止。《食品安全法》是继《食品卫生法》之后实施的一部重要的保障食品安全的法律，该法把食品问题从"卫生"上升到"安全"的高度，体现出食品监管理念的进步；扩大法律的适用范围；在管理体制设计中明确对食品安全实施分段监管体制，并规定由国务院设立食品安全委员会以加强对各有关监管部门的协调指导；建立食品安全风险评估制度；统一食品安全标准；建立食品召回制度；加大对食品违法行为的处理力度。

党的十八大以来，我国进一步改革完善食品安全监管体制，着力构建最严格的食品安全监管制度，积极推进食品安全社会共治格局。2015 年 4 月，第十二届全国人大常委会第十四次会议对《食品安全法》进行了修订，围绕"建立最严格的食品安全监管制度"这一总体要求，在完善统一权威的食品安全监管机构、加强对食品的生产经营过程控制、强化企业主体责任、进一步加大对违法行为的惩处力度等方面对原法进行了修改完善。2018 年 12 月、2021 年 4 月，国家又对《食品安全法》进行了两次修正。

2. "三鹿奶粉"事件中，三鹿集团和相关责任人做出了哪些违法行为？

"三鹿奶粉"事件是一些不法商贩将三聚氰胺与其他原料混合生产成"蛋白粉"，

另一部分不法商贩将"蛋白粉"加入原奶中，销售给三鹿集团，三鹿集团将其用以生产奶制品并销往社会，从而导致重大食品安全事故的事件。三聚氰胺是一种化工原料，之所以被不法分子添加进奶液中，是因为它可以提高产品检测结果中的蛋白质含量指标，但长期食用这种物质可导致人体泌尿系统产生结石，对广大消费者特别是婴幼儿的身体健康甚至生命安全造成严重损害。"三鹿奶粉"事件发生后，国家启动重大食品安全事故 I 级响应，及时采取措施积极应对，卫生系统全力以赴开展婴幼儿筛查和患儿医疗救治工作。据有关部门统计，截至 2008 年 12 月 2 日，全国因三鹿牌婴幼儿奶粉事件累计筛查婴幼儿 2240.1 万人次，累计报告因食用问题奶粉导致泌尿系统出现异常的患儿 29.4 万人，累计住院患儿 52019 人。各地卫生行政部门上报的回顾性调查中死亡病例共 11 例，经卫生部和相关省区专家组认真讨论排查，6 例上报的死亡病例不能排除与食用问题奶粉有关。

三鹿集团生产销售的奶粉不符合有关食品安全的标准，已经给公众身体健康和生命安全造成严重损害。更为恶劣的是，三鹿奶粉生产企业在发现问题时不是积极采取措施杜绝危害后果的继续发生，反而刻意隐瞒，甚至在明知其婴幼儿系列奶粉中含有三聚氰胺的情况下，并没有停止问题奶粉的生产、销售。三鹿集团的一系列行为严重违反了食品安全相关法律法规，造成严重后果，构成违法犯罪。

当时有效的《食品卫生法》第 6 条规定："食品应当无毒、无害，符合应当有的营养要求，具有相应的色、香、味等感官性状。"第 7 条规定："专供婴幼儿的主、辅食品，必须符合国务院卫生行政部门制定的营养、卫生标准。"第 9 条规定："禁止生产经营下列食品：……（二）含有毒、有害物质或者被有毒、有害物质污染，可能对人体健康有害的；（八）用非食品原料加工的，加入非食品用化学物质的或者将非食品当作食品的……"三鹿集团明知奶粉中含有有毒有害的非食品化学物质，可能对人体健康带来危害，却依然生产销售，其行为明显违反了当时《食品卫生法》的规定。如果案件发生在今天，则应当适用《食品安全法》的相关规定。

3. 三鹿集团和相关责任人应当承担什么样的法律责任？

在法律责任方面，《食品卫生法》第 39 条规定："违反本法规定，生产经营不符合卫生标准的食品，造成食物中毒事故或者其他食源性疾患的，责令停止生产经营，销毁导致食物中毒或者其他食源性疾患的食品，没收违法所得，并处以违法所得一倍以上五倍以下的罚款；没有违法所得的，处以一千元以上五万元以下的罚款。违反本法规定，生产经营不符合卫生标准的食品，造成严重食物中毒事故或者其他严重食源性疾患，对人体健康造成严重危害的，或者在生产经营的食品中掺入有毒、有害的非食品原料的，依法追究刑事责任。有本条所列行为之一的，吊销卫生许可证。"本案中，三鹿集团严重违反法律规定，生产销售的奶粉不仅不符合卫生标准，而且给食用者的身体健康造成了严重危害，因此，除了应判处其承担相应的民事赔偿责任、吊销卫生许可证等行政责任，国家有关部门还应当依法追究其刑事责任。此案中，三鹿集团是单位犯罪，按照《中华人民共和国刑法》（以下简称《刑法》）第 150 条规定，单位犯本节第 140 条至第 148 条规定之罪的，对单位判处罚金，并对其直接负责的主管人员和其他直接责任人员，依照各该条的规定处罚。因此，不仅三鹿集团须为其犯罪行为缴纳罚金，案件中直接负责的主管人员和其他直接责任人员也应当被追究刑事责任。

但具体应当以什么罪名对三鹿集团进行责任追究？《刑法》在分则第 3 章第 1 节对"生产、销售伪劣商品罪"的规定中，分别在第 140 条、第 143 条、第 144 条规定了"生产、销售伪劣产品罪""生产、销售不符合安全标准的食品罪""生产、销售有毒、有害食品罪"。其中第 140 条"生产、销售伪劣产品罪"与其后列举的其他犯罪形成了"一般与特殊"的关系。《刑法》149 条规定，生产、销售本节第 141 条至第 148 条所列产品，不构成各该条规定的犯罪，但是销售金额在五万元以上的，依照本节第 140 条的规定定罪处罚。生产、销售本节第 141 条至第 148 条所列产品，构成各该条规定的犯罪，同时又构成本节 140 条规定之罪的，依照处罚较重的规定定罪处罚。这实际上是采取了"重法优于轻法"的处理原则。本案中，三鹿集团以及直接负责的主管人员最终被人民法院以"生产、销售伪劣产品罪"追究刑事责任。至于为何没有按照"生产、销售有毒、有害食品罪"定罪处刑，是因为田某等 4 名被告人是在 8 月 1 日化验检测结果出来以后才得知问题奶粉中含有三聚氰胺，因此以生产、销售伪劣产品罪定罪处罚。

【思考题】

1. 本案中，对三鹿集团为什么按照"生产、销售伪劣产品罪"而不是按照"生产、销售有毒、有害食品罪"追究其法律责任？

2. 对于生产不符合食品安全标准的食品或者经营明知不符合食品安全标准的食品的行为，消费者除了要求责任主体赔偿损失，还可以向生产者或者经营者提出什么样的赔偿要求？

3. 当生产经营者的财产不足以同时承担民事赔偿责任和缴纳罚款、罚金时，其承担法律责任的顺序应当是怎样的？

第二节　母婴保健法律制度

本节主要剖析孕产期保健制度中的产前检查和产前诊断义务，以及医疗机构未依法履行这两种法定义务而导致先天性残疾患儿"错误出生"的法律问题，由此探讨错误出生损害赔偿的构成要件及责任承担等法律问题。

案例二　产检误诊致错误出生纠纷案❶

【基本案情】

山西某医院因与被申请人张某某、樊某医疗损害责任纠纷一案，不服初审判决，申请再审。山西某医院称，原审中法庭委托北京明正司法鉴定中心作出了京正〔2010〕司鉴字第0270号《司法鉴定意见书》，意见书中显示，1999年山西某医院有资格对樊某实施产前诊断，且其诊断无失误之处，其提供的检验报告结论中所说的"正常胎儿（准确度98%）"是正确的，只是由于科技水平限制及法律的不可抗力，无法完全排除误诊的可能性。该鉴定意见书已经清楚阐述了本案争议的过错及因果关系等核心问题，能够说明造成本案后果的主要因素是疾病本身即不可抗力因素，与医疗行为（过错）无关。本案中山西某医院在1999年给樊某进行产前诊断时尚未取得相关卫生行政部门的行政许可是事实，但是，山西某医院是山西省贯彻执行《母婴保健法》后批准的第一批"产前诊断技术服务"机构。没有前期的产前诊断学科发展，亦即产前诊断技术的发明、应用，也就不存在行政许可制度了。所以，将依法规范、完善产前诊断行政许可制度之前的医疗行为都认定为"没有法律依据，明显存在过错"是定性错误的。综上所述，二审对于山西某医院就本案产前诊断过程中存在的没有资质及告知复查行为承担主要过错责任的认定依据不存在。

张某某提交意见称，正是因为山西某医院在不具备产前诊断资质的情况下作出了错误的产前诊断，才导致张某某、樊某无法行使生育知情权和优生优育选择权。山西某医院在对樊某进行产前诊断的过程中，存在明显过错，未取得相关行政许可资质，未尽相应的告知义务，是本案中唯一的过错方，但山西省高级人民法院充分考虑了保护医学科技发展、鼓励医学技术创新等社会因素，判决由山西某医院承担70%的责任，被申请人承担30%的责任，该判决结果对被申请人而言并不公平。

最高人民法院认为，首先，樊某具有血友病家族遗传史，张某某、樊某为确保胎儿健康选择了山西某医院进行产前诊断。张某某、樊某曾因山西某医院作出了"胎儿有95%可能性为血友病患者"的结论而终止妊娠一次。在山西某医院对樊某第二次妊娠产检作出"正常胎儿（准确率98%）"的诊断结论后，张某某、樊某决定继续妊娠，山西某医院的该诊断结论对张某某、樊某行使生育选择权和优生优育权起到了决定作用，二者之间具有法律上的因果关系。其次，本案是医疗损害责任纠纷，山西某医院的医疗检查行为虽未直接对张某某、樊某的身体造成侵害，但其未能检出胎儿是否患有血友病，影响了张某某、樊某对于是否终止妊娠的决定，侵害了张某某、樊某的生育选择权、知情权和优生优育权。患儿张某祉的相关医疗、护理、特殊教育等费

---

❶ 最高人民法院（2018）最高法民申4593号民事裁定书。

用均由张某某、樊某负担，同时也给张某某、樊某造成巨大的精神伤害。

在行政许可方面，首先，国家对产前诊断和遗传病诊断实行行政许可制度，虽然山西省在 2005 年才正式开始考核认证工作，但山西某医院在 1999 年对樊某进行产前诊断时尚未取得相应的行政许可，其开展相关诊断的行为明显存在过错，侵犯了张某某、樊某的生育选择权、优生优育权，不能因山西省于 2005 年才正式开始考核认证工作而免除其民事侵权责任。其次，依据北京市明正司法鉴定中心作出的京正〔2010〕司鉴字第 0270 号《司法鉴定意见书》中"……3、如果医方在 1999 年 7 月发出报告时没有口头告知患者进行再次复查，应认为存在过失"的内容，山西某医院应当告知患者进行复查，但其并未举证证明自己已尽到相应义务，故山西某医院应当对此承担过错责任。再次，张某某、樊某在明知樊某自身携带血友病基因，生育存在风险的情况下，轻信山西某医院具有进行产前诊断的资质和检查结果，未进行复查，亦应对结果承担适当的责任。原审判决综合衡量了当时医疗技术水平的局限性以及对科技发展、技术创新的鼓励等因素，酌情确定山西某医院承担 70% 的责任，张某某、樊某二人承担 30% 的责任并无明显不当。山西某医院的该项再审申请理由，不能成立。

【主要法律问题】

1. 根据《中华人民共和国母婴保健法》《中华人民共和国民法典》等法律规范，山西某医院应当承担责任的法理是什么？

2. 山西某医院不承担全部责任的原因是什么？

【主要法律依据】

1.《中华人民共和国民法典》

第 1165 条　行为人因过错侵害他人民事权益造成损害的，应当承担侵权责任。依照法律规定推定行为人有过错，其不能证明自己没有过错的，应当承担侵权责任。

2.《中华人民共和国母婴保健法》

第 32 条第 1 款　医疗保健机构依照本法规定开展婚前医学检查、遗传病诊断、产前诊断以及施行结扎手术和终止妊娠手术的，必须符合国务院卫生行政部门规定的条件和技术标准，并经县级以上地方人民政府卫生行政部门许可。

第 33 条第 1 款　从事本法规定的遗传病诊断、产前诊断的人员，必须经过省、自治区、直辖市人民政府卫生行政部门的考核，并取得相应的合格证书。

【理论分析】

1. 根据《中华人民共和国母婴保健法》《中华人民共和国民法典》等法律规范，山西某医院应当承担责任的法理是什么？

错误出生（或称不当出生）之诉，即英美法中的"wrongful birth"，是指父母主张因医疗机构及医务人员造成医疗过失而导致原本不应该出生的婴儿出生，为此提起损害赔偿请求的案件。❶ 在错误出生赔偿责任中，医疗机构及其医务人员应当尽到产前检查和产前诊断的诊疗注意义务，由此产生的过失属于医疗技术过失，应当适用过失责任原则。因此，错误出生赔偿责任的构成要件分别为：

（1）违法行为。

违法行为，是指公民或者法人违反法定义务、违反法律所禁止而实施的作为或不作为。❷ 我国《中华人民共和国人口与计划生育法》《中华人民共和国母婴保健法》《中华人民共和国母婴保健法实施办法》《产前诊断技术管理办法规定》等法律法规对医师在产前检查、产前诊断过程中的注意义务进行了具体而明确的规定。医疗机构及医务人员若违反这些法定义务，没有检查出或者没有按照法律的相关规定提供医学建议或意见，就具有违法性。

（2）损害事实。

在错误出生赔偿责任中，先天残疾儿童的出生是否构成损害，是争议最大的问题之一。否认错误出生者认为，"基于亲子关系间生理及伦理上的联系，婴儿不论是否为父母所计划出生，其出生均无法视为'损害'"。❸ 不过，更多的支持者主张，损害并不必然是指因孩子的出生而造成的损害，而是指因医师的过失（未告知产妇相关风险）造成对产妇权利的损害，主要表现在生育知情权和优生优育选择权等方面。❹ 损害事实，是指一定的行为致使权利主体的人身权利、财产权利以及其他利益受到侵害，并造成财产利益和非财产利益的减少或灭失的客观事实。损害事实由两个要素构成，一是权利主体的权利被侵害，二是权利主体的权利被侵害而造成的利益受到损害的客观结果。❺ 根据我国《中华人民共和国母婴保健法》（以下简称《母婴保健法》）第14、第16、第17条及其实施办法第17条的规定，医疗保健机构应当为育龄妇女和孕产妇提供孕产期保健服务；医师发现或者怀疑患严重遗传性疾病的育龄夫妻，应当提出医学意见；经产前检查，医师发现或者怀疑胎儿异常的，应当对孕妇进行产前诊断；限于现有医疗技术水平难以确诊的，应当向当事人说明情况；育龄夫妻可以选择避孕、节育、不孕等相应的医学措施，等等。❻ 法律对医疗机构设定义务性规范的同时，即是对患者相关权利或利益的宣示。学界有人将患者的该项权利称为生育选择权，但这种权利称谓的范围明显过窄。从字面意思上看，生育选择权应当指的是孕妇对于先天残疾的孩子有选择生或不生的权利。实际上，孕妇不仅有此项权利，还有得到医疗机构适当的产前医学意见、产前检查和产前诊断服务的权利，即孕妇享有的是获得适当产

❶ 杨立新，王丽莎. 错误出生的损害赔偿责任及适当限制［J］. 北方法学，2011，5（2）：13.

❷ 杨立新. 侵权法论［M］. 北京：人民法院出版社，2005：161.

❸ 王泽鉴. 侵权行为法（第1册）［M］. 北京：中国政法大学出版社，2001：142.

❹ Christy Hetherington. Rhode Island Facing the Wrongful Birth/Life Debate：Pro-disabled Sentiment Given Life［J］. 6 Roger Williams U. L. REV.，2001：565，569.

❺ 杨立新. 侵权法论［M］. 北京：人民法院出版社，2005：169.

❻ 《中华人民共和国母婴保健法》第14-18条，《中国人民共和国母婴保健法实施办法》第17条、第20条.

前保健服务的权益，这一权益属于《民法典侵权责任编》中所保护的民事利益范畴。

在错误出生赔偿责任中，产下先天畸形儿的父母本来享有获得适当产前保健服务的权益，但由于医疗机构没有适当履行自己的义务而造成受害人的上述权益受到侵害；因该权益受侵害导致受害人产下患有先天残疾的孩子，造成受害人的精神痛苦和额外的养育负担，使得受害人的人格利益和财产利益均受到损害。这两个因素是侵权关系中损害事实的构成要素。

（3）因果关系。

违法行为与损害事实之间的因果关系，是成立侵权行为的因果关系要件。❶ 医疗机构的违法行为与受害人的损害事实之间有无因果关系，也是错误出生赔偿纠纷中一个争议颇多的问题。对于具有直接因果关系的情况，可以适用直接原因规则。但是，通常情况下，因果关系是比较复杂的，目前多采用相当因果关系说。王伯琦先生对于相当因果关系有精辟的阐释："无此行为，虽不必生此损害，有此行为，通常即足生此种损害者，是为有因果关系。无此行为，必不生此种损害，有此行为，通常亦不生此种损害者，即无因果关系。"❷ 在错误出生赔偿责任中，如果医疗机构没有做出违反法律规定、违背法定产前检查和产前诊断义务的行为，孕妇获得适当产前保健服务的权益就不会受到侵害；如果医疗机构做出了违法行为，就会导致孕妇的权益受到侵害，进而使其产下先天残疾儿，造成患者财产和精神上的损害。因此，医疗机构的违法行为与孕妇受到的损害事实之间存在因果关系。

（4）过失。

错误出生赔偿责任的过失判断应以当时的医疗水平为标准。医疗水平理论是日本最高裁判所在1982年高山红十字医院案判决中正式确立的判断医生注意义务的标准，医疗水平是指安全性和有效性已经得到认可并且已经成为诊疗当时临床实践目标的诊疗行为。❸ 其有两个构成要件，一是医疗行为的有效性和安全性被认可；二是已经被接纳为临床实践的目标。在错误出生损害赔偿责任中，医生的注意义务类型可以划分为产前检查的注意义务和产前诊断的注意义务。

第一，产前检查的注意义务。目前产前检查已经是孕妇的常规检查，基本上每个医院都会提供给孕妇人手一册《产前保健手册》，提醒告知孕妇孕期应注意的事项及应做的产前检查。医疗机构若要证明自己已经尽到了注意义务，须采用德国表见证明理论❹的规则，证明其已经完成了相应的检查措施，只是由于胎儿位置或其他因素导致客观上不能发现胎儿畸形。因此，医疗机构及其医务人员不仅要尽到产前检查的注意义

❶ 杨立新. 侵权法论 [M]. 北京：人民法院出版社，2005：187.
❷ 王伯琦. 民法债编总论 [M]. 北京：三民书局，1956：77. 转引自王泽鉴. 侵权行为法（第1册）[M]. 北京：中国政法大学出版社，2001：191.
❸ 夏芸. 医疗事故赔偿法——来自日本法的启示 [M]. 北京：法律出版社，2007：117.
❹ 表见证明理论是由德国的判例发展起来的学说，是指一般情况下，在生活经验上，若A存在则B通常存在的情形下，推认B存在的证明方式就是表见证明。

务，发现可能影响孕妇健康和胎儿正常发育的情形，还负有指导和建议其进行产前诊断的告知义务。如果没有尽到告知义务，医疗机构也具有过失。但是如果医疗机构及其医务人员已尽到注意义务，却由于孕妇故意隐瞒有关情况，导致医生无法得知其具有产前诊断的指征，则不构成过失。

第二，产前诊断的注意义务。我国目前的医疗技术水平决定了产前诊断技术尚未成为普及的医疗常规。如果没有资质的医疗机构开展产前诊断服务，导致未能及时发现胎儿畸形或先天残疾的，其行为违反了法律规定，应当被推定为具有过失；如果是有资质的医疗机构做出此类行为，则对其过失的判断需结合当时的医疗水平加以认定。

2. 山西某医院不承担全部责任的原因是什么？

原卫生部早在 2002 年 12 月 13 日印发的《开展产前诊断技术医疗保健机构的基本条件》的文件中，对各省开展产前诊断技术的医疗保健机构应提供的产前诊断技术服务进行了列举，其中包括"开展与产前诊断相关的遗传咨询；开展常见染色体病、神经管畸形、超声下可见的严重肢体畸形等产前筛查和诊断；开展常见单基因遗传病（包括遗传代谢病）的诊断"。不过，由于医疗条件和技术水平的不同，各地区医院所开展的产前诊断项目也有所区别。有数据显示，现在已经发现的单基因遗传病有数千种，但能用产前诊断方法检测出的还远远不足 10%。❶

此外，即使是可以开展相关诊断技术进行检测的疾病，由于当前医疗水平的限制，仍存在着大量的假阳性率和假阴性率。依据当前的医疗水平，无法通过产前检查、产前诊断发现遗传性疾病或先天畸形的，医疗机构不具有全部过失，不承担全部的损害赔偿责任。

【思考题】

1. 山西某医院应当承担的法律责任都有哪些？法律依据是什么？
2. 什么是法律上的因果关系？

📖 案例三　产检漏诊致错误出生责任纠纷案❷

【基本案情】

2015 年 4 月 15 日，刘某某因怀孕到抚州某医院做孕检。检查前，抚州某医院向刘某某送达了一份胎儿系统超声检查、四维超声检查知情同意书，刘某某在该知情同意书上签名。该知情同意书上第六条约定，在胎儿的心脏检查中，由于胎儿期血液循环

---

❶ 王阳，白楚玄. "出生缺陷"案判决差异大　相关立法亟待完善［EB/OL］.（2020-10-23）［2021-10-29］. http://guoqing.china.com.cn/2020-10/23/content_76834767.html.

❷ 江西高级人民法院（2018）赣民再 74 号民事判决书。

的特殊性，有些先心病在胎儿期是不能诊断出的，如动脉导管未闭、卵圆孔未闭、单纯房缺、小的室缺、肺静脉异位引流、轻度法洛氏四联症、冠状动脉异常等疾病。之后抚州某医院多次为刘某某进行超声检查，均未查出异样。2015 年 7 月 28 日，刘某某在抚州某医院产下卓某然，卓某然出生后出现颈部及脸部向右侧歪斜、左侧胸锁乳突肌增粗、啼哭时嘴角向左侧歪斜、鼻唇沟变浅等症状，经多次治疗后痊愈。刘某某于 2015 年 8 月 26 日向临川区人民法院提起诉讼，要求抚州某医院承担赔偿责任，并申请对抚州某医院的诊疗行为是否存在过错进行司法鉴定。经江西某司法鉴定中心鉴定，抚州某医院在刘某某孕检（超声检查）过程中存在对心脏畸形（法洛氏四联症等）漏诊的医疗过错，应承担 50% 的过错责任。之后，刘某某申请撤回诉讼。2016 年 6 月 20 日，刘某某、卓某然再次起诉要求抚州某医院承担赔偿责任。2016 年 8 月 4 日，刘某某委托江西某司法鉴定中心对卓某然的伤残等级进行鉴定，鉴定结果显示卓某然的伤残等级为伤残七级。

江西省抚州市临川区人民法院认为，刘某某因怀孕到抚州某医院做超声检查，抚州某医院为刘某某做了多次超声检查，均未明确发现胎儿即卓某然存在先心病，导致刘某某正常产下卓某然。经江西某司法鉴定中心鉴定，抚州某医院对胎儿复杂心脏畸形存在漏诊的医疗过错，应承担 50% 的过错责任，同时鉴定卓某然为七级伤残。上述两次鉴定程序合法，法院对该鉴定中认定抚州某医院存在漏诊医疗过错的意见予以采信，但对于其认定抚州某医院在本次诊疗过程中应当承担 50% 的过错责任不予采信，认为该过错责任认定过高。综合本案实际情况，法院认为抚州某医院在诊疗过程中存在一定医疗过错，侵害了刘某某作为母亲对胎儿的知情权和选择权，但考虑到抚州某医院在为刘某某进行超声检查前已告知其有些先心病在胎儿期是不能诊断出的，且卓某然经免费治疗后现已基本痊愈，故由抚州某医院一次性赔偿刘某某 3 万元为宜。

刘某某、卓某然不服一审判决，上诉请求：撤销一审判决，改判支持其诉讼请求。二审江西省抚州市中级人民法院认定的事实与一审相同，二审法院判决：驳回上诉，维持原判。对一、二审认定的事实，刘某某、卓某然除对一、二审认定卓某然 2016 年 6 月 13 日治愈出院这一事实有异议外，对其他事实无异议，抚州某医院对一、二审认定的事实无异议。再审期间，江西省高级人民法院就刘某某、卓某然一审期间的诉讼请求向刘某某、卓某然进行释明。经审理，江西省高级人民法院认为，关于抚州某医院为刘某某做产前检查时未发现胎儿心脏畸形是否存在过错的问题，一审法院已经委托鉴定机构进行了司法鉴定，该鉴定意见系有资质的鉴定机构和鉴定人员出具，鉴定程序合法，在没有合理理由的情况下不宜否定鉴定意见，该鉴定意见可以作为认定本案抚州某医院承担责任的依据，因此应当认定抚州某医院在刘某某孕检（超声检查）过程中存在对心脏畸形（法洛氏四联症）漏诊的医疗过错，具有 50% 的过错责任。

【主要法律问题】

1. 违反《中华人民共和国母婴保健法》等法律规范导致错误出生的损害赔偿责任

如何确定？

2. 违反《中华人民共和国母婴保健法》等法律规范导致错误出生的财产赔偿范围如何确定？

3. 违反《中华人民共和国母婴保健法》等法律规范导致错误出生的精神损害赔偿范围如何确定？

4. 违反《中华人民共和国母婴保健法》等法律规范导致错误出生的原因力规则如何应用？

【主要法律依据】

1.《中华人民共和国母婴保健法》

第17条　经产前检查，医师发现或者怀疑胎儿异常的，应当对孕妇进行产前诊断。

第18条　经产前诊断，有下列情形之一的，医师应当向夫妻双方说明情况，并提出终止妊娠的医学意见：

（一）胎儿患严重遗传性疾病的；

（二）胎儿有严重缺陷的；

（三）因患严重疾病，继续妊娠可能危及孕妇生命安全或者严重危害孕妇健康的。

2.《中华人民共和国母婴保健法实施办法》

第4条　公民享有母婴保健的知情选择权。国家保障公民获得适宜的母婴保健服务的权利。

【理论分析】

1. 违反《母婴保健法》等法律规范导致错误出生的损害赔偿的确定。

对于错误出生的损害赔偿，为先天残疾儿治疗疾病需要而支出的特别抚养费往往能得到两大法系主要国家的认可，但是对于作为一般抚养费的生活费和精神损害赔偿是否属于赔偿范围，不同国家有不同认识。美国法院不认可一般抚养费，但是同意在合理的可预见的范围内给予精神损害赔偿，这是因为可以预见一位母亲因其堕胎权受到侵害而生下残疾子女将会产生的精神痛苦，以及其在抚养一个残疾子女的过程中会产生的精神痛苦。❶ 德国联邦高等法院在一个判决中，肯定因医师过失而生出缺陷儿的父母可依债务不履行，请求该医师赔偿因抚养此缺陷儿比一般小孩多出的额外费用，包括财务与劳力之付出。❷ 同时，因为德国以违约责任追究医疗机构的责任，所以不认可精神损害赔偿。法国在 Perruche 夫妇案后从立法上规定，若因医师的重大过失而未能发现胎儿的先天性疾病，使妇女产下有先天性疾病的小孩，该妇女及其丈夫可以请

---

❶ 宋克芳. 计划外出生先天缺陷儿之民事损害赔偿责任研究［D］. 台湾：成功大学，2005.

❷ 刘永弘. 医疗关系与损害填补之研究［D］. 台湾：东吴大学，1996.

求医师或医院赔偿其因此所必须支出的抚养费用,[1] 但没有明确区分一般抚养费用和特殊抚养费用。

在我国司法实务中,错误出生损害赔偿范围也各有不同,主要有四种情形。其一,经法院判决,受害方的医疗费和误工费由医院赔偿,而抚养缺陷孩子的各种费用(包括一般抚养费用和特殊抚养费用)由法院酌定医院和父母各按比例承担,受害方的精神损害赔偿由法院酌定,综合上述条目,最终法院笼统判决一个赔偿总额,不明确各类损害的具体数额。其二,经法院判决,由医院赔偿抚养缺陷孩子所需额外支付的抚养费用、残疾辅助器具费用及精神抚慰金。其三,经法院判决,医院仅赔偿抚养缺陷孩子需额外支付的费用,并主张孩子的残疾不是医院造成的,医院无须赔偿残疾器具等费用及精神抚慰金。其四,经法院判决,由医院赔偿保健检查费和精神抚慰金。[2]

2. 违反《母婴保健法》等法律规范导致错误出生的财产赔偿范围的确定。

国外立法例对错误出生的财产赔偿范围存在四种可能的选择方法。其一,允许父母就怀孕费用和抚养费用请求全部赔偿,并且该赔偿额的确定不会因为孩子的出生为父母带来了精神利益而有所减少。其二,允许父母提起全部赔偿的诉讼请求,但其最终获得的赔偿额须扣除因孩子的出生而给父母带来的所有精神利益。其三,仅判定医院赔偿怀孕费用和额外的残疾费用。其中,怀孕费用可获得全额赔偿,但抚养费用的赔偿额仅限于因孩子残疾而导致的额外抚养费用。所谓的额外费用,是指相对于一个非残障的正常人而言需要付出的额外生存成本。其四,仅判定医院赔偿怀孕费用。[3] 患者因未获得适当的产前保健服务,导致其权益受到侵害的财产损害主要为怀孕费用和抚养费用的支出。怀孕费用是指因怀孕而导致的损失,具体包括母亲基于错误产检报告而继续怀孕期间的医疗费用、孕妇服装费用、怀孕期间的收入损失等。但是,怀孕费用范围应作合理的界定,不能将整个怀孕期间所产生的全部费用均计为财产损害。首先,时间上应限制为从医疗机构第一次做出错误产检报告时起,至分娩结束时止;其次,范围上应以医疗费用为主,抚养费用、收入损失等为辅或者不计算在内。

抚养费用有一般抚养费用和特别抚养费用之分。一般抚养费用是为人父母应尽的义务,通常不得要求赔偿。特别抚养费用是指抚养权利人因年龄、身体等特殊状况所需支出的费用,即因小孩的严重先天性疾病所需要支出的医疗费、人工照顾费、残疾用具费以及特殊教育费等。特殊抚养费用的损失必须赔偿,赔偿的基本原则是客观标准,因此在计算原告的损害赔偿数额时,应当以在通常情况下支出的必要合理的费用为限。

3. 违反《母婴保健法》等法律规范导致错误出生的精神损害赔偿范围的确定。

关于精神损害赔偿的条件,《中华人民共和国民法典》第 1183 条第 1 款规定:"侵

---

[1] 侯英泠. 计划外生命与计划外生育之民事上赔偿责任之争 [J]. 成大法学, 2002 (4): 37.

[2] 杨立新, 王丽莎. 错误出生的损害赔偿责任及适当限制 [J]. 北方法学, 2011, 5 (2): 18.

[3] Dean Stretton. The Birth Torts: Damages for Wrongful Birth and Wrongful Life [J]. Deakin Law Review, 2005, 10 (1).

害自然人人身权益造成严重精神损害的，被侵权人有权请求精神损害赔偿"。在"产检漏诊致错误出生责任纠纷案"中，首先，医疗过失行为侵犯了孕父母的生育知情选择权。该项权利能够帮助父母作出与其人身利益紧密相连的决定与判断，保证父母享有获得适当产前保健服务的权益（包含财产权益），同时，该项权利因涉及孕妇及胎儿的人身利益而具有人身权益性，因此具有人格权的特征，满足我国推定存在精神损害的第一个条件，即"侵害他人人身权益"。其次，基于对医生的信赖，孕父母到医疗机构进行产前检查及诊断，但是医师却没能正当履行自己的职责，提供了错误的产前检查信息或者未尽如实告知义务，使孕父母丧失了根据医师的意见作出终止妊娠决定的机会，导致其产下了有缺陷的孩子，这不仅会在生产之初给父母带来痛苦，更会在对缺陷孩子的抚养过程中因给父母带来一系列的问题而使其感受到精神上的极大痛苦。因此，对于该类案件，孕父母对于精神损害赔偿的主张具有法理支撑。❶

至于精神损害赔偿的金额，有学者认为错误出生损害赔偿责任应当对精神损害予以赔偿，但数额应当在赔偿义务人所能负荷的极限范围内，❷ 同时还要综合考量多种因素来加以确定。

4. 违反《母婴保健法》等法律规范导致错误出生的原因力规则的应用。

当今两大法系广泛运用因果关系二分法，先认定事实上的因果关系，再认定法律上的因果关系，即依据法律政策考虑事实上的原因是否能成为最终负责的原因。其中，原因力的判断贯穿了事实因果关系和法律因果关系认定的整个过程，事实上的认定与价值上的评判自然也随之而来。原因力一旦承载了确定责任有无和明确责任范围的任务，也就无可避免地要兼有事实性与价值性、客观性与主观性的特质。原因力理论中的原因可以是单个原因，也可以是数种原因。❸ 在错误出生损害赔偿责任中，从责任成立的层面上看，医疗机构主观有过错的违法行为是造成孕妇合法权益受损的原因，医疗机构的违法行为与孕妇的损害之间有因果关系，因此，医疗机构应当承担相应的损害赔偿责任；但是，孕妇的财产损害和精神损害并非仅由医疗机构违法行为一个原因造成，在损害赔偿范围的界定中，还需要充分比较各类原因的原因力。

原因力规则的应用，首先应考虑到胎儿先天残疾的事实。胎儿的先天残疾在错误出生损害赔偿责任中，可以类推适用"蛋壳脑袋规则"。"蛋壳脑袋规则"指的是倘若被告敲击了脑壳如鸡蛋壳一般薄的人，即使他不可能知道受害人的这一特殊敏感性也必须为此损害承担赔偿责任。❹ 正如"蛋壳脑袋规则"要求法官在判断加害人是否需承担赔偿责任的同时也要考虑受害人自身特殊体质的原因力一样，在错误出生损害赔偿责任中，法院要求医疗机构承担损害赔偿责任时，也要根据医疗机构违法行为的原因

❶ 陈吉. 论"错误出生"之侵权损害赔偿 [D]. 吉林：吉林大学，2016.

❷ 曹世雄. 损害赔偿法原理 [M]. 北京：中国政法大学出版社，2001：394.

❸ 杨立新，梁清. 原因力的因果关系理论基础及其具体应用 [J]. 法学家，2006（6）：104-105.

❹ [德] 克里斯蒂安·冯·巴尔. 欧洲比较侵权行为法（下）[M]. 焦美华，译. 北京：法律出版社，2001：580-581.

力来确定赔偿比例。为了促进我国医疗诊断技术的发展，平衡受害患者、医疗机构及全体患者之间的利益，应当针对不同的医疗机构，根据以下两种情形，作出相应的政策性选择。

第一，没有取得产前诊断许可的一般医疗机构，只能实施产前检查及有条件地实施产前筛查医疗行为。若违法实施产前诊断行为或遗传咨询行为，产生错误出生损害赔偿责任，则其违法行为对损害发生的原因力为 100%；没有妇产科科目而擅自开展 21-三体综合征和神经管缺陷产前筛查的医疗保健机构，其违法行为的原因力为 100%；此类医疗机构应当与具备产前诊断技术的医疗保健机构建立工作联系，保证筛查出的阳性病例在知情同意的前提下及时得到必要的产前诊断，否则若孕妇没有及时得到相应的产前诊断从而产下先天畸形儿，医疗机构违法行为的原因力为 70%；若医师在产前检查保健服务中，经过问诊发现初产妇年龄超过 35 周岁、有遗传病家族史或者曾经分娩过先天性严重缺陷婴儿、孕早期接触过可能导致胎儿先天缺陷的物质，或者已经查出羊水过多或过少，却没有提出产前诊断医学建议，则其违法行为对损害发生的原因力为 80%；若依据当时的医疗水平、地域以及医疗机构和医师的资质本能够检查出胎儿异常或可疑畸形，却因医师过失而没有发现，或是产前检查结果存在异常，却因医疗机构过失而没有提出产前诊断建议，则医疗机构违法行为的原因力在 70% 以上。

第二，取得产前诊断许可的医疗机构，可以开展产前检查、遗传咨询、21-三体综合征和神经管缺陷产前筛查以及产前诊断。若经过问诊发现初产妇年龄超过 35 周岁、有遗传病家族史或者曾经分娩过先天性严重缺陷婴儿、孕早期接触过可能导致胎儿先天缺陷的物质，或者已经查出羊水过多或过少，医师却没有提出产前诊断医学建议，则其违法行为对损害发生的原因力为 100%；若依据当时的医疗水平以及医疗机构和医师的资质本能够检查出胎儿异常或者畸形，却因医师过失而没有发现，或是产前检查结果存在异常却因医疗机构过失而没有提出产前诊断建议，则其违法行为的原因力应当在 80% 以上；若在遗传咨询中，医疗机构没有尽到应尽的注意义务，造成损害后果，则其违法行为的原因力为 80% 以上；在 21-三体综合征和神经管缺陷产前筛查中，通常孕期血清学筛查可以筛查出 60%～70% 的 21-三体综合征患儿和 85%～90% 的神经管缺陷，如在此过程中存在过失，则医疗机构违法行为的原因力应在 51%～80%。

这一规则考虑的第二个因素为孕妇故意隐瞒或提供虚假信息。根据《中华人民共和国民法典侵权责任编》第 1224 条第 1 款第 1 项规定，患者或者其近亲属不配合医疗机构进行符合诊疗规范的诊疗，医疗机构不承担赔偿责任，但是，第 2 款也规定，前款第 1 项情形中，医疗机构或者其医务人员也有过错的，应当承担相应的赔偿责任。这其实是对医疗损害赔偿责任中与过失制度的一种倒装表达。医疗机构过失发生违法行为，造成孕妇损害的情况下，如果孕妇或其近亲属存在不配合医疗机构进行诊疗的行为，则孕妇的行为和医疗机构的违法行为各自对损害的发生有不同的原因力。当然，这个原因力的判断过程是在医疗机构的违法行为与先天残疾事实进行比较之后，再对医疗机构违法行为与孕妇及其家属的不配合行为的原因力进行比较。

【思考题】

1. 抚州某医院的行为是否具有过错？

2. 再审法院在确定卓某然伤残等级时直接参照一审时司法鉴定结论是否合理合法？

第三节　精神卫生法律制度

本节主要通过对精神障碍患者入院治疗期间的权利保护、医疗机构的诊疗义务以及出院条件等法律争议进行剖析，由此探讨精神障碍患者的强制医疗、权利保护以及医疗机构的诊疗要求等法律问题。

案例四　精神障碍患者维权案[❶]

【基本案情】

2003 年 7 月 12 日，原告徐某因患精神病被送往上海某精神病康复院（以下简称某康复院），徐某的父亲徐 A 作为监护人向某康复院出具《精神病患者住院知情同意书（暂行）》。2008 年下半年徐 A 过世，上海市普陀区某新村街道居委会指定徐 B 为徐某的监护人。徐某在某康复院住院期间，多次要求出院。2011 年 4 月 7 日，某康复院要求徐 B 将徐某接出，徐 B 称目前家中实有困难，恳请将徐某继续留院康复治疗，若留院期间出现一切意外情况，承诺承担全部法律责任，与院方无关。因徐 B 不同意徐某出院，徐某继续住院。嗣后，徐某向居委会反映要求出院，居委会派人前往某康复院协调，但徐 B 仍不同意徐某出院。

后徐某找到其亲生母亲刘 A，并要求将其监护人变更为亲生母亲刘 A，2012 年刘 A 向上海市普陀区人民法院起诉，称本案徐 B 担任监护人后，不履行监护人职责，对被监护人不闻不问，只顾自己在外地经商挣钱。刘 A 作为徐某的母亲，愿意履行监护职责，徐某也愿意刘 A 成为他的监护人，故要求终止徐 B 的监护人资格，变更刘 A 担任徐某的监护人。该院审理过程中，对徐某的精神状态及民事行为能力进行鉴定，鉴定意见为：1. 被鉴定人徐某患有精神分裂症，目前处于残留期。2. 被鉴定人徐某在本案中应评定为限制民事行为能力人。经审理，该院对刘 A 要求撤销徐 B 的监护人资格，变更为由刘 A 担任徐某监护人的请求，不予支持。

2013 年初，徐某委托律师向某康复院发函，要求其配合徐某办理出院手续，无果。

---

❶　上海市高级人民法院（2016）沪民申 469 号民事裁定书。

2013 年 5 月 6 日，徐某通过手机上网委托律师向法院起诉，以其大哥徐 B 和某康复院不让其出院侵犯了人身自由为由诉至上海市闵行区人民法院。上海市闵行区人民法院经审理认为徐某系限制民事行为能力人，需要监护，徐 B 为履行监护责任，选择将徐某安排在某康复院，是根据其目前实际条件及徐某的家庭状况等因素所作的安排，该安排是尽责的。徐某属于非自愿住院治疗的精神疾病患者，不适用《精神卫生法》关于"自愿住院"的规定，其若要出院，目前仍然需要征得其监护人同意，故某康复院未经徐某监护人同意而拒绝徐某提出的出院要求，并无不妥，最终判决驳回徐某的全部诉讼请求。

一审判决后，徐某不服，向上海市第一中级人民法院提起上诉。上海市第一中级人民法院经审理认为上诉人徐某的上诉请求缺乏依据，不予支持。一审法院所作判决正确，予以维持，判决驳回上诉，维持原判。该判决为终审判决。

【主要法律问题】

1. 精神障碍患者是否具备诉讼主体资格？
2. 如何处理精神障碍患者自主决定权和监护权之间的冲突？
3. 对疑似精神障碍患者实施强制医疗是否构成侵犯人身自由权？
4. 试从理论上分析本案中徐某如何才能出院。

【主要法律依据】

1.《中华人民共和国宪法》

第 37 条　中华人民共和国公民的人身自由不受侵犯。任何公民，非经人民检察院批准或者决定或者人民法院决定，并由公安机关执行，不受逮捕。禁止非法拘禁和以其他方法非法剥夺或者限制公民的人身自由，禁止非法搜查公民的身体。

2.《中华人民共和国精神卫生法》

第 30 条　精神障碍的住院治疗实行自愿原则。

诊断结论、病情评估表明，就诊者为严重精神障碍患者并有下列情形之一的，应当对其实施住院治疗：

（一）已经发生伤害自身的行为，或者有伤害自身的危险的；

（二）已经发生危害他人安全的行为，或者有危害他人安全的危险的。

第 44 条　自愿住院治疗的精神障碍患者可以随时要求出院，医疗机构应当同意。

对有本法第 30 条第 2 款第 1 项情形的精神障碍患者实施住院治疗的，监护人可以随时要求患者出院，医疗机构应当同意。

医疗机构认为前两款规定的精神障碍患者不宜出院的，应当告知不宜出院的理由；患者或者其监护人仍要求出院的，执业医师应当在病历资料中详细记录告知的过程，同时提出出院后的医学建议，患者或者其监护人应当签字确认。

对有本法第 30 条第 2 款第 2 项情形的精神障碍患者实施住院治疗，医疗机构认为患者可以出院的，应当立即告知患者及其监护人。

　　医疗机构应当根据精神障碍患者病情，及时组织精神科执业医师对依照本法第30条第2款规定实施住院治疗的患者进行检查评估。评估结果表明患者不需要继续住院治疗的，医疗机构应当立即通知患者及其监护人。

　　第82条　精神障碍患者或者其监护人、近亲属认为行政机关、医疗机构或者其他有关单位和个人违反本法规定侵害患者合法权益的，可以依法提起诉讼。

【理论分析】

　　1. 精神障碍患者是否具备诉讼主体资格？

　　在本案中，一审法院一度拒绝立案，理由是徐某没有民事行为能力，不具备诉讼主体资格，但是在《中华人民共和国精神卫生法》（以下简称《精神卫生法》）第82条中规定："精神障碍患者或者其监护人、近亲属认为行政机关、医疗机构或者其他有关单位和个人违反本法规定侵害患者合法权益的，可以依法提起诉讼。"根据该条规定，不论精神障碍患者有无民事行为能力，其作为诉讼主体的资格是法律明确赋予的，只不过还要看其是否具备相应的诉讼能力。❶ 其实承认精神障碍患者的诉讼主体资格是国际上通行的做法，《联合国保护精神病患者和改善精神保健的原则》指出："患者或其私人代表或任何有关人员均有权向上一级法庭提出上诉，反对令患者住入或拘留在精神病院中的决定。""患者有权选择和指定一名律师代表患者的利益，包括代表其申诉或上诉，若患者本人无法取得此种服务，应向其提供一名律师，并在其无力支付的范围内予以免费。"❷ 因此在该案中徐某是有资格提起诉讼的。

　　2. 如何处理患者自主决定权和监护权之间的冲突？

　　该案件从起诉到立案再到判决，历时两年，法院深入了解各方面情况，组织讨论与协调，最终判决患者不能出院。不过，本案的关键是监护权与患者权利的冲突问题，而非患者是否符合"自愿住院"规定的问题。根据我国《精神卫生法》第30条、第44条规定，精神障碍患者的住院及出院有三种情况：第一种是精神障碍患者自愿要求住院，说明本人有相应行为能力，因此这一类精神障碍患者可以随时要求出院，医疗机构也应当同意；第二种是精神障碍患者已经发生伤害自身的行为或者有伤害自身的危险时，可强制该患者住院，对于这一类患者，监护人可以随时要求其出院，但若医疗机构认为其不宜出院，医师应告知其原因，并在其病历资料中详细记录告知的过程，同时提出出院后的医学建议；第三种是精神障碍患者已经发生危害他人安全的行为，或者有危害他人安全的危险的情形时，可强制该患者住院，这一类患者应经医疗机构评估达标后方可出院。本案中，徐某住院前，有不听其父劝解并动手打人的情节，送其住院治疗是必要的。但是，对法律上"自愿住院"例外情形的规定，是以住院时的

❶ 刘士国. 精神卫生法第一案背后 [N]. 光明日报，2015-06-01（10）.
❷ 王岳. 精神障碍者强制医疗与权利保护研究 [D]. 武汉：武汉大学，2014.

情况为标准，还是经治疗后的现实情况为标准？有学者认为，应以现实情况为标准。住院治疗既包括发病之时，也包括治疗一定时期后是否继续住院治疗。徐某经鉴定机构鉴定，被认定为患有精神分裂症，目前经治疗后其症状基本缓解，具备诉讼能力。那么，对于症状基本缓解的徐某来说，如能得到有效监护，是完全可以出院的，因此徐某的要求是合理的，法院应当予以肯定。

同时，本案还涉及监护人的监护权问题。监护权行使是否具有正当性以是否有利于被监护人利益为衡量标准。徐某的大哥徐 B 辩称，自己常年在外打工无力监护，不能接其回家，因此决定让徐某继续住院治疗，法院认可这是正当行使监护权。法院的这一认定是完全正确的，因为徐某出院需要人监护，而其大哥无力承担日常监护之责，住院治疗是别无选择的行使监护权的方式。这应是法院判决徐某继续住院治疗的理由，但并非意味着徐某不享有出院的自主决定权。也就是说，徐某的自主决定权的效力不及监护权效力，或者说徐某作出出院决定须由监护人辅助，未经监护人同意，被监护人作出的出院决定不发生效力，因而法院认可监护人的意见，让徐某继续住院治疗。❶

3. 对疑似精神障碍患者实施强制医疗是否构成侵犯人身自由权？

就精神障碍患者而言，其人身自由的最大威胁来自强制医疗。强制医疗作为不定期剥夺人身自由的强制措施，其对人身自由的剥夺程度及消极影响可能并不亚于刑罚，因而对强制医疗的实施应给予严格的法律规制。虽然《中华人民共和国宪法》规定公民的人身自由不受侵犯，但是当疑似精神障碍患者对本人或他人安全具有严重危险性时，为保护患者本人的利益或他人的人身安全，国家有权对该患者采取强制住院治疗。❷

我国《精神卫生法》第 28 条规定，"疑似精神障碍患者发生伤害自身、危害他人安全的行为，或者有伤害自身、危害他人安全的危险的，其近亲属、所在单位、当地公安机关应当立即采取措施予以制止，并将其送往医疗机构进行精神障碍诊断"。患者子女作为非专业医生，不具备精神病学方面的专业知识，在家庭成员出现精神障碍症状时，及时采取制止措施，并将其送至医疗机构进行诊治的行为符合精神卫生法的规定以及日常伦理，并不构成侵犯患者的人身自由权。此外，我国《精神卫生法》第 30 条规定："精神障碍的住院治疗实行自愿原则。诊断结论、病情评估表明，就诊者为严重精神障碍患者并有下列情形之一的，应当对其实施住院治疗：（一）已经发生伤害自身的行为，或者有伤害自身的危险的；（二）已经发生危害他人安全的行为，或者有危害他人安全的危险的。"由此，对患者实施强制住院治疗需至少满足两点：一是就诊者为严重精神障碍患者；二是就诊者存在伤害自身、危害他人的行为，或者具有伤害自身或危害他人安全的危险。综上所述，医疗机构接诊由近亲属、公安机关等送来的疑似精神患者后应进行初步诊断，在断定患者患有严重精神障碍，并且存在伤害自身、危害他人的行为或危险时，经患者近亲属同意，对精神障碍患者收治入院并实施非自

---

❶ 刘士国. 精神卫生法第一案背后 [N]. 光明日报, 2015-06-01 (10).
❷ 陈绍辉. 论精神障碍患者人身自由权的保护体系 [J]. 医学与法学, 2016, 8 (2): 5-11.

愿住院治疗，符合法律规定，不构成对患者人身自由权的侵犯。❶

但是，我国《精神卫生法》有关强制住院治疗的程序规定还有一些不足之处，主要表现在两个方面：一是强制医疗的决定缺乏中立机构的审查，医疗机构和监护人均有权决定对精神障碍患者实施强制医疗；二是对精神障碍患者的强制入院缺乏正当程序的保护，现有程序过于粗疏，不足以避免强制医疗的滥用和充分保障患者的人身自由。因此，为了更好保护疑似精神障碍患者的人身自由权利，有必要建立一定的组织机构和法律程序，一方面借此约束公权力以强制医疗方式限制人身自由的运行，避免其恣意和滥用；另一方面为患者提供相应的救济机制，使其有机会获得法定机构的救济。

4. 试从理论上分析本案中徐某如何才能出院。

本案中，法院不支持徐某诉求的主要依据是徐某是限制民事行为能力人。根据《精神卫生法》第44条规定，自愿住院治疗的精神障碍患者可以随时要求出院，医疗机构应当同意。但法院认为，徐某系限制民事行为能力人，且属于非自愿住院治疗的精神疾病患者，若要出院需征得监护人同意。所以，从理论上看，徐某要想出院必须由作为其监护人的大哥徐B的同意，才能为其办理出院手续。但是，徐B并不同意弟弟徐某出院，因此，这条途径显然是走不通的。那么，从理论上看，还有两种方式可以帮助其出院，其一是通过法院起诉变更监护人，由新的监护人同意并帮助其办理出院手续，但是这一方式徐某以前尝试过，没有取得法院支持，原因是其母亲没有监护能力。其二就是徐某再次申请做司法鉴定，认定其是完全民事行为能力人，这样就可以根据《精神卫生法》的规定，与医院协商申请自己办理出院手续，但是，以前多次鉴定结果都是认定其是限制民事行为能力人，这一路径也是困难重重。

【思考题】

1. 精神障碍患者的诊断有哪些具体规定？
2. 精神障碍患者住院和出院有哪些法律规定？
3. 医疗机构治疗精神障碍患者有哪些具体要求？

案例五　医疗机构违约致精神障碍患者死亡案❷

【基本案情】

2015年2月28日患者傅某甲到阳江市公共卫生医院处治疗，经该院诊断为精神分裂症，并被安排至该院宁心楼307房住院治疗，同时在该病房治疗的还有另外两名精

---

❶ 贺付琴，刘永集. 对疑似精神障碍患者实施非自愿住院医疗不构成侵犯人身自由权［J］. 人民司法，2021（5）：36-37.
❷ 广东省阳江市中级人民法院（2016）粤17民终295号民事判决书。

神分裂症患者王某乙、程某丙。2015年6月30日凌晨3时许，患者王某乙突然走到傅某甲的床边，对其进行殴打，后傅某甲经抢救无效死亡。阳江市公安局江城分局于2015年7月9日作出两份鉴定意见，鉴定被害人傅某甲的死亡属他杀，以及致害人王某乙为精神分裂症（疾病期），其在实施危害行为时无刑事责任能力。

2015年11月12日，傅某甲的丈夫林一、父亲傅二、母亲黄三向阳江市江城区人民法院提起诉讼，请求判令阳江市公共卫生医院向其赔偿803848.50元，并明确表示以医疗服务合同过错要求阳江市公共卫生医院承担赔偿责任，不主张侵权责任赔偿。

阳江市江城区人民法院经审理认为，本案中，患者傅某甲因精神分裂症到阳江市公共卫生医院住院并接受治疗，双方已建立了医疗服务合同关系。根据《精神卫生法》第38条的规定，患者傅某甲在阳江市公共卫生医院接受医疗服务期间，阳江市公共卫生医院对傅某甲负有安全保障义务。傅某甲在阳江市公共卫生医院接受医疗服务期间，被同病房的精神病患者王某乙殴打致死，构成侵权责任与违约责任竞合，林一、傅二、黄三有权选择侵权责任或违约责任要求阳江市公共卫生医院予以赔偿。现林一、傅二、黄三明确表示以医疗服务合同违约请求赔偿损失，因此，对阳江市公共卫生医院提出追加侵权人王某乙及监护人何某丁的申请，法院不予支持。阳江市公共卫生医院作为专科医院，除应对患者进行常规的治疗外，还应充分考虑患者精神分裂症的病理特征，对控制能力低的精神病人应尽到特殊的安全保障义务，保证患者的安全。受害人傅某甲在住院治疗期间被他人殴打致死，阳江市公共卫生医院未尽相应的安全保障义务，存在违约行为，林一、傅二、黄三要求阳江市公共卫生医院承担违约责任具有法律依据。但双方在医疗服务合同期间并未就该违约责任进行明确约定，因此可参照侵权责任进行赔偿。经审查判决阳江市公共卫生医院赔偿林一、傅二、黄三损失443471.35元。

一审法院判决后，阳江市公共卫生医院不服一审判决，向广东省阳江市中级人民法院提起上诉，请求撤销原审判决，改判阳江市公共卫生医院无须承担赔偿责任。被上诉人林一、傅二、黄三等不同意阳江市公共卫生医院的上诉请求。

广东省阳江市中级人民法院经审理查明，一审认定事实清楚，对案件定性正确，处理结果并未损害阳江市公共卫生医院的合法利益，予以维持，判决驳回上诉，维持原判。该判决为终审判决。

【主要法律问题】

1. 精神障碍患者侵害他人是否要承担民事责任和刑事责任。
2. 应该如何理解医疗机构对精神障碍患者的安全保障义务？
3. 如何理解本案中违约责任与侵权责任的竞合？

【主要法律依据】

1. 《中华人民共和国刑法》

第18条第1款　精神病人在不能辨认或者不能控制自己行为的时候造成危害结果，

经法定程序鉴定确认的，不负刑事责任，但是应当责令他的家属或者监护人严加看管和医疗；在必要的时候，由政府强制医疗。

2.《中华人民共和国民法典》

第 20 条第 1 款　不能辨认自己行为的成年人为无民事行为能力人，由其法定代理人代理实施民事法律行为。

第 186 条　因当事人一方的违约行为，损害对方人身权益、财产权益的，受损害方有权选择请求其承担违约责任或者侵权责任。

第 577 条　当事人一方不履行合同义务或者履行合同义务不符合约定的，应当承担继续履行、采取补救措施或者赔偿损失等违约责任。

第 1188 条第 1 款　无民事行为能力人、限制民事行为能力人造成他人损害的，由监护人承担侵权责任。监护人尽到监护职责的，可以减轻其侵权责任。

3.《中华人民共和国精神卫生法》

第 38 条　医疗机构应当配备适宜的设施、设备，保护就诊和住院治疗的精神障碍患者的人身安全，防止其受到伤害，并为住院患者创造尽可能接近正常生活的环境和条件。

第 82 条　精神障碍患者或者其监护人、近亲属认为行政机关、医疗机构或者其他有关单位和个人违反本法规定侵害患者合法权益的，可以依法提起诉讼。

4.《最高人民法院关于审理人身损害赔偿案件适用法律若干问题的解释》

第 1 条第 1 款　因生命、健康、身体遭受侵害，赔偿权利人起诉请求赔偿义务人赔偿财产损失和精神损害的，人民法院应予受理。

【理论分析】

1. 结合本案分析精神障碍患者侵害他人是否要承担民事责任和刑事责任。

民法上对精神病人主要是通过认定其为无民事行为能力人或限制民事行为能力人来保护精神病人的权利。患有精神病的成年人精神存在障碍，不能认清自己的行为后果，如果让其实施行为，则可能既不利于行为人自身利益的保护，也会损害他人的利益。因此，这种情况下的民事主体实施行为的范围需要受到限制，只能由其法定代理人代理实施民事法律行为。《民法典》第 24 条规定，不能辨认或者不能完全辨认自己行为的成年人，其利害关系人或者有关组织，可以向人民法院申请认定该成年人为无民事行为能力人或者限制民事行为能力人。无民事行为能力人与限制民事行为能力人因为其主体资格的限制，无法承担民事责任。虽然无民事行为能力人和限制民事行为能力人不能承担民事责任或在承担民事责任时受到限制，但是他们在侵犯他人权利或利益时为直接侵害人，所以他们仍然可以成为民事案件的被告，不过虽然他们是被告，承担全部或部分责任的主体却是他们的监护人。《民法典》第 1188 条规定，无民事行为能力人、限制民事行为能力人造成他人损害的，由监护人承担侵权责任。监护人尽到监护职责的，可以减轻其侵权责任。有财产的无民事行为能力人、限制民事行为能力人造成他人损害的，从本人财产中支付赔偿费用；不足部分，由监护人赔偿。第1189条规定，无民事行为能力人、限制民事行为能力人造成他人损害，监护人将监护职责委托给他人的，监护人应当承担侵权责任；受托人有过错的，承担相应的责任。因此，精神病人对他人实施的行为构成侵权并造成损害结果的，其民事责任不能免除，由精神病人的监护人代为承担民事责任，但精神病患者个人有财产的，可以从其财产中支付赔偿费，不足部分由其监护人赔偿。

《刑法》对精神病人刑事责任能力规定了不同的责任承担。《刑法》第18条规定：（1）精神病人在不能辨认或者不能控制自己行为的时候造成危害结果，经法定程序鉴定确认的，不负刑事责任，但是应当责令他的家属或者监护人严加看管和医疗；在必要的时候，由政府强制医疗。（2）间歇性的精神病人在精神正常的时候犯罪，应当负刑事责任。（3）尚未完全丧失辨认或者控制自己行为能力的精神病人犯罪的，应当负刑事责任，但是可以从轻或者减轻处罚。从上述规定可以看出，精神病人的行为造成危害结果是否要负刑事责任以及负何等程度的刑事责任，首先要看法律标准即辨认或控制自己行为的能力的有无和丧失程度。精神病有程度之分，即重度精神病、中度精神病和轻度精神病。从刑法法律的角度分析，精神病人有完全丧失辨认或控制能力、部分丧失辨认或控制能力以及辨认或控制能力减弱等几种情况，每种情况承担的刑事责任不同。其次要结合行为人行为时的精神状态，有些精神病人属于间歇性的，时好时坏，关键要看其实施某种行为时是否处于发病状态。在认定精神病人犯罪是否免责时，最重要的是判断精神病人是否在发病时期内实施犯罪行为，精神病人的精神状况及其行为能力、责任能力也要请有资质的鉴定机构评定，并非只要是精神病人犯罪就能免责。精神病人犯罪时，针对不同的情况，有不同的判决。精神病人若要不负法律责任，必须经法定程序鉴定并确认精神病人是在发病时实施的犯罪，即被认定为完全无刑事责任能力人。本案中，阳江市公安局江城分局于2015年7月9日作出阳公江鉴通字（2015）00361号《鉴定意见通知书》，鉴定意见是：致害人王某乙为精神分裂症（疾病期），其在实施危害行为时无刑事责任能力。

综上，本案中，由于王某乙为精神分裂症（疾病期），无民事责任能力和刑事责任能力，根据法律规定，王某乙不需要承担刑事责任，但是因为其直接对傅某甲造成侵害致死，其监护人应当承担相应的民事责任，傅某甲的亲属可以侵权为由起诉要求王某乙的监护人承担相应的民事赔偿责任。

2. 应该如何理解医疗机构对精神障碍患者的安全保障义务？

根据《精神卫生法》第38条"医疗机构应当配备适宜的设施、设备，保护就诊和住院治疗的精神障碍患者的人身安全，防止其受到伤害，并为住院患者创造尽可能接近正常生活的环境和条件"的规定可知，医疗机构对住院治疗的精神障碍患者负有安全保障义务。

关于医疗机构安全保障义务的问题，本案中阳江市公共卫生医院在上诉中认为，安全保障义务的前提是"合理限度内的安全保障义务"，不能从结果（精神病人打死另外一个病人）来推断医疗机构未尽到安全保障义务。阳江市公共卫生医院认为自身已经尽到合理限度范围内的安全保障义务，并认为自身对能否预见作为"凶手"的精神病患者实施暴力行为的这一问题，应是一个专业技术问题，需要进行医疗损害鉴定才能判断，原审没有经鉴定，直接认定阳江市公共卫生医院存在过错并承担 70% 责任的认定显属不当。

但是，广东省阳江市中级人民法院经审理认为，阳江市公共卫生医院对前来住院治疗的每一位患者都应当进行专业的病情诊断，合理安排病房，制定适当的治疗和护理方案，健全安全保障机制，落实安全保障措施。由于阳江市公共卫生医院对精神病患者王某乙的病情未能作出正确的诊断，对王某乙病发的危险性未能采取适当的安全防范措施，导致王某乙在病发中将同病房的傅某甲殴打致死，故此，应认定阳江市公共卫生医院对王某乙的诊疗护理行为和对该病房的管理确有过错，没有尽到对患者傅某甲的安全保障义务。

3. 如何理解本案中违约责任与侵权责任的竞合？

不管是违约责任或者是侵权责任，均属民事责任管理范畴。[1] 违约责任与侵权责任竞合指的是当事人的同一个行为既符合违约行为特征又符合侵权行为特征，导致违约责任与侵权责任发生重合，受害人既可以选择违约责任亦可以选择侵权责任主张自己的权利。在违约责任与侵权责任竞合这个问题上，现在我国已形成一系列相关法律法规，其中《民法典》第 186 条规定[2]，因当事人一方的违约行为，损害对方人身权益、财产权益的，受损害方有权选择请求其承担违约责任或者侵权责任。根据相关法律规定，当发生违约责任与侵权责任竞合时，受害人可以择一起诉，作出最有利于维护自身合法权益的选择，如若受害人选择不当，也由受害人自行承担不利后果。[3]

在本案中，患者傅某甲被害，是患者王某乙直接侵害的结果，王某乙作为无民事行能力人，应与其监护人一起承担相应的民事赔偿责任。在一审和二审中，阳江市公共卫生医院认为王某乙及其法定监护人何某丁应当作为本案当事人参加诉讼，申请法院追加侵权人王某乙及其监护人何某丁为诉讼的当事人。但是，一审和二审法院均认为，阳江市公共卫生医院接收患有精神分裂症的傅某甲住院治疗，双方已成立了医疗服务合同关系，林一、傅二、黄三作为傅某甲的近亲属提起诉讼，明确请求阳江市公共卫生医院承担合同违约责任，符合原《中华人民共和国合同法》（1999 年版）第 122条"因当事人一方的违约行为，侵害对方人身、财产权益的，受损害方有权选择依照本法要求其承担违约责任或者依照其他法律要求其承担侵权责任"的规定，阳江市公共卫生医院主张应按普通侵权纠纷处理本案与上述法律规定不符，故对其主张不予支持。事实上，本案构成侵权责任与违约责任竞合，由于医患双方并未就该违约责任进

---

[1] 秦睿阳. 民法中侵权责任和违约责任竞合研究 [J]. 法制博览, 2020（6）: 91-92.

[2] 原《民法总则》第一百八十六条和《合同法》第一百二十二条都有相关规定。

[3] 根据原《最高人民法院关于适用〈中华人民共和国合同法〉若干问题的解释（一）》第三十条规定。

行明确约定，而林一、傅二、黄三选择合同违约责任请求赔偿，所以法院参照侵权责任的标准，判决阳江市公共卫生医院承担死亡赔偿金和丧葬费的赔偿并无不妥。本案中，阳江市公共卫生医院承担的是合同违约责任，由于考虑到患者傅某甲在住院治疗期间被他人殴打致死，不属于阳江市公共卫生医院的违约行为直接所致，同时考虑到精神病患者特殊的人身危险性，可适当减轻阳江市公共卫生医院的赔偿责任，因此根据阳江市公共卫生医院未尽相关安全保护义务的过错程度，酌情确定其承担 70% 的赔偿责任。

【思考题】

1. 精神障碍患者权益保护的内容有哪些？

2. 擅自从事精神障碍诊断、治疗有哪些法律责任？

3. 医务人员对待精神障碍患者的哪些行为可能会受到吊销执业证书的行政处罚？

CHAPTER 5　第五章

医疗纠纷法律制度

本章知识要点

　　（1）医疗事故处理法律制度概述；（2）医疗纠纷的预防；（3）医疗纠纷的处理；（4）医疗事故处理法律制度；（5）医疗纠纷中的鉴定；（6）法律责任

第一节　医疗事故处理的法律制度

　　本节主要通过对暴力伤害医护人员类似的社会事件的讨论来引起大家对医疗纠纷的重视，并梳理相关的法律知识。

案例一　患者家属故意杀医案❶

【基本案情】

　　2019年12月24日6时许，北京民航总医院杨副主任医师在办公室中被一位95岁患者的儿子孙某从背后割喉，并被割断了颈部动脉、静脉、神经、气管、食管，以及颈椎的骨头而当场死亡，场面之惨烈不忍回顾。

　　孙某作案后报警投案，被公安机关抓获。2020年1月16日，北京市第三中级人民法院一审对被告人孙某故意杀人案进行公开审理并当庭宣判，认定孙某犯故意杀人罪，判处死刑，剥夺政治权利终身。宣判后，孙某提出上诉。北京市高级人民法院依法开庭审理，于2020年2月14日裁定驳回上诉，维持原判，并对孙某的死刑裁定依法报请最高人民法院核准。最高人民法院经依法复核，于2020年3月17日裁定核准了对孙某的死刑判决。2020年4月3日上午，遵照最高人民法院下达的执行死刑命令，北京市

---

❶　2020年最高人民法院依法惩处涉医犯罪典型案例2。

第三中级人民法院对故意杀人犯孙某依法执行死刑。

【主要法律问题】

1. 暴力伤医案频发的原因是什么？暴力伤医通常有什么目的、手段？
2. 暴力伤医预防机制应当如何构建？

【主要法律依据】

1.《中华人民共和国民法典》

第 3 条　民事主体的人身权利、财产权利以及其他合法权益受法律保护，任何组织或者个人不得侵犯。

第 991 条　民事主体的人格权受法律保护，任何组织或者个人不得侵害。

第 1002 条　自然人享有生命权。自然人的生命安全和生命尊严受法律保护。任何组织或者个人不得侵害他人的生命权。

第 1228 条　医疗机构及其医务人员的合法权益受法律保护。干扰医疗秩序，妨碍医务人员工作、生活，侵害医务人员合法权益的，应当依法承担法律责任。

2.《中华人民共和国刑法》

第 232 条　故意杀人的，处死刑、无期徒刑或者十年以上有期徒刑；情节较轻的，处三年以上十年以下有期徒刑。

3.《医疗纠纷预防与处理条例》

第 53 条　医患双方在医疗纠纷处理中，造成人身、财产或者其他损害的，依法承担民事责任；构成违反治安管理行为的，由公安机关依法给予治安管理处罚；构成犯罪的，依法追究刑事责任。

【理论分析】

1. 暴力伤医案频发的原因是什么？暴力伤医通常有什么目的、手段[1]？

（1）暴力伤医案例频发的原因。

近年来，医患关系日趋紧张，伤医事件一再发生并有向社会问题演化的趋势，已严重影响正常的医疗秩序，危害医务人员的人身安全。其原因主要有五种。一是行为人主观心态不正确。当诊疗结果、医疗费用等与行为人的期望有落差时，会主观强化其认为被医生戏弄、欺骗，遂产生愤恨、发泄甚至意欲报复的心理，部分行为人试图通过暴力手段达到维护自身利益的目的，即认为自己的权利遭受侵害，欲以暴力行为引起政府、社会、舆论关注，给医疗机构施加压力进而解决医疗纠纷。二是医患双方沟通不到位。一些医护人员与患者之间没有进行有效的沟通，有些医护人员未能很好

---

[1]　石龙，农圣. 暴力伤医事件的形成路径及治理策略——基于 12 件涉医犯罪典型案例的质性研究 [J]. 江汉大学学报（社会科学版），2021（6）：51-60，124-125.

地履行告知、照顾义务，使得医患之间不能互相信任、理解，导致纠纷甚至伤医行为的发生。三是媒体虚假或夸大报道。媒体在报道医患纠纷时，为吸引眼球，往往存在夸大事实进行报道的现象。另外，由于对虚假医疗广告的监管不力，导致老百姓对医疗信息越来越不信任，认为有病治不好是因为医院、医生与医药公司之间相互"勾结"导致的，由此，进一步降低了医院的社会形象，破坏了患者对医生的信任和对医疗职业的尊重。四是当事人法律意识不强。部分患者及其家属法律意识薄弱，医疗纠纷发生后，不寻求法律途径，而是借助个人及亲属的力量到医院打砸闹事，严重干扰了医院的正常秩序。五是当前有关医疗纠纷处理的法律法规不够完善，专门处理医疗事故的《医疗事故处理条例》的法律位阶较低，且自 2002 年公布实施以来未作修改，对于现有发生的医疗纠纷不能进行及时有效的规制。

（2）暴力伤医的目的。

部分患者或者其家属因各种原因对医疗机构及其医务人员的行为存在不满心理，从而做出伤害医务人员的违法行为，其目的主要分为四种类型：一是为了发泄就医过程中产生的不满情绪；二是对医务人员心怀怨恨，通过暴力手段报复医务人员；三是认为患者病情未好转、恶化、抢救无效死亡等是医务人员的责任，意图向医疗机构索要高额赔偿；四是有个别肇事者与医务人员之间并不存在医患关系，在情急之下为了面见专家而采取暴力行为，例如"李苏颖寻衅滋事案"中，当事人为了面见专家反映疫情而挟持医务人员。

（3）暴力伤医的手段。

案例中孙某的行为手段属于暴力伤医中最为极端的手段，直接剥夺他人生命，触犯故意杀人罪。在实践中，患者及其家属的暴力伤医行为主要分为五种手段：一是对医务人员进行身体攻击，具体表现为持利器向医务人员行凶、用拳头殴打医务人员以及用医疗器械挟持和伤害医务人员等；二是对物品进行攻击，具体表现为通过打砸的方式破坏医院公共财物、从医生手中抢走其他患者的病历以及通过暴力损坏医务人员的防护装备等；三是对医务人员进行语言、文字攻击，具体表现为通过发送威胁短信恐吓医务人员、大声谩骂医务人员以引起众人围观以及书写侮辱性文字或者发送侮辱性短信侮辱医务人员等；四是聚众围堵医院通道，具体表现为用患者尸体阻碍医院通道或者纠集亲友聚众围堵医院通道等；五是对医院和医务人员进行舆论施压，具体表现为在网络上发布"医闹"视频和在医院大门前拉横幅引起众人的围观等，以此给医院施加压力。

2. 暴力伤医预防机制应当如何构建？

有效解决医患纠纷，预防暴力伤医案件的发生，不是仅靠某个法律的制定即可完成的。构建暴力伤医预防机制需要从立法、司法、执法、普法、医院管理、公安部门协力等多方面入手，进行综合治理。尽管暴力伤医这类突发事件较难以预防，但是为了给医务人员一个安全良好的工作环境，给患者一个平静和谐的治疗场所，社会各界

应当加强暴力伤医预防机制的快速有效构建。❶

（1）完善立法，加强暴力伤医专门性立法。

我国目前共有 9 部法律、3 部行政法规对医务人员的人身保护进行了规定，为防治暴力伤医提供了法治保障。但是，针对防治暴力伤医的专门立法尚存不足，具体体现在对"医疗暴力"尚无明确的概念界定，以及缺乏专门性法律和相应措施。目前的法律体系中，对于医护人员遭受暴力侵权的情形仅适用一般法律的规定，而没有增设加重性处罚。例如，从刑法角度来看，若患者存心伤医、杀医，仅适用刑法中的故意伤害罪、故意杀人罪等一般规定；从行政法规角度来看，根据《医疗纠纷预防与处理条例》第 53 条规定，医疗纠纷当中若出现人身、财产等损害，行为主体依法承担民事责任，构成违反治安管理行为或犯罪的，则依法予以治安管理处罚或承担刑法责任，《医疗事故处理条例》第 59 条也规定，以医疗事故为由寻衅滋事的，轻则予以治安管理处罚，重则需以扰乱社会秩序罪承担刑事责任。

因此在构建暴力伤医预防机制的进程中，首先可以将暴力伤医行为加入刑法中，作为犯罪的加重情形。2020 年施行的《中华人民共和国基本医疗卫生与健康促进法》第 57 条中规定"禁止任何组织或者个人威胁、危害医疗卫生人员人身安全，侵犯医疗卫生人员人格尊严"，但此条规定属于原则性规定，不够具体，对于威胁、侵犯行为的表现形式并未明确，也未规定对于暴力伤医者的惩罚方式；第 46 条中规定医疗卫生机构执业场所属于公共场所，加强了公安机关的秩序维持义务，但还远未达到将暴力伤医入罪的程度。对于实施暴力伤医行为的犯罪嫌疑人，必须依法严惩，以显示法律的权威，维护社会公平正义。

其次，增加医院管理相关法律。目前，我国尚无法律明确医院应当对医务人员的安全进行保障。所以，增加医院管理职责立法用以防范医疗暴力，具有现实意义。

（2）加强医院的安保措施。

医疗机构开设安检通道具有必要性。适当的安检措施能够起到预防暴力行为的作用，从一定程度上保护医护人员的人身安全。具体可从以下三方面入手，加强医院的安保措施。

①加强安保武装巡逻。保安武装巡逻不仅能够及时制止违法行为，还能对准备实施犯罪的犯罪分子起到威慑作用，使其在作案前就能看到医院防卫严密，没机会"下手"，不得不放弃犯罪的想法。

②门诊区域设保安固定岗，加强安全保卫。医院可在门诊导医台或者门诊某些重要区域增设几个保安固定执勤岗位。为安保人员配备对讲机、警棍等，使保安遇到突发事件可以在第一时间内呼叫支援，院方可以在第一时间参与处理，也能对犯罪分子起到威慑作用，使其在作案前就放弃犯罪的想法。

③增加便衣保安巡逻。便衣保安队员巡逻可以及时有效地发现有异常动机、行为

---

❶ 谢军，王海容. 浅议暴力伤医产生之原因及其预防机制之构建［J］. 中国卫生法制，2022（2）：20-25.

的犯罪分子。当犯罪分子进入医院后，在其筹划犯罪、寻找作案对象的过程中，巡逻的便衣保安若能第一时间发现迹象，提供线索，进行布控，就可在犯罪分子实施犯罪前将其抓获或控制。

（3）规范媒体报道，控制舆论。

新闻媒体应谨慎、客观地报道医疗纠纷信息，加强依法有序反映合理诉求和严厉打击"医闹"等违法行为的宣传报道，积极引导患者及其家属按照正当法律途径依法解决医疗纠纷，使全社会都关注和参与到构建和谐的医患关系中。

【思考题】

1. 医患纠纷发生的根源是什么？

2. 如何正确认识医患纠纷？

3. 如何避免和化解医患纠纷？

第二节 医疗纠纷的预防制度

本节主要通过案例对医疗纠纷预防的方式和方法进行讨论，引导大家在工作的过程中重视医疗纠纷预防和化解。

案例二 术中增加支架数量纠纷案[1]

【基本案情】

患者赵某某因心血管阻塞入住河南省某医院，因病情原因需做心脏支架手术，术前医生告诉患者说要放一个支架，但是在术中因病人自身血管病变而导致术中患者血管破裂，在院方对患者进行抢救的过程中临时多放了两个支架，总共放了三个支架。患者出院后感觉身体状态大不如前，后又到其他医院诊疗。患者赵某某认为河南省某医院的诊疗行为存在重大过失，故将河南省某医院诉至河南省郑州市金水区人民法院要求赔偿。收到起诉状后，河南省某医院派遣赵某某的主治医师主动与赵某某进行沟通，就患者对诊疗的疑问进行解释，在打消怀疑后赵某某向金水区人民法院申请撤诉。

【主要法律问题】

1. 社会医疗纠纷预防应从哪些方面着手？

2. 医疗机构如何预防医患纠纷？

---

[1] 河南省郑州市金水区人民法院（2019）豫 0105 民初 9625 号民事裁定书。

3. 医务人员有哪些预防职责？

【主要法律依据】

1.《中华人民共和国民法典》

第 1220 条　因抢救生命垂危的患者等紧急情况，不能取得患者或者其近亲属意见的，经医疗机构负责人或者授权的负责人批准，可以立即实施相应的医疗措施。

2.《医疗纠纷预防和处理条例》

第 6 条　卫生主管部门负责指导、监督医疗机构做好医疗纠纷的预防和处理工作，引导医患双方依法解决医疗纠纷。司法行政部门负责指导医疗纠纷人民调解工作……

第 8 条　新闻媒体应当加强医疗卫生法律、法规和医疗卫生常识的宣传，引导公众理性对待医疗风险；报道医疗纠纷，应当遵守有关法律、法规的规定，恪守职业道德，做到真实、客观、公正。

第 9 条第 1 款　医疗机构及其医务人员在诊疗活动中应当以患者为中心，加强人文关怀，严格遵守医疗卫生法律、法规、规章和诊疗相关规范、常规，恪守职业道德。

第 13 条第 2 款　紧急情况下不能取得患者或者其近亲属意见的，经医疗机构负责人或者授权的负责人批准，可以立即实施相应的医疗措施。

第 17 条　医疗机构应当建立健全医患沟通机制，对患者在诊疗过程中提出的咨询、意见和建议，应当耐心解释、说明，并按照规定进行处理；对患者就诊疗行为提出的疑问，应当及时予以核实、自查，并指定有关人员与患者或者其近亲属沟通，如实说明情况。

第 18 条　医疗机构应当建立健全投诉接待制度，设置统一的投诉管理部门或者配备专（兼）职人员，在医疗机构显著位置公布医疗纠纷解决途径、程序和联系方式等，方便患者投诉或者咨询。

【理论分析】

1. 社会医疗纠纷预防应从哪些方面着手？

国家应建立医疗质量安全管理体系，深化医药卫生体制改革，规范诊疗活动，改善医疗服务，提高医疗质量，预防、减少医疗纠纷。建立社会医疗纠纷预防体系，可以从以下七个方面着手。一是风险预防，国家应建立完善医疗风险分担机制，鼓励医疗机构参加医疗责任保险，鼓励患者参加医疗意外保险；二是自我预防，在诊疗活动中，医患双方应当互相尊重，维护自身权益的同时应当遵守有关法律，患者应当遵守医疗秩序和医疗机构有关就诊、治疗、检查的规定，如实提供与病情有关的信息，配合医务人员开展诊疗活动；三是监督预防，卫生主管部门负责监督指导医疗机构，应当做好医疗纠纷的预防和处理工作，引导医患双方依法解决医疗纠纷；四是协调预防，县级以上人民政府应当加强对医疗纠纷预防和处理工作的领导协调，将其纳入社会治安综合治理体系，建立部门分工协作机制，督促相关部门依法履行职责；五是法律预防，公安机关应当依法维护医疗机构治安秩序，查处打击侵害患者和医务人员合法权益以及扰乱医疗秩序等违法犯罪行为，司法、行政部门负责指导有关医疗纠纷的人民调解工作；六是财政预防，财政、民政、保险监督管理等部门和机构，应当按照各自职责做好医疗纠纷预防和处理的有关工作；七是新闻媒体预防，新闻媒体应当加强医疗卫生法律法规和医疗卫生常识的宣传，引导公众理性对待医疗风险，正确报道医疗纠纷，遵守有关法律法规的规定，恪守职业道德，做到真实、客观、公正。

2. 医疗机构如何预防医患纠纷？

医患纠纷的双方主体即医疗机构及其医务人员和患者及其患者家属，作为主要主体的医疗机构，应当发挥自身功能和优势，为有效预防医患纠纷做出自己的行动。第一，医疗机构应当对其医务人员进行医疗卫生法律、法规、规章及相关规范的普及，定期开展常规诊疗的培训，并加强医务人员的职业道德教育。第二，医疗机构应当制定并实施医疗质量安全管理制度，设置医疗服务质量监控部门或者配备专（兼）职人员，加强对诊断、治疗、护理、药事、检查等工作的规范化管理，优化服务流程，提高服务水平。第三，医疗机构应当加强医疗风险管理，完善医疗风险的识别、评估和防控措施，定期检查措施的落实情况，及时消除隐患。第四，医疗机构应当按照国务院卫生主管部门制定的医疗技术临床应用管理规定，开展与其技术能力相适应的医疗技术服务，保障临床应用安全，降低医疗风险；采用医疗新技术时，应当开展技术评估和伦理审查，确保医疗新技术的开展安全有效、符合伦理。第五，医疗机构应当依照有关法律、法规的规定，严格执行药品、医疗器械、消毒药剂、血液等的进货查验、保管等制度，禁止使用无合格证明文件、过期等不合格的药品、医疗器械、消毒药剂、血液等。第六，开展手术、特殊检查、特殊治疗等具有较高医疗风险的诊疗活动时，医疗机构应当提前预备应对方案，主动防范突发风险。第七，医疗机构应当建立健全医患沟通机制，对患者在诊疗过程中提出的咨询、意见和建议，应当耐心解释、说明，并按照规定进行处理；对患者就诊疗行为提出的疑问，应当及时予以核实、自查，并指定有关人员与患者或者其近亲属进行沟通，如实说明情况。第八，医疗机构应当建立健全投诉接待制度，设置统一的投诉管理部门或者配备专（兼）职人员，在医疗机构显著位置公布医疗纠纷解决途径、程序和联系方式等，方便患者投诉或者咨询。

3. 医务人员有哪些预防职责？

发生医患纠纷时，患者或者其家属在行为时往往不能保持充分的理性思考，进而做出冲动的违法行为，因此医务人员在医患纠纷中，往往处于不利地位，其人身安全随时面临受侵害的风险，严重时即可能发生案例所示的恶性刑事犯罪。为了有效预防制止医患纠纷，保护医务人员的切身安全，医务人员在治疗患者期间，可以从以下五个方面行使自身的预防职责。第一，医务人员在诊疗活动中应当向患者说明病情和医疗措施。第二，需要实施手术，或者开展临床试验等存在一定危险性、可能产生不良后果的特殊检查、特殊治疗的，医务人员应当及时向患者说明医疗风险、替代医疗方案等情况，并取得患者的书面同意。第三，患者处于昏迷等无法自主作出决定的状态或者病情不宜向患者说明等情形下，医务人员应当向患者的近亲属说明情况，并取得其书面同意。第四，紧急情况下不能取得患者或者其近亲属意见的，经医疗机构负责人或者授权的负责人批准，可以立即实施相应的医疗措施。第五，医疗机构及其医务人员应当按照国务院卫生主管部门的规定，填写并妥善保管病历资料。因紧急抢救未能及时填写病历的，医务人员应当在抢救结束后 6 小时内据实补记，并加以注明。任何单位和个人不得篡改、伪造、隐匿、毁灭或者抢夺病历资料。

【思考题】

可以从哪些方面进行医疗纠纷的预防？

第三节　医疗纠纷的处理制度

本节主要通过对案例的分析从整体上介绍我国现行法律制度对医疗纠纷处理的过程及诉讼过程中的某些重要环节。

案例三　证据不足致医疗纠纷索赔无果案[1]

【基本案情】

患者刘某，65 岁，因肺炎入住济南某医院呼吸科，被诊断为心房纤维性颤动、心力衰竭、高血压、肥厚性非梗阻性心肌病、肝硬化（失代偿期）、肺炎，入院 9 日后死亡。患者家属李某认为医院未尽到诊疗义务、注意义务，存在误诊、漏诊的情形，济南某医院则认为其对刘某的诊疗过程合乎规范，无过错。除此之外双方还对病历中的《尸体解剖告知书》存在争议，济南某医院主张其在患者刘某去世后，已向家属书面告知了尸检事宜，但患者家属李某拒绝在《尸体解剖告知书》上签字，该《尸体解剖告知书》的"死者授权亲属签名"一栏记载"拒签字"，患者家属李某则主张济南某医院从未向其告知过尸检事宜，更不存在家属拒绝签字的事实，患者家属李某将济南某医院诉至法院并要求赔偿 72 万余元。

济南市历下区人民法院认为，本案的司法鉴定程序并未进行，患者家属李某以病历资料的记载来举证证明济南某医院存在漏诊，并最终导致患者死亡这一事实，其证据不足，不予认定。患者家属李某认可心房纤颤、心力衰竭是导致刘某死亡的原因，但在认可后第三天刘某尸体即进行了火化，且患者家属李某未提交证据证明其在对尸体进行火化前曾经向济南某医院提出过对患者死因的质疑，因此，家属对尸体的处分

---

[1]　山东省济南市中级人民法院（2016）鲁 01 民终 3570 号民事判决书。

行为应视为其对尸检权利的放弃，判决驳回李某的诉讼请求，李某不服提起上诉。

山东省济南市中级人民法院认为，患者家属李某要求医疗机构承担赔偿责任，应就医疗机构的诊疗行为存在过错、该过错与损害后果之间的因果关系承担举证责任，但现有证据不能证明医院的诊疗行为与患者死亡后果之间存在因果关系，一审判决认定事实清楚，适用法律正确，判决驳回上诉，维持原判。

【主要法律问题】

1. 纠纷发生后医疗机构的告知义务有哪些？

2. 如何保存、封存病历资料及相关材料？

3. 发生医疗纠纷后患者亲属应当如何收集证据？

【主要法律依据】

1.《中华人民共和国民法典》

第1218条　患者在诊疗活动中受到损害，医疗机构或者其医务人员有过错的，由医疗机构承担赔偿责任。

第1219条　医务人员在诊疗活动中应当向患者说明病情和医疗措施。需要实施手术、特殊检查、特殊治疗的，医务人员应当及时向患者具体说明医疗风险、替代医疗方案等情况，并取得其明确同意；不能或者不宜向患者说明的，应当向患者的近亲属说明，并取得其明确同意。

医务人员未尽到前款义务，造成患者损害的，医疗机构应当承担赔偿责任。

第1221条　医务人员在诊疗活动中未尽到与当时的医疗水平相应的诊疗义务，造成患者损害的，医疗机构应当承担赔偿责任。

2.《医疗纠纷预防和处理条例》

第22条　发生医疗纠纷，医患双方可以通过下列途径解决：（一）双方自愿协商；（二）申请人民调解；（三）申请行政调解；（四）向人民法院提起诉讼；（五）法律、法规规定的其他途径。

第43条　发生医疗纠纷，当事人协商、调解不成的，可以依法向人民法院提起诉讼。当事人也可以直接向人民法院提起诉讼。

第44条　发生医疗纠纷，需要赔偿的，赔付金额依照法律的规定确定。

3.《医疗事故处理条例》

第8条　医疗机构应当按照国务院卫生行政部门规定的要求，书写并妥善保管病历资料。因抢救急危患者，未能及时书写病历的，有关医务人员应当在抢救结束后6小时内据实补记，并加以注明。

第18条第1款　患者死亡，医患双方当事人不能确定死因或者对死因有异议的，应当在患者死亡后48小时内进行尸检；具备尸体冻存条件的，可以延长至7日。尸检应当经死者近亲属同意并签字。

【理论分析】

1. 纠纷发生后医疗机构的告知义务有哪些？

患者在医疗机构进行治疗过程中或治疗后，因不满治疗结果或其他原因，与医疗机构发生医疗纠纷后，医疗机构应当告知患者或者其近亲属下列事项：

第一，解决医疗纠纷的合法途径。在发生医疗纠纷时，为了防止暴力伤医等结果的发生，医疗机构应当主动告知患者及其家属解决纠纷保障自身权益的合法途径，其中包括（1）医患双方自行和解：医患双方协商一致达成和解方案。发生医疗纠纷后医患双方协商处理简捷方便，但由于患者在医疗和法律知识方面的欠缺，医疗机构有可能会掩盖医务人员的责任。双方签订和解协议后，原则上是不能反悔的，否则要承担协议中的违约责任。但如果在签订协议时存在重大误解、显失公平情形，或者一方以欺诈、胁迫的手段或者乘人之危，使对方在违背真实意思的情况下订立的情形，则受损害方有权请求人民法院或者仲裁机构变更或者撤销协议。（2）人民调解：医患双方在医疗纠纷调解委员会的协调下达成调解方案。医疗纠纷人民调解委员会是针对医疗纠纷进行调解的人民调解组织，该组织在政府司法行政部门备案，并建立有法律、医学等方面专家组成的专家库，在调解过程中可以有效弥补患方医学知识不足、法律知识欠缺的局限，帮助医患双方更有效地在平等协商基础上达成调解协议。医疗纠纷人民调解委员会调解医疗纠纷不收取费用。（3）行政调解：医患双方在卫生行政部门的主持下达成调解协议。行政调解由医患双方或一方当事人向医疗机构所在地县级卫生行政部门提出申请。若医疗纠纷发生地为直辖市，则向该直辖市区级卫生行政部门提出申请。（4）诉讼：当事人向人民法院提起诉讼，在法院的主持下达成调解方案或由法院依法判决。

第二，有关病历资料、现场实物封存、启封的规定。根据《医疗事故处理条例》第16条规定，发生医疗事故争议时，死亡病例讨论记录、疑难病例讨论记录、上级医师查房记录、会诊意见、病程记录应当在医患双方在场的情况下封存和启封。封存的病历资料可以是复印件，由医疗机构保管。

第三，患者死亡的，还应当告知其近亲属有关尸检的规定。

2. 如何保存、封存病历资料及相关材料？

在医疗纠纷中，患者在医疗机构治疗的病历资料等材料是十分重要的举证材料，同时也是加强医患双方信息透明度的有力工具，因此发生医疗纠纷后，患者要求复制病历资料的，根据《医疗事故处理条例》第10条"患者有权复印或者复制其门诊病历、住院志、体温单、医嘱单、化验单（检验报告）、医学影像检查资料、特殊检查同意书、手术同意书、手术及麻醉记录单、病理资料、护理记录以及国务院卫生行政部门规定的其他病历资料。患者依照前款规定要求复印或者复制病历资料的，医疗机构应当提供复印或者复制服务并在复印或者复制的病历资料上加盖证明印记。复印或者复制病历资料时，应当有患者在场"的规定，医疗机构应当提供复制服务，并在复制的病历资料上加盖证明印记。发生医疗纠纷，若患者死亡的，根据《医疗纠纷预防和处理条例》第16条第3款"患者死亡的，其近亲属可以依照本条例的规定，查阅、复制病历资料"的规定，患者近亲属有权查阅、复制资料。

根据《医疗纠纷预防和处理条例》第24条的规定，发生医疗纠纷需要封存、启封病历资料的，应当在医患双方在场的情况下进行。封存的病历资料可以是原件，也可以是复制件，由医疗机构保管。病历尚未完成需要封存的，对已完成病历先行封存；病历按照规定完成后，再对后续完成部分进行封存。医疗机构应当对封存的病历开列封存清单，由医患双方签字或者盖章，各执一份。病历资料封存后医疗纠纷已经解决，或者患者在病历资料封存满3年未再提出解决医疗纠纷要求的，医疗机构可以自行启封。

3. 发生医疗纠纷患者亲属应当如何收集证据？

根据《民事诉讼法》第67条"当事人对自己提出的主张，有责任提供证据"的规定，在发生医疗纠纷后，患者及其近亲属提起诉讼维护自身合法权益时，需要就自己提出的主张提供证据举证证明。但是在医疗纠纷中，患者及其近亲属与医疗机构相比较，在取证方面往往比较困难，因此患者一方为有效地维护自己的合法权益，应及时、有效地收集证据，在此过程中应当注意以下事项：

（1）发生医疗纠纷时，患者首先要有收集证据的意识，应向医院要求将病历资料立即封存，最好能对封存过程进行公证或请律师及专业人员作见证。医疗机构没有任何理由拒绝或拖延患者的合法要求。

（2）如医务人员因抢救急危患者而需补记病历的，补记期间患者方有权要求在场监督。

（3）在复印、封存和启封病历资料及其他证据时，医院、患者双方都应共同在场，如对血液进行封存保留的，还应由医疗机构通知采供血机构派员到场。切记复印和封存所有能复印和封存的资料，并由医疗机构加盖证明印记。

（4）患者方应及时要求进行相关的检验，并充分行使自己选择检验机构和检验人员的权利。

（5）如案件将要或已进入诉讼程序，应及时向法院申请证据保全或调查取证。患者能复印的病历资料是有限的，而医院有些病历资料的撰写不需经患者签字确认，因此迅速对所有病历资料采取保全措施，可以防止病历资料被篡改。

（6）虽然在医疗纠纷中医院负举证责任，但患者也不应消极等待，应尽量收集有利于自己的一切证据。

【思考题】

医疗纠纷发生后，患者可以通过哪些途径进行救济？需要承担哪些举证责任？

第四节　医疗事故处理法律制度

本节通过一个医疗事故罪的有关案例来介绍我国现行的医疗事故分级制度及医疗事故的处理与监督。

案例四　产妇死亡与值班医生职责案[1]

【基本案情】

产妇陈某于 28 日到市医院住院待产，妇产科甲医生（另案处理）接诊，并对陈某进行了入院常规检查，开具了检验单据。29 日上午，甲医生下班轮休至 31 日，此间产妇陈某的生化检验报告单、尿液分析报告单、血凝检验报告单等报告单分别出结果，均显示情况异常，但甲医生下班后未及时主动跟踪检查结果，也未交代接班医生查看，值班医生也未主动进行查看。产妇 31 日分娩后，出现了阴道出血不止的情况，被告人乙医生发现产妇宫缩欠佳，注射药液后阴道仍有出血，通知二线值班医生丙（另案处理）为产妇进行修补术，丙医生在缝合伤口时才发现产妇检验结果异常的情况。术后当晚被告人乙在书写病历时，又错误地将修补术前已经看到产妇异常的化验结果摘录为大致正常。

次日凌晨，产妇陈某出现异常，被告人乙医生接到护士报告后到病房发现产妇有生命危险，打电话通知丙医生。丙医生赶到病房，检查后认为有失血性休克的危险，于是发出病危通知，组织人员实施抢救，护士按医师开的取血通知单去血库取血，但血库打电话说没有血了，一小时后产妇抢救无效死亡。

省、市两级医学会医疗事故技术鉴定意见均认为：产妇因产后出血导致失血性休克死亡，医方对病情认识不足，抢救措施不力，与患者的死亡存在因果关系。本病例属于一级甲等医疗事故，医方承担主要责任。检察院依法对乙医生涉嫌医疗事故罪提起公诉。

福州市仓山区人民法院认为，被告人乙医生 31 日值班，只在上午查房一次，下午未按规定进行查房，也未重点巡视新入院的产妇，更未检查产妇的化验报告单，提出进一步检查或治疗意见，并且在丙医生发现产妇产前检查化验存在异常情况的情形下，仍未引起高度警觉，以致未能及时发现产妇危急状况，采取抢救措施，造成产妇病情继续恶化，导致最终死亡。省、市医学会均认为，本病例属于一级甲等医疗事故，医方负主要责任，被告人已构成医疗事故罪。鉴于产妇的死亡后果是由多名医生的不当

---

[1]　福建省福州市中级人民法院（2017）闽 01 刑终 1458 号刑事判决书。

行为所致，被告人乙医生犯罪情节轻微，判决被告人乙医生犯医疗事故罪，免于刑事处罚。

乙医生不服，认为一审混淆了值班医师与住院医师的岗位职责，无视产妇未行尸检、死因不明等事实，遂提起上诉。福建省福州市中级人民法院认为，医生甲是产妇的首诊经治医师，被告人乙医生是 31 日一线值班医师，医生丙是二线值班医师。甲医生下班时未将产妇作为新入院患者或危重患者交代给接班医师处置，被告人乙医生没有接到前一班医师的移交，而且该产妇也不是当日新入院的患者，因此该产妇不属于乙医生的查房对象，乙医生也不负有主动查看其化验结果的义务。乙医生接到产后出血的报告后，立即前往诊治，其履行的是值班医师的职责而非经治医师的职责，诊治过程中其已经履行了值班医师的职责。医学会鉴定意见认为，产妇死因是产后出血导致失血性休克死亡，其鉴定意见只是推断结论，是临床诊断，没有进行法医尸检，没有进行病理诊断，对死亡原因的认定不具有唯一性、排他性，不能作为定案依据，且直接将医院责任等同于乙医生个人责任缺乏依据，最终改判乙医生无罪。

【主要法律问题】

1. 医疗事故的等级划分以及处理原则是什么？
2. 医疗事故应如何进行预防和处置？
3. 医疗事故处置中医疗机构及医务人员的职责有哪些？
4. 医疗事故鉴定意见的证明力如何分析？

【主要法律依据】

1.《中华人民共和国民法典》

第 1218 条　患者在诊疗活动中受到损害，医疗机构或者其医务人员有过错的，由医疗机构承担赔偿责任。

2.《中华人民共和国刑法》

第 335 条　医务人员由于严重不负责任，造成就诊人死亡或者严重损害就诊人身体健康的，处三年以下有期徒刑或者拘役。

3.《医疗事故处理条例》

第 13 条　医务人员在医疗活动中发生或者发现医疗事故、可能引起医疗事故的医疗过失行为或者发生医疗事故争议的，应当立即向所在科室负责人报告，科室负责人应当及时向本医疗机构负责医疗服务质量监控的部门或者专（兼）职人员报告；负责医疗服务质量监控的部门或者专（兼）职人员接到报告后，应当立即进行调查、核实，将有关情况如实向本医疗机构的负责人报告，并向患者通报、解释。

第 16 条　发生医疗事故争议时，死亡病例讨论记录、疑难病例讨论记录、上级医师查房记录、会诊意见、病程记录应当在医患双方在场的情况下封存和启封。封存的病历资料可以是复印件，由医疗机构保管。

【理论分析】

1. 医疗事故的等级划分以及处理原则是什么？

根据对患者人身造成的损害程度不同，医疗事故可以分为四级：一级医疗事故指造成患者死亡、重度残疾的事故。二级医疗事故指造成患者中度残疾、器官组织损伤导致严重功能障碍的事故。三级医疗事故指造成患者轻度残疾、器官组织损伤导致一般功能障碍的事故。四级医疗事故指造成患者明显人身损害的其他后果的事故。

处理医疗事故，应当遵循公开、公平、公正、及时、便民的原则。坚持实事求是的科学态度，做到事实清楚、定性准确、责任明确、处理恰当，以此减少医疗纠纷的发生，促进医患关系的和谐。

2. 医疗事故应如何进行预防和处置？

（1）医疗事故的预防。

医疗机构及其医务人员在医疗活动中，必须严格遵守医疗卫生管理法律、行政法规、部门规章和诊疗护理规范、常规，恪守医疗服务职业道德。

在医疗活动中，医疗机构及其医务人员应当将患者的病情、医疗措施、医疗风险等如实告知患者，及时解答其咨询。此外，医疗机构还应当制定防范、处理医疗事故的预案，预防医疗事故的发生，减轻医疗事故的损害。

（2）医疗事故的处置。

在发生医疗事故以后，医患双方应当就医疗事故各种事项采取及时有效的措施，使得医疗事故能够得到妥善处置，避免医疗纠纷的发生。

①医疗过失行为的处理

发生或者发现医疗过失行为，医疗机构及其医务人员应当立即采取有效措施，避免或者减轻对患者身体健康的损害，防止损害扩大。

②医疗事故争议的处理

发生医疗事故争议时，死亡病例讨论记录、疑难病例讨论记录，上级医师查房记录、会诊意见、病程记录应当在医患双方在场的情况下封存和启封。封存的病历资料可以是复印件，由医疗机构保管。

③患者死亡的处理

医患双方当事人不能确定死因或者对死因有异议的，应当在患者死亡后 48 小时内进行尸检，具备尸体冻存条件的，可以延长至 7 天。尸检应当经死者近亲属同意并签字。尸检应当由按照国家有关规定取得相应资格的机构和病理解剖专业技术人员进行。承担尸检任务的机构和病理解剖专业技术人员有进行尸检的义务。医疗事故争议双方当事人可以请法医病理学人员参加尸检，也可以委派代表观察尸检过程。患者在医疗机构内死亡的，尸体应当立即移放太平间。死者尸体存放时间一般不得超过 2 周。逾期不处理的尸体，经医疗机构所在地卫生行政部门批准，并报经同级公安部门备案后，由医疗机构按照规定进行处理。[1]

3. 医疗事故处置中医疗机构及医务人员的职责有哪些？

发生医疗事故后，为及时有效地制止因事故造成的损失进一步扩大，医疗机构及其医务人员应当自觉履行自身的职责，包括：第一，医务人员在医疗活动中发生或者发现医疗事故、可能引起医疗事故的医疗过失行为或者发生医疗事故争议的，应当立即向所在科室负责人报告，科室负责人应当及时向本医疗机构负责医疗服务质量监控的部门或者专（兼）职人员报告；负责医疗服务质量监控的部门或者专（兼）职人员接到报告后，应当立即进行调查、核实，将有关情况如实向本医疗机构的负责人报告，并向患者通报、解释。第二，发生医疗事故的，医疗机构应当按照规定向所在地卫生行政部门报告。发生下列重大医疗过失行为的，医疗机构应当在 12 小时内向所在地卫生行政部门报告：导致患者死亡或者可能为二级以上的医疗事故；导致 3 人以上人身损害后果；国务院卫生行政部门和省、自治区、直辖市人民政府卫生行政部门规定的其他情形。第三，发生或者发现医疗过失行为，医疗机构及其医务人员应当立即采取有效措施，避免或者减轻对患者身体健康的损害，防止损害扩大。第四，发生医疗事故争议时，死亡病例讨论记录、疑难病例讨论记录，上级医师查房记录、会诊意见、病程记录应当在医患双方在场的情况下封存和启封。封存的病历资料可以是复印件，由医疗机构保管。第五，疑似输液、输血、注射、药物等引起不良后果的，医患双方应当共同对现场实物进行封存和启封，封存的现场实物由医疗机构保管；需要检验的，应当由双方共同指定的、依法具有检验资格的检验机构进行检验；双方无法共同指定时，由卫生行政部门指定。第六，患者死亡，医患双方当事人不能确定死因或者对死因有异议的，应当在患者死亡后 48 小时内进行尸检；具备尸体冻存条件的，可以延长至 7 日。尸检应当经死者近亲属同意并签字。尸检应当由按照国家有关规定取得相应资格的机构和病理解剖专业技术人员进行。承担尸检任务的机构和病理解剖专业技术人员有进行尸检的义务。医疗事故争议双方当事人可以请法医病理学人员参加尸检，也可以委派代表观察尸检过程。拒绝或者拖延尸检，超过规定时间，影响对死因判定的，由拒绝或者拖延的一方承担责任。第七，患者在医疗机构内死亡的，尸体应当立即移放太平间。死者尸体存放时间一般不得超过 2 周。逾期不处理的尸体，经医疗机构所在地卫生行政部门批准，并报经同级公安部门备案后，由医疗机构按照规定进行处理。

4. 医疗事故鉴定意见的证明力如何分析[2]？

根据《最高人民法院关于参照〈医疗事故处理条例〉审理医疗纠纷民事案件的通知》的规定，人民法院在民事审判中决定进行医疗事故司法鉴定的，可以交由条例所规定的医学会组织鉴定。所以，医疗事故技术鉴定也属于司法鉴定，要求其作出鉴定

---

[1]　李云芝. 卫生法律法规［M］. 北京：人民军医出版社，2015：28.

[2]　李立，段晓鹏. 论医疗事故技术鉴定意见的证明力及存在的问题［J］. 中国卫生法制，2014（3）：61-64.

意见应当符合诉讼的证据规则，具有证明能力和可采性，能为司法诉讼提供服务。根据《中华人民共和国民事诉讼法》（以下简称《民事诉讼法》）第 77 条规定，鉴定人有权了解进行鉴定所需要的案件材料，必要时可以询问当事人、证人。鉴定人应当提出书面鉴定意见，在鉴定书上签名或者盖章。《最高人民法院关于民事诉讼证据的若干规定》（以下简称《证据规定》）第 29 条规定，审判人员对鉴定人出具的鉴定书，应当审查是否具有下列内容：（一）委托人姓名或者名称、委托鉴定的内容；（二）委托鉴定的材料；（三）鉴定的依据及使用的科学技术手段；（四）对鉴定过程的说明；（五）明确的鉴定结论；（六）对鉴定人鉴定资格的说明；（七）鉴定人员及鉴定机构签名盖章。遗憾的是，医疗事故技术鉴定并不完全符合上述规定。

总之，医疗事故技术鉴定要有证据力，只有具备证据条件，才能作为定案的依据。一项证据不仅需要事实上的关联性，还需要法律上的可采性。所以，医疗事故技术鉴定意见若在形式上存在不符合证据规则要求的问题，就会被排除在证据之外。至于在司法实践中是否能成为定案的依据，只要严格遵守医疗事故技术鉴定意见的证明力问题，以及《民事诉讼法》和《证据规定》中相关的举证、质证程序的规定，问题就会迎刃而解。

【思考题】

如何完善医疗事故纠纷处理的法律制度？

第五节　医疗纠纷中的鉴定制度

本节通过对医院因中药超剂量的诊疗失误致患者死亡案的介绍引出医疗纠纷鉴定对解决医疗纠纷的重要性。

案例五　医方诊疗失误致患者死亡案[❶]

【基本案情】

患者胡女士（58 岁）因身体不适前往甲医院治疗，经三次治疗后，胡女士出现皮肤黄染、眼睛黄、尿黄等症状，前往乙医院就诊，被诊断为"药物性肝炎、急性肝功能衰竭、肝性脑病二期"，后经治疗无效死亡。

患者死亡后，家属提出医疗事故鉴定申请，市医学会经鉴定认为，甲医院违反《药典》，存在中药方剂超量、服药方法不规范及注意事项告知不明确、开具多种具有

---

❶　陕西省汉中市中级人民法院（2015）汉中民一终字第 00333 号民事判决书。

叠加毒性作用的药物等过错，构成一级甲等医疗事故，医方负次要责任。鉴定作出后，双方当事人就赔偿事宜协商未果，原告遂诉至法院请求判令甲医院赔偿其各项损失共计27万余元。

诉讼中，经原告申请，法院委托司法鉴定中心进行鉴定，鉴定意见认为，甲医院对胡女士诊疗行为存在过错，诊疗过错与胡女士患药物性肝炎并最终死亡存在因果关系，建议医方的责任程度为60%～80%。另，医方未在听证会提交执业医师资质证明，若医方执业医师无卫生行政主管部门规定的中医师执业资质，其执业的性质由法院确定。若为非法执业，其诊疗过错责任为80%及以上。

汉中市汉台区人民法院认为，患者在诊疗过程中遭受损害，医方有过错的，应按照过错程度承担民事赔偿责任。庭审中，甲医院提交的执业医师资格证复印件与开具案件所涉处方的医师身份不符，亦未在合议庭确定的时间内补交执业证原件，依据鉴定结论，综合考虑胡女士各方面因素，酌定甲医院应承担80%的赔偿责任，判决甲医院赔偿原告各项损失共计21万余元。

甲医院不服提出上诉，认为鉴定意见没有考虑患者在被乙医院诊断为药物性肝中毒之前又自行服用过他人开具的中药的事实，鉴定意见缺乏客观性，且一审法院不予准许重新鉴定，程序违法。陕西省汉中市中级人民法院判决驳回上诉，维持原判。甲医院提出再审申请，被法院裁定驳回。

【主要法律问题】

1. 医疗纠纷中的鉴定有哪些？
2. 医疗损害鉴定中申请鉴定的内容有哪些？
3. 什么情况下可以申请重新鉴定？

【主要法律依据】

1.《最高人民法院关于民事诉讼证据的若干规定》

第30条第1款　人民法院在审理案件过程中认为待证事实需要通过鉴定意见证明的，应当向当事人释明，并指定提出鉴定申请的期间。

第32条第1款　人民法院准许鉴定申请的，应当组织双方当事人协商确定具备相应资格的鉴定人。当事人协商不成的，由人民法院指定。

第35条第1款　鉴定人应当在人民法院确定的期限内完成鉴定，并提交鉴定书。

第37条第2款　当事人对鉴定书的内容有异议的，应当在人民法院指定期间内以书面方式提出。

第40条　当事人申请重新鉴定，存在下列情形之一的，人民法院应当准许：

（一）鉴定人不具备相应资格的；（二）鉴定程序严重违法的；（三）鉴定意见明显依据不足的；（四）鉴定意见不能作为证据使用的其他情形。……

重新鉴定的，原鉴定意见不得作为认定案件事实的根据。

2. 《最高人民法院关于审理医疗损害责任纠纷案件适用法律若干问题的解释》

第 9 条第 1 款 当事人申请医疗损害鉴定的，由双方当事人协商确定鉴定人。

第 11 条第 1 款 委托鉴定书，应当有明确的鉴定事项和鉴定要求。鉴定人应当按照委托鉴定的事项和要求进行鉴定。

第 15 条 当事人自行委托鉴定人作出的医疗损害鉴定意见，其他当事人认可的，可予采信。

当事人共同委托鉴定人作出的医疗损害鉴定意见，一方当事人不认可的，应当提出明确的异议内容和理由。经审查，有证据足以证明异议成立的，对鉴定意见不予采信；异议不成立的，应予采信。

3. 《医疗事故处理条例》

第 20 条 卫生行政部门接到医疗机构关于重大医疗过失行为的报告或者医疗事故争议当事人要求处理医疗事故争议的申请后，对需要进行医疗事故技术鉴定的，应当交由负责医疗事故技术鉴定工作的医学会组织鉴定；医患双方协商解决医疗事故争议，需要进行医疗事故技术鉴定的，由双方当事人共同委托负责医疗事故技术鉴定工作的医学会组织鉴定。

【理论分析】

1. 医疗纠纷中的鉴定有哪些？

医疗纠纷中的鉴定主要包括医疗损害司法鉴定和医疗事故技术鉴定。

我国医疗纠纷鉴定实行"双轨制"，在原《中华人民共和国侵权责任法》（2009 年版）（以下简称《侵权责任法》（2009 年版））颁布之前，我国医疗纠纷鉴定区分为医疗事故技术鉴定和医疗过错司法鉴定，《医疗事故处理条例》明确规定了由医学会进行医疗事故技术鉴定，《侵权责任法》颁布之后不再区分医疗事故损害赔偿和医疗过错损害赔偿，统称为医疗损害责任，因此在医疗纠纷鉴定方面也统一为医疗损害鉴定，但是在实践中仍然可以自由选择两种模式进行，在医疗损害赔偿诉讼中，既可以组织医疗事故鉴定，也可以组织医疗损害鉴定，也可以两者共同进行鉴定。

二者的主要区别在于：（1）鉴定机构不同。医疗纠纷鉴定中主要存在两种类别的鉴定机构，包括具有鉴定资格的医学会和司法行政机关登记注册并由其监督的司法鉴定机构。医疗事故技术鉴定的鉴定机构是医学会，司法鉴定的鉴定机构是司法鉴定机构。（2）鉴定的内容和结果不同。医疗事故技术鉴定的内容主要为是否属于医疗事故，如果构成医疗事故，级别如何以及如何确定医疗机构的责任。医疗损害司法鉴定的内容主要是院方对患者的医疗行为是否存在司法过错，以及过错的大小和是否具有因果关系。（3）提起鉴定的申请人不同。医疗事故技术鉴定一般由卫生行政部门或者法院委托医学会进行，医疗损害司法鉴定一般由当事人协商确定司法鉴定机构进行，当事人协商不成的由人民法院指定。

2. 医疗损害鉴定中申请鉴定的内容有哪些？

鉴定人可以就下列专门性问题申请医疗损害鉴定：（1）医疗机构的诊疗行为有无过错；（2）医疗机构是否尽到告知义务；（3）医疗机构是否违反诊疗规范实施不必要的检查；（4）医疗过错行为与损害结果之间是否存在因果关系；（5）医疗过错行为在损害结果中的责任程度；（6）人体损伤残疾程度；（7）其他专门性问题。

医学会经鉴定出具的医疗损害鉴定书应当包括下列主要内容：（1）双方当事人的基本情况及要求；（2）当事人提交的材料和负责组织鉴定工作的医学会的调查材料；（3）对鉴定过程的说明；（4）医疗行为是否违反医疗卫生管理法律、行政法规、部门规章和诊疗护理规范、常规；（5）医疗过失行为与人身损害后果之间是否存在因果关系；（6）医疗过失行为在医疗事故损害后果中的责任程度；（7）对医疗事故患者的医疗护理医学建议；（8）其他有关问题。

司法鉴定机构经鉴定出具的医疗损害鉴定书一般包括下列内容：（1）双方鉴定人的基本情况及委托鉴定事项；（2）当事人提交的材料和其他调查所取得的材料；（3）对鉴定过程的说明；（4）诊疗行为是否违反法律、行政法规、规章以及《临床诊疗指南》《临床操作技术规范》等有关诊疗规范的规定或诊疗常规，是否低于当时的医疗水平，是否实施了不必要的检查，是否履行了告知义务等，有过错的根据过错程度表述为：重大过失、一般过失、轻微过失；（5）患者人身损害后果、伤残等级；（6）医疗过错行为与损害后果是否存在因果关系，对医疗过错行为在损害后果产生过程中的原因力进行分析，并可根据原因力大小表述为：全部因素、主要因素、同等因素、次要因素、轻微因素、无因果关系；（7）其他有关问题。

3. 什么情况下可以申请重新鉴定？

根据《证据规定》第40条的规定，当事人对鉴定结果不满可以申请重新鉴定的主要有四种情形：一是鉴定人不具备相应资格的；二是鉴定程序严重违法的；三是鉴定意见明显依据不足的；四是鉴定意见不能作为证据使用的其他情形。

医疗纠纷鉴定的鉴定机构可以是负责医疗损害技术鉴定工作的医学会组织，也可以是司法行政部门负责登记管理的司法鉴定机构。在诉讼过程中，当事人申请医疗损害鉴定的，应当由双方当事人协商确定有鉴定资格的鉴定机构，当事人协商不成的，由人民法院指定。

鉴定程序违法是指鉴定机构在从事鉴定活动时应遵循而未遵循与鉴定事项有关的方法、步骤、时限等。医疗纠纷的鉴定程序也包括鉴定的委托程序、实施程序、出庭作证程序等，如司法鉴定机构必须由双方共同选定，鉴定意见必须经过法庭质证才能作为证据使用等程序规定，程序的每一阶段都需要符合法律的要求，将"一般违法"与"严重违法"相区分。在医疗纠纷鉴定中，由医学会组织的医疗损害鉴定与由司法机构进行的医疗损害鉴定在鉴定程序上也有很大的不同，由医学会组织的鉴定主要依照《医疗事故处理条例》《医疗事故技术鉴定暂行办法》等规定的鉴定程序进行，由司法鉴定机构进行的鉴定主要依照《证据规定》《人民法院对外委托司法鉴定管理规定》等规定的鉴定程序进行。

鉴定意见明显依据不足是从实体上进行判断的，鉴定意见作为一种法定证据应当具备合法性、客观性、关联性。鉴定意见的合法性是指鉴定意见必须符合相关法律法规的规定，包括主体合法、程序合法、来源合法和形式合法。鉴定意见的客观性指鉴定意见所确认的事实是客观真实的，不能以人的意志为转移，作出鉴定意见所依据的材料应当是真实存在的，能够作出科学的符合逻辑的判断，所依据的手段和方法能够获得其他专业人员的支持，而不能主观上进行猜想。鉴定意见的关联性是指待证事实与案件有紧密的联系，对案件争议的问题有较大的证明力。

重新鉴定是在其他补充鉴定救济手段用尽的情况下才考虑使用的方式，也应当从严把握，防止和避免不必要的重新鉴定。因此对有缺陷的医疗损害鉴定意见，可以通过补充鉴定、重新质证或者补充质证等方法解决的，人民法院不予重新鉴定。

【思考题】

1. 医疗鉴定结果在诉讼中的法律性质。
2. 鉴定结果如何使用？

第六节　医疗纠纷法律责任剖析

本节通过两个案例来对医务人员及医疗机构的法律责任进行剖析，由此探讨医务人员及医疗机构对其造成的医疗事故应承担哪些法律责任。

案例六　医疗事故责任承担案[1]

【基本案情】

被告人梁某（女）系甲医院的护士，未取得麻醉师和医生执业资格。妇产科医生陶某派助理医师孙某给被害人杨某做人流手术，被告人梁某给患者静脉推注丙泊酚，手术结束后患者昏迷，经抢救无效死亡。经法医鉴定，被害人系因在人流手术过程中静脉推注麻醉药丙泊酚导致呼吸抑制而死亡。

本案被告人梁某虽具有护士执业资格，但是未取得麻醉师和医生执业资格，所以宿州市埇桥区人民检察院指控被告人梁某犯非法行医罪。宿州市埇桥区人民法院认为，被告人梁某身为医院的护士，未取得麻醉师和医生执业资格，在为被害人做人流手术时注射麻醉药丙泊酚，造成被害人死亡，其行为构成非法行医罪，判处有期徒刑十年，

---

[1]　安徽省宿州市中级人民法院（2016）皖 13 刑终 25 号刑事判决书。

罚金人民币一万元。梁某上诉提出，她作为医院的护士，是按照医院安排并遵照医嘱注射的丙泊酚，是履行职务行为，不构成非法行医罪，应构成医疗事故罪。

宿州市中级人民法院认为，上诉人梁某给被害人推注麻醉药丙泊酚，按照该药的使用说明，应当由受过训练的麻醉师或加强监护病房的医生给药，梁某明知自己不具有上述资质，仍给被害人推注丙泊酚，明显违反法律、法规、规章和诊疗护理规范、常规。梁某的该严重违规行为与被害人的死亡之间具有直接的因果关系，医院在诊疗活动中存在明显过错，且不具有无法预见和无法避免的免责情形。被害人的死亡系医疗机构和医务人员在诊疗活动中过失造成的一起医疗事故；上诉人梁某在诊疗活动中严重不负责任，造成就诊人死亡，其行为符合医疗事故罪的构成要件，故对梁某构成医疗事故罪的上诉理由予以采纳。原判认定事实清楚，审判程序合法，但定罪、量刑不当，本院予以纠正，改判梁某犯医疗事故罪，判处有期徒刑二年。

【主要法律问题】

1. 医务人员可能承担哪些种类的法律责任？
2. 医疗机构及医务人员的民事责任有哪些？
3. 医疗机构及医务人员的刑事责任有哪些？

【主要法律依据】

1.《中华人民共和国民法典》

第 1218 条　患者在诊疗活动中受到损害，医疗机构或者其医务人员有过错的，由医疗机构承担赔偿责任。

第 1222 条　患者在诊疗活动中受到损害，有下列情形之一的，推定医疗机构有过错：（一）违反法律、行政法规、规章以及其他有关诊疗规范的规定……

第 1222 条　患者在诊疗活动中受到损害，有下列情形之一的，推定医疗机构有过错：（一）违反法律、行政法规、规章以及其他有关诊疗规范的规定；（二）隐匿或者拒绝提供与纠纷有关的病历资料；（三）遗失、伪造、篡改或者违法销毁病历资料。

第 1224 条　患者在诊疗活动中受到损害，有下列情形之一的，医疗机构不承担赔偿责任：（一）患者或者其近亲属不配合医疗机构进行符合诊疗规范的诊疗；（二）医务人员在抢救生命垂危的患者等紧急情况下已经尽到合理诊疗义务；（三）限于当时的医疗水平难以诊疗。

前款第一项情形中，医疗机构或者其医务人员也有过错的，应当承担相应的赔偿责任。

2.《中华人民共和国刑法》

第 335 条　医务人员由于严重不负责任，造成就诊人死亡或者严重损害就诊人身体健康的，处三年以下有期徒刑或者拘役。

第 336 条第 1 款　未取得医生执业资格的人非法行医，情节严重的，处三年以下有期徒刑、拘役或者管制，并处或者单处罚金；严重损害就诊人身体健康的，处三年以上十年以下有期徒刑，并处罚金；造成就诊人死亡的，处十年以上有期徒刑，并处罚金。

3.《医疗纠纷预防和处理条例》

第 47 条　医疗机构及其医务人员有下列情形之一的，由县级以上人民政府卫生主管部门责令改正，给予警告，并处 1 万元以上 5 万元以下罚款；情节严重的，对直接负责的主管人员和其他直接责任人员给予或者责令给予降低岗位等级或者撤职的处分，对有关医务人员可以责令暂停 1 个月以上 6 个月以下执业活动；构成犯罪的，依法追究刑事责任：（一）未按规定制定和实施医疗质量安全管理制度……

【理论分析】

1. 医务人员可能承担哪些种类的法律责任？

医务人员如违反相关法律法规可能会承担行政责任、民事责任和刑事责任。

医疗事故行政责任主体是医疗机构及其医务人员，医疗机构对医疗事故的行政责任主要表现为行政处罚。据《医疗事故处理条例》第 55 条规定，医疗机构发生医疗事故的，由卫生行政部门根据医疗事故等级和情节，给予警告；情节严重的，责令限期停业整顿直至由原发证部门吊销执业许可证，对负有责任的医务人员依照刑法关于医疗事故罪的规定，依法追究刑事责任；尚不够刑事处罚的，依法给予行政处分或者纪律处分。对发生医疗事故的有关医务人员，除依照前款处罚外，卫生行政部门并可以责令暂停 6 个月以上 1 年以下执业活动；情节严重的，吊销其执业证书。医疗事故民事责任主体是医疗机构，《民法典》第 1218 条就规定了医务人员在诊疗活动中的过错属于职务行为，由医疗机构承担民事赔偿责任。医疗事故刑事责任的主体是医疗人员，《刑法》规定了医疗事故罪，本罪的责任承担主体为因严重不负责任造成就诊人死亡或严重身体健康损害的医务人员。

2. 医疗机构及医务人员的民事责任有哪些？

根据《民法典》侵权责任编的规定，患者在诊疗活动中受到损害，医疗机构及其医务人员有过错的，由医疗机构承担赔偿责任。医务人员在诊疗活动中未尽到与当时医疗水平相应的诊疗义务，造成患者损害的，医疗机构应当承担赔偿责任。医疗机构及其医务人员的合法权益，受法律保护，干扰医疗秩序，妨害医务人员工作、生活的应当依法承担法律责任。《医疗纠纷预防和处理条例》中规定发生医疗纠纷需要赔偿的，赔付金额依照法律的规定确定，医患双方在医疗纠纷处理中，造成人身财产或者其他损害的，依法承担民事责任。

医疗损害责任，适用一般过错责任，且限定了医务人员在诊疗活动的过错属于职务行为，造成损害的由其所服务的医疗机构承担责任，即医疗机构及医务人员从事诊疗活动有过错的，医疗机构才承担赔偿责任。医疗机构承担医疗损害责任的构成要件包括：（1）医疗机构、医务人员实施了诊疗活动。所谓的"诊疗活动"是指通过各种检查，使用药物、器械及手术等方法，对疾病作出判断和消除疾病、缓解病情、减轻痛苦、改善功能、延长生命、帮助患者恢复健康的活动。（2）患者遭受实际损害。医疗机构、医务人员给患者造成的损害既包括人身损害也包括财产损害。（3）诊疗活动与损害结果之间存在因果关系。患者遭受的损害是由医疗机构或者医务人员的诊疗行为造成的。（4）医疗机构或者医务人员存在主观上的过错。判断医疗机构、医务人员是否有过错，应当以诊疗活动是否尽到应当尽到的注意义务为标准，判断医务人员是否尽到诊疗义务首先就是要看诊疗行为是否符合法律、法规、规章以及有关诊疗护理规范的要求，其次还要看同一时期一般医务人员在同一情况下能够尽到的注意义务。

患者在诊疗活动中受到损害，有下列情形之一的，医疗机构不承担赔偿责任：（1）患者或者其近亲属不配合医疗机构进行符合诊疗规范的诊疗。因为在诊疗过程中，虽然需要由医务人员主导进行，但同样需要患者一方的配合，比如如实告知自己的患病史、过敏史，按医嘱服药、恢复等，都会在很大程度上影响诊疗的效果。（2）医务人员在抢救生命垂危的患者等紧急情况下已经尽到合理诊疗义务。在出现抢救生命垂危的患者等紧急情况下，即使不能取得患者或近亲属意见的，在经过医疗机构负责人或授权的负责人批准后，医务人员也可以立即实施相应的诊疗措施进行救治。（3）限于当时的医疗水平难以诊疗。现代医学水平再高也并不意味着可以解决所有的疾病，目前仍有许多疾病是人类无法救治的，在医务人员已经根据目前的诊疗水平和诊疗规范竭尽全力对患者进行救治仍不能成功的情况下，这就属于医疗技术不能解决的范畴，不能归责于医务人员。在这三种情形中，第二种、第三种是绝对免责事由，第一种情形是相对免责，在第一种情形中，医疗机构或者医务人员也有过错的，仍应当承担相应的赔偿责任。

3. 医疗机构及医务人员的刑事责任有哪些？

医疗机构及其医务人员的行为属于以下三种情况之一时，由司法机关对直接责任人依法追究刑事责任：（1）发生医疗事故或事件后，丢失、涂改、隐匿、伪造、销毁病案和有关资料，情节严重构成犯罪的；（2）医务人员由于极端不负责任，致使病员死亡，情节恶劣已构成犯罪的。

医疗事故刑事责任的主体主要是医务人员，我国《刑法》第335条规定了医疗事故罪，医务人员由于严重不负责任造成就诊人死亡或者严重损害就诊人身体健康的，处三年以下有期徒刑或者拘役。此外，医务人员在实践工作中还可能构成受贿罪、滥用职权罪、玩忽职守罪：卫生行政部门的工作人员在处理医疗事故过程中，利用职务上的便利收受他人财物或者其他利益，滥用职权，玩忽职守，或者发现违法行为不予查处，造成严重后果的，依照《刑法》关于受贿罪、滥用职权罪、玩忽职守罪或者其他有关罪的规定，依法追究刑事责任。《刑法》第336条还规定了非法行医罪，指未取得医生职业资格的人，非法行医，情节严重的行为。

认定医务人员的医疗行为构成医疗事故罪，需要满足以下构成要件：在客观要件上，一是医务人员严重不负责任。"严重不负责任"即医务人员在诊疗活动中违反法律法规或诊疗护理规章制度，不履行或不正确履行诊疗护理职责，如擅离职守、无正当理由拒绝对危急就诊人实行必要的医疗救治、未经批准擅自开展实验性治疗、使用未经批准使用的药品、医疗器械等情形。二是客观上造成了就诊人死亡或者严重损害就诊人身体健康的情况。"严重损害就诊人身体健康"指造成就诊人严重残疾、重伤、感染艾滋病等难以治愈的疾病等。如果医务人员违反法律法规的规定但没有造成就诊人死亡、残疾等身体严重损害的情况不构成本罪。三是严重不负责任与客观损害结果之间存在刑法上的因果关系。在主观要件上，本罪在主观方面表现为过失，即医务人员主观上对就诊人的伤亡存在重大过失，这里要求的是重大过失而不是一般过失，即医务人员的诊疗行为严重违反了相关诊疗规范规定以及未尽到一般医务人员能够尽到的注意义务。在主体要件上，本罪的主体为特殊主体，必须是达到刑事责任年龄具有刑事责任能力的、实施了违法医疗行为的医务人员，医务人员是指具有一定医学知识和医疗技能，取得行医资格，直接从事医疗护理工作的人员，包括医院的医务人员以及经批准的个体行医者。

【思考题】

医疗纠纷中患者或者医疗机构承担相应责任时，另一方的救济途径有哪些？

案例七　医疗损害赔偿纠纷案[1]

【基本案情】

余某惠之夫，李某（一）、李某（二）之父李某富，因腰部疼痛不适，于2009年7月22日到重庆某医院治疗，7月26日，病情持续加重，被诊断为双肺感染。7月31日，李某富经全院会诊后被转入感染科继续治疗，并被下达病危通知。8月2日诊断为：多器官功能障碍综合征。8月9日，李某富经抢救无效死亡，死亡诊断为：多器官功能障碍综合征，脓毒血症，双肺肺炎，右踝软组织感染。

余某惠、李某（一）、李某（二）向重庆市沙坪坝区人民法院提起诉讼。一审过程中，根据重庆某医院的申请，双方当事人共同选定鉴定机构，鉴定意见表明重庆某医院对李某富的医疗行为中存在过错，其过错行为是导致患者死亡的间接因素。后余某惠、李某（一）、李某（二）在二审中申请重新鉴定，鉴定意见为：李某富的死亡原因符合脓毒败血症继发全身多器官功能衰竭，主要与其个人体质有关；重庆某医院的医疗行为存在一定过错，与患者死亡之间存在一定因果关系，属次要责任，建议参与度40%左右。余某惠、李某（一）、李某（二）向重庆市高级人民法院申请再审，

---

[1] 最高人民法院公布保障民生典型案例。最高人民法院（2013）民抗字第55号民事判决书。

160

再审判决维持原判。

最高人民检察院抗诉认为，（2012）渝高法民提字第 00155 号民事判决认定的基本事实缺乏证据证明，适用法律确有错误。

最高人民法院认为，李某富的死亡原因系脓毒败血症继发全身多器官功能衰竭所致，主要与其个人体质和所患疾病有关；但重庆某医院在对前来就诊的患者李某富进行治疗的过程中，其医疗行为存在过错，并与患者死亡之间存在着一定的因果关系，应当承担次要责任。重庆某医院应按照其过错程度对医疗费用承担赔偿责任。在本案中，重庆某医院的医疗行为并未进行医疗事故鉴定，余某惠、李某（一）、李某（二）对重庆某医院的过错行为给李某富造成死亡的结果提起民事侵权诉讼，要求其承担死亡赔偿金，符合民法通则的有关规定。《最高人民法院关于审理人身损害赔偿案件适用法律若干问题的解释》是根据民法通则制定的，已经于 2004 年 5 月 1 日起施行，对死亡赔偿金的适用范围和计算标准都有明确规定。……原审判决认为余某惠、李某（一）、李某（二）关于死亡赔偿金的诉讼请求没有法律依据，属适用法律错误，本院依法予以改判。综上，原审判决在认定事实和适用法律方面都存在错误之处，最高人民检察院抗诉理由成立。最高人民法院据此作出相应判决。

【主要法律问题】

1. 医疗损害责任的构成要件有哪些？
2. 医疗损害赔偿案件中司法鉴定应如何应用？
3. 医疗损害死亡赔偿金应如何确定？

【主要法律依据】

1. 《中华人民共和国民法典》

第 1218 条　患者在诊疗活动中受到损害，医疗机构或者其医务人员有过错的，由医疗机构承担赔偿责任。

第 1219 条　医务人员在诊疗活动中应当向患者说明病情和医疗措施。需要实施手术、特殊检查、特殊治疗的，医务人员应当及时向患者具体说明医疗风险、替代医疗方案等情况，并取得其明确同意；不能或者不宜向患者说明的，应当向患者的近亲属说明，并取得其明确同意。

医务人员未尽到前款义务，造成患者损害的，医疗机构应当承担赔偿责任。

2. 《中华人民共和国基本医疗卫生与健康促进法》

第 43 条第 2 款　医疗卫生机构应当按照临床诊疗指南、临床技术操作规范和行业标准以及医学伦理规范等有关要求，合理进行检查、用药、诊疗，加强医疗卫生安全风险防范，优化服务流程，持续改进医疗卫生服务质量。

【理论分析】

1. 医疗损害责任的构成要件有哪些？

（1）医疗损害责任理论。

目前我国的医疗损害责任范围借鉴法国医疗损害责任法，归纳为医疗伦理损害责任、医疗技术损害责任和医疗产品损害责任。医疗伦理损害责任是指医疗机构和医务人员违背医疗良知和医疗伦理的要求，违背医疗机构和医务人员的告知或者保密义务，具有医疗伦理过失，造成患者人身损害以及其他合法权益损害的医疗损害责任。医疗产品损害责任是指医疗机构在医疗过程中使用有缺陷的药品、消毒药剂、医疗器械以及血液及其制品等医疗产品，因此造成患者人身损害，医疗机构或者医疗产品生产者、销售者应当承担的医疗损害赔偿责任。医疗技术损害责任是指医疗机构及医务人员在医疗活动过程中，违反医疗技术上的高度注意义务，具有违背当时的医疗水平的技术过失，造成患者人身损害的医疗损害责任。本案例中重庆某医院被鉴定出医疗行为存在过错致使患者李某富病情不断恶化并最终死亡，应承担上述第三类医疗技术损害责任。此外，著名民法学者程啸将此类医疗损害责任称为狭义的医疗损害责任，即"仅指医疗机构及其医务人员在诊疗活动中过失侵害患者生命权、身体权、健康权的侵权责任"。❶

（2）对医疗损害责任构成的探讨。

《民法典》第 1218 条规定"患者在诊疗活动中受到损害，医疗机构或者其医务人员有过错的，由医疗机构承担赔偿责任"。根据该法条的规定，狭义的医疗损害责任构成要件有四项：①行为属于专业机构及其专业人员作出的专业行为和职务行为，即医疗机构或者其医务人员的诊疗行为；②患者存在人身损害，这种损害或为新的医源性损害，或为其原发性疾病的加重等，表现形式多样；③医方诊疗行为与患者损害后果之间具有某种程度的因果关系；④医方具有过错。以下进行逐项分析：

a. 关于行为主体和行为的辨析。国务院《医疗机构管理条例》及《医疗机构管理条例实施细则》（以下简称《条例》《细则》）专门对"医疗机构"进行了定义和类别列举。《细则》第 2 条规定，"条例及本细则所称医疗机构，是指依据条例和本细则的规定，经登记取得《医疗机构执业许可证》的机构"。《细则》第 3 条又对医疗机构类别进行了详细的列举。《中华人民共和国医师法》第 2 条规定，"本法所称医师，是指依法取得医师资格，经注册在医疗卫生机构中执业的专业医务人员，包括执业医师和执业助理医师"。但是，对医务人员范围的理解不可局限于医师，其他受过专业教育、经过职业培训并取得执业资格的广义上的医学类专业人员，例如护士、药师及检验师等，均属于医务人员。不具有医务人员身份而为他人诊疗疾病，可能构成非法行医而需承担相应责任。此外必须明确，患者损害是发生在诊疗活动中，即发生在医务人员按照自身职责要求履行诊疗义务对患者进行治疗的过程中，若患者损害发生在非治疗场合，例如在病区走廊行走时不慎滑倒，则可能引发医疗机构的安全保障义务之责任。

b. 关于医疗损害的理解。医疗损害是指在诊疗护理过程中，医疗过错行为对患者所产生的不利事实。这些损害的表现形式主要为患者"死亡""残疾或功能障碍""丧

---

❶ 程啸. 侵权责任法［M］. 2 版. 北京：法律出版社，2015：548.

失生存机会""丧失康复机会""错误受孕、生产和出生"及其他。此外，"还应该包括由于医务人员的医疗过错行为致使患者原有病情加重或病程延长，而这种病情加重或病程延长在患者得到适当诊疗的情况下，或在医务人员不发生医疗过错行为的情况下是不会发生的"。❶

c. 关于因果关系的认定。"过错医疗行为与患者损害后果之间存在引起与被引起的关联性，可称为医疗损害中的因果关系。"❷ 目前"相当因果关系说"几乎成为大陆法系关于侵权法因果关系理论的通说。"相当因果关系学说的基本含义是：加害人必须对以他的不法行为为相当条件的损害负赔偿责任，但是对超出这一范围的损害后果不负民事责任。相当原因必须是损害后果发生的必要条件，并且具有极大增加损害后果发生的可能性即'客观可能性'。如果诊疗行为与患者的损害后果之间没有达到这种客观可能性，那么医疗机构就不承担侵权赔偿责任。"❸

d. 对医疗过错判定标准的掌握。民法上的过错分为故意和过失两个类型。医疗损害责任中的行为人过错基本属于过失类型。"过失系违反预见及预防侵害他人权利的行为义务，并以是否尽善良管理人之注意为断。"而"善良管理人的注意，乃通常合理人的注意，系一种客观化或类型化的过失标准，即行为人应具其所属职业（如医生、建筑师、律师、药品制造者），某种社会活动的成员（如汽车驾驶人）或某年龄层（老人或未成年人）通常所具的智识能力"。❹ 即医疗过失的认定应采取客观化的标准，以此判断医方是否恪尽行业职守尽到了应尽的注意义务。此外，狭义的医疗损害责任属于过错责任类型，一般情况下，受害方（患方）需对行为方（医方）的诊疗行为是否具有过错承担举证责任，某些特殊情况下适用推定过错规则。

正因为狭义的医疗损害责任属于过错责任类型，在诉讼程序中举证责任分配方面适用"谁主张谁举证"的一般举证责任分配规则，故而患方应当就是否存在医疗损害的诸多构成要件例如医方的医疗行为是否存在过错及行为与损害后果之间是否存在因果关系等负举证责任。但是"诊疗损害责任案件具有特殊性，由于其高度的专业性、显著的实验性、探索性等特点，对诊疗行为是否有过错、过错与患者损害之间是否有因果关系，一般难以通过普通的生活经验去判断，必须借助于专业的医疗损害鉴定来解决"。❺ 诉讼实践中患方往往在递交起诉状的同时也递交了司法鉴定申请书，由法院委托鉴定机构按照本行业技术规范对诊疗行为进行专业上的评判并最终作出影响法院事实认定和责任划分的鉴定意见。

---

❶ 司法部司法鉴定科学技术研究所，上海市法医学重点实验室. 医疗纠纷的鉴定与防范［M］. 北京：科学出版社，2015：37-42.

❷ 夏文涛，徐洪新，蒋士浩. 医疗损害鉴定技术指引［M］. 北京：科学出版社，2020.

❸ 最高人民法院侵权责任法研究小组.《中华人民共和国侵权责任法》条文理解与适用［M］. 北京：人民法院出版社，2016：388-389.

❹ 王泽鉴. 侵权行为［M］. 3版. 北京：北京大学出版社，2016：299-300.

❺ 沈德咏，杜万华. 最高人民法院医疗损害责任司法解释理解与适用［M］. 北京：人民法院出版社，2018：86.

2. 医疗损害赔偿案件中司法鉴定应如何应用？

在医疗损害赔偿案件的审理中，大部分的案件都需要借助鉴定机构鉴定是否存在医疗纠纷损害责任以及责任承担的大小。目前有关医疗损害责任纠纷的鉴定主要有各级医学会负责的医疗事故鉴定和司法机构进行的司法鉴定两种。

司法部《司法鉴定程序通则》第 2 条规定，"司法鉴定是指在诉讼活动中鉴定人运用科学技术或者专门知识对诉讼涉及的专门性问题进行鉴别和判断并提供鉴定意见的活动。司法鉴定程序是指司法鉴定机构和司法鉴定人进行司法鉴定活动的方式、步骤以及相关规则的总称"。2021 年 1 月 6 日，国家卫生健康委发出《关于加强医疗损害鉴定管理工作的通知》，中华医学会根据此通知，向全国各地医学会印发《医学会医疗损害鉴定规则（试行）》的通知，在第 2 条中规定，"本规则所称医疗损害鉴定，是指对医疗机构或者其医务人员的诊疗行为有无过错、过错行为与患者损害后果之间是否存在因果关系、损害后果及程度、过错行为在损害后果中的责任程度（原因力大小），以及因医疗损害发生的护理期、休息期、营养期等专门性问题进行专业技术鉴别和判断并提供鉴定意见的活动"。必须注意的是，医学会虽然对医疗损害鉴定进行了定义，但当前实践中绝大部分医疗损害司法鉴定是由独立的具有相关鉴定资质的司法鉴定机构完成，医学会组织仍然主要进行医疗事故技术鉴定。

关于鉴定意见的性质及其在诉讼上的作用，最高人民法院法官认为，"根据鉴定意见是对案件事实认定中的专门性问题的意见性证据这一基本属性，医疗损害鉴定中的鉴定事项应当属于案件事实认定问题，同时还应当属于非通过专业判断就无法认定的专门性问题"。[1] "作为借助于专业理论和科学的技术手段，通过对鉴定对象的鉴别和判断而得出的鉴定意见，因其较强的专业性、严谨的逻辑性和结论的科学性，使得该类证据天然具有很强的证明力。"[2] 有鉴于此，医疗机构及其医务人员必须高度重视医疗损害鉴定活动，并在医疗损害责任纠纷诉讼过程中做好各项应对准备工作。

3. 医疗损害死亡赔偿金应如何确定？

死亡赔偿金是指侵害他人生命权，而由赔偿义务人按照一定的标准对受害人的近亲属予以的一定数量的赔偿。死亡赔偿金的性质主要有"抚养丧失说"和"继承丧失说"两种学说。"抚养丧失说"主张：因加害人的不法行为导致受害人死亡，导致那些应当由受害人抚养的未成年人或丧失劳动能力又没有生活来源的成年家属的经济供给缺失，这一财产损害应当由加害人承担。在这一情况下，加害人的赔偿范围，也就是受害人生前抚养的人本应从受害人收入中获取的自己的扶养费的份额。[3] "继承丧失说"主张：由于加害人的行为导致受害人死亡，使得受害人本应在正常生活阶段遗留给继

[1] 郭锋，吴兆祥，陈龙业. 最高人民法院关于医疗损害责任纠纷司法解释条文释义与实务指南 [M]. 北京：中国法制出版社，2018：132-133.
[2] 最高人民法院民事审判第一庭. 最高人民法院新民事诉讼证据规定理解与适用 [上] [M]. 北京：人民法院出版社，2020：362.
[3] 杨立新. 侵权责任法 [M]. 北京：法律出版社，2010：134.

承人的财产丧失，也就是说，假如受害人尚存于人世，其继承人享有期待继承权，而加害人的行为导致继承人的期待继承权受到损害。❶《最高人民法院关于审理人身损害赔偿案件适用法律若干问题的解释》将死亡赔偿金定性为死者未来可能的收入损失，采取了"继承权丧失说"。但是《医疗事故处理条例》第50条及《最高人民法院关于民事侵权精神损害赔偿责任若干问题的解释》第9条将死亡赔偿金与残疾赔偿金规定为精神损害抚慰金。

根据《民法典》第1179条的规定，侵害他人造成人身损害的，应当赔偿医疗费、护理费、交通费、营养费、住院伙食补助费等为治疗和康复支出的合理费用，以及因误工减少的收入。造成残疾的，还应当赔偿辅助器具费和残疾赔偿金；造成死亡的，还应当赔偿丧葬费和死亡赔偿金。《医疗事故处理条例》与《民法典》中关于人身损害赔偿规定的赔偿标准与赔偿项目不一致，《医疗事故处理条例》中并没有死亡赔偿金的规定。《民法典》是基本法律，而《医疗纠纷处理条例》是行政法规，行政法规的效力层次低于法律，因此医疗损害的赔偿类型应当按照《民法典》的规定，而且《医疗事故处理条例》规定的赔偿项目仅限于医疗事故责任赔偿，而不包括医疗过失责任赔偿。

根据《最高人民法院关于审理人身损害赔偿案件适用法律若干问题的解释》第15条规定的死亡赔偿金的计算标准：死亡赔偿金按照受诉法院所在地上一年度城镇居民人均可支配收入标准，按二十年计算。但六十周岁以上的，年龄每增加一岁减少一年；七十五周岁以上的，按五年计算。

【思考题】

1. 医疗过错司法鉴定与医疗事故鉴定之间是什么关系？
2. 医疗损害责任纠纷诉讼中，医疗机构及医务人员的抗辩理由主要有哪些？

---

❶ 冉艳辉，钱颖萍. 论我国死亡赔偿制度的构建与完善［J］. 甘肃行政学院学报，2005（2）：107-109.

法律对医学发展的监管

 **本章知识要点**

（1）因出生引发的法律争议；（2）代孕及人工生殖的法律规制；（3）器官移植法律制度；（4）基因工程引发的伦理与法律问题；（5）安乐死与立法。

第一节　因出生引发的法律争议

本节主要通过对胚胎（尤其是体外胚胎）的法律属性以及因出生缺陷引发的法律争议进行剖析，由此探讨胚胎的法律属性及其继承与如何处置，以及如何确定出生缺陷法律责任及其承担方式等法律问题。

案例一　无锡冷冻胚胎案[1]

【基本案情】

2012年8月，夫妻沈某与刘某因原发性不孕症、外院反复促排卵及人工授精失败，在南京市鼓楼医院施行体外受精-胚胎移植助孕手术。鼓楼医院在治疗过程中，获卵15枚，受精13枚，分裂13枚；取卵后72小时为预防"卵巢过度刺激综合征"，鼓楼医院未对刘某移植新鲜胚胎，而于当天冷冻4枚受精胚胎。2013年3月20日，沈某驾车途中在道路左侧侧翻，撞到路边树木，造成刘某当日死亡、沈某于同年3月25日死亡的后果。沈某、刘某的4枚受精胚胎一直在鼓楼医院生殖中心冷冻保存。

后因沈某某、邵某某与刘某某、胡某某对上述4枚受精胚胎的监管权和处置权发生争议，故沈某某、邵某某诉至江苏省宜兴市人民法院，认为其子沈某与儿媳刘某死

---

[1] 江苏省无锡市中级人民法院（2014）锡民终字第01235号民事判决书。

亡后，根据法律规定和风俗习惯，胚胎的监管权和处置权应由其行使。

江苏省宜兴市人民法院经审理认为，施行体外受精-胚胎移植手术过程中产生的受精胚胎是具有发展为完整生命潜能、含有未来生命特征的特殊之物，不能像一般之物一样任意转让或继承，故其不能成为继承的标的。同时，夫妻双方对其权利的行使应受到限制，即必须符合我国人口和计划生育法律法规的规定，必须以生育为目的，不能违背社会伦理和道德，不能买卖胚胎等。沈某与刘某均已死亡，通过手术达到生育的目的已无法实现，故两人对手术过程中留下的胚胎所享有的受限制的权利不能被继承。因此，宜兴市人民法院判决驳回沈某某、邵某某的诉讼请求。

沈某某、邵某某不服原审判决，向江苏省无锡市中级人民法院提起上诉。江苏省无锡市中级人民法院经审理认为，在我国现行法律对胚胎的法律属性没有明确规定的情况下，结合本案实际情况，应考虑伦理、情感和特殊利益保护因素以确定涉案胚胎的相关权利归属。因此，沈某某、邵某某和刘某某、胡某某要求获得涉案胚胎的监管权和处置权合情、合理，且不违反法律禁止性规定。因此，判决沈某、刘某存放于南京市鼓楼医院的4枚冷冻胚胎由上诉人沈某某、邵某某和被上诉人刘某某、胡某某共同监管和处置。但在行使监管权和处置权时，应当遵守法律且不得违背公序良俗、损害他人利益。

【主要法律问题】

1. 体外胚胎与体内胚胎的区别是什么？
2. 冷冻胚胎的法律属性是什么？
3. 体外胚胎可否继承？
4. 如何处置体外胚胎？

【主要法律依据】

1.《中华人民共和国民法典》

第3条　民事主体的人身权利、财产权利以及其他合法权益受法律保护，任何组织或者个人不得侵犯。

第8条　民事主体从事民事活动，不得违反法律，不得违背公序良俗。

第10条　处理民事纠纷，应当依照法律；法律没有规定的，可以适用习惯，但是不得违背公序良俗。

第1009条　从事与人体基因、人体胚胎等有关的医学和科研活动，应当遵守法律、行政法规和国家有关规定，不得危害人体健康，不得违背伦理道德，不得损害公共利益。

2.《人类辅助生殖技术管理办法》

第3条　人类辅助生殖技术的应用应当在医疗机构中进行，以医疗为目的，并符合国家计划生育政策、伦理原则和有关法律规定。禁止以任何形式买卖配子、合子、胚胎。医疗机构和医务人员不得实施任何形式的代孕技术。

【理论分析】

1. 体外胚胎与体内胚胎的区别是什么？

胚胎是怀孕最初两个月内的幼体，根据是否留存于体内，胚胎可分为体内胚胎和体外胚胎。体内胚胎是指通过自然受孕或人工授精技术方式获得的胚胎。体外胚胎是指通过体外受精技术获得的胚胎，即分别采集雄性精子和雌性卵子，然后通过试管技术在体外使二者结合、产生受精卵，继而形成体外胚胎，也即所谓的人工胚胎。对于人类生殖而言，体外胚胎亦被称为试管婴儿（in vitro fertilization，IVF）。

体外胚胎可以通过代孕或体外发育（ectogenesis）技术培育胎儿。但是这些做法目前面临诸多伦理和法律问题。

2. 冷冻胚胎的法律属性是什么？

我国现行法律并未对冷冻胚胎的法律属性予以明确规定，由此引发了激烈争议。学理上对冷冻胚胎的法律属性莫衷一是，主要有主体说、客体说和折中说。

主体说被许多国家所采纳。该说以人的生命始于受精的认知，认为胚胎从此刻起具有生命权，应受法律保护。❶ 因此，胚胎与人一样具有法律主体地位。在实践中，因所秉持的价值判断不同，主体说又被区分为两种不同的做法：一是将受精胚胎视为有限的自然人（如《阿根廷民法典》的规定）；二是将受精胚胎视为法人（如美国《路易斯安那民法典》的规定）。❷

客体说认为，尽管胚胎有基因的独特性，也有可能孕育成人，但这并不能立即使其成为权利义务的承担者及法律主体，胚胎不过是输卵管或子宫中的一团尚未成形的细胞组织而已。❸ 因此，胚胎作为脱离人体的细胞组织具备物之属性，理应作为客体受到相关法律的调整。有学者提出，武断地营造第三种属性不合民法规定，由于胚胎具有潜在的生命特征而须保护其人格属性，应将胚胎纳入伦理物予以特殊保护。❹ 也有学者指出胚胎应属于人格物而受到保护，所谓"人格物"是指一类与人格利益紧密相连、体现人的深厚情感与意志、其毁损与灭失所造成的痛苦无法通过普通替代物予以补救的特定物。❺ 还有学者认为，体外胚胎应属于民法意义上的权利客体，而权利人对于体外胚胎享有权利的核心是一种准身份性的利益，为了有效地保护这种利益，应将这种权利界定为准身份权。❻

---

❶ Davis v. Davis，No. E-14496（Tenn. Cir. Ct. Sept. 21，1998）.

❷ 杨永华. 人类冷冻胚胎的法律属性及处置问题研究［J］. 云南民族大学学报（哲学社会科学版），2018，35（2）：149-150.

❸ John A. Roberston. In the Beginning：The Legal Status of Early Embryos［J］. VA. L. Rev.，1990：437.

❹ 杨立新. 人的冷冻胚胎的法律属性及其继承问题［J］. 人民司法，2014（13）：25.

❺ 冷传莉. "人格物"权利冲突的构成机理与裁判之道［J］. 法商研究，2021，38（3）：147.

❻ 马丁. 体外胚胎在我国民法上的应然属性及其价值考量——基于国情和社会发展趋势的分析［J］. 东方法学，2017（4）：72.

折中说认为体外胚胎脱离人体的器官和组织，既不属于法律主体，也不属于法律客体，而是介于主体与客体之间，具有特殊的法律地位。有的学者把胚胎定位为特殊客体，提出从尊重他们成为生命的潜在可能的前提下出发进行制度安排。❶ 也有学者提出，脱离人体器官和组织的性质不属于物的属性，该权利为器官权，为身体权的类权利，跨越人身权与物权两大领域，兼有完整的人格权与绝对的所有权双重属性。❷

依学理，胚胎相较于胎儿和人毕竟有所不同，仅具有发展成为生命的潜能，而并不必然孕育为生命，因而若将体外胚胎作为客体来考虑是对人格的侵犯，若赋予其法律主体地位而予以绝对保护，可能造成以偏概全的窘境。此外，人因理性、自治而获得尊严，也据此奠定了成为法律主体的基础。因此，体外胚胎由于不具有理性这一事物判断的能力而无法赋予其法律主体地位。于是乎，体外胚胎法律地位折中说更具有合理性。这也是无锡冷冻胚胎案件的二审判决所表明的立场："胚胎是介于人与物之间的过渡存在，具有孕育成生命的潜质，比非生命体具有更高的道德地位，应受到特殊尊重与保护。"❸

3. 体外胚胎可否继承？

体外胚胎可否继承问题，以对体外胚胎法律属性的界定为前提。如果采取非客体说，那么从对人格尊严予以保障的宪法和民法规定及理念出发，体外胚胎则无继承的可能性。

但是，如果采取客体说，体外胚胎可否继承问题又区分为两种截然不同的观点。有学者认为，根据原《中华人民共和国继承法》（以下简称《继承法》）（1985 年版）第 3 条第 7 项规定的 "公民的其他合法财产"，无锡冷冻胚胎案中的冷冻胚胎属于公民死亡时遗留的 "其他合法财产"。尽管如此，鉴于体外胚胎具有人格属性，亟须特殊保护，否则将违反生命伦理和社会道德，是对潜在生命的漠视，因此，体外胚胎不可继承。但是，也有学者指出，"无论是在学理上，还是在实务中，都应当将冷冻胚胎的性质界定为特殊之物。既然它的法律属性是物，那么在物的所有权人死亡后，冷冻胚胎当然就成为遗产，是继承人继承的标的。……冷冻胚胎既然具有物的法律属性，当然就属于静态财产范围。当冷冻胚胎的所有权人死亡之后，该冷冻胚胎就必然成为被继承人的遗产，成为继承人行使的继承权的客体"，"面对宪法、民法关于尊重人格尊严、保护物权、保障继承权的实现等明确规定，仅以卫生部颁发的《人类辅助生殖技术规范》和《人类辅助生殖技术和人类精子库伦理原则》等规章为依据，拒绝当事人合理、合法的继承权，是不适当的，有法律被政策绑架之嫌"。❹

正是由于我国现行法律未对胚胎的法律地位予以明确规定，加之胚胎具有人格属

---

❶ 徐国栋. 体外受精胚胎的法律地位研究 [J]. 法制与社会发展，2005（5）：61-62；徐国栋. 民法的人文精神 [M]. 北京：法律出版社，2009：238.

❷ 唐雪梅. 器官移植法律研究 [M] //民商法论丛（第 20 卷）. 北京：法律出版社，2001：155-165.

❸ 江苏省无锡市中级人民法院（2014）锡民终字第 01235 号民事判决.

❹ 杨立新. 人的冷冻胚胎的法律属性及继承问题 [J]. 人民司法，2014（13）：28-30.

性这一特殊之处，无锡冷冻胚胎案二审法院仅仅肯定了一审法院对于胚胎归属问题不能适用《继承法》的判决，而对于"继承权"这一棘手问题，则是在判决书上用"处置权"和"监管权"灵活应对，以此巧妙回避了该问题。

4. 如何处置体外胚胎？

理论上，胚胎权利人经协商一致可通过以下五种方式行使处置权：一是保存于医疗机构，留待将来之用；二是捐献给其他不孕夫妇；三是捐献用于科研机构；四是植入孕育；五是销毁。❶

为预防因处置体外胚胎而引发争议，一些医疗机构往往事先与胚胎供体夫妇以书面方式签署胚胎处置协议，就供体夫妇是否行使生育权、辅助生殖过程中可能遇到的紧急情况及出现分居、离婚、一方死亡或一方不愿行使生育权等问题时，对胚胎应如何处置，在其进行深思熟虑后达成书面协议。即便如此，医疗机构或医生仍然面临着两难选择：倘若把这些剩余胚胎销毁、捐献给他人或用于科研，可能面临胚胎的供体夫妇以"错误死亡"为由提起的诉讼；倘若继续冷冻保存，则必须为这些胚胎的保存及存活担当责任并支付巨额保管费用。❷ 因此，许多国家和地区立法对此予以规范，如美国路易斯安那州1986年颁布《人类胚胎法》、德国1990年颁布《胚胎保护法》、英国1990年颁布并于2008年修订《人类受精和胚胎学法案》等。

虽然体内胚胎可依部分国家或地区规定及法理被视为"生物学意义上的人"而享有人的尊严，但是鉴于体外胚胎存活于体外的特殊性，原则上它不能被视为"法律上的人"，也不能被视为"物"，更不能成为交易的对象进而对所有人的人格尊严造成严重贬损，而应对其予以特别保护使之成为真正的人。因此，应在遵循宪法和民法所规定的人格尊严保障原则和维护公序良俗的前提下，对体外胚胎的使用作出必要的限制，如不能成为买卖标的物、在严格法律规定的条件下方能对胚胎进行试验研究等。

如果基于延续后代的考量，可借鉴美国"胚胎收养制度"，即指送养人将拥有的剩余胚胎送给另一对不孕的夫妇收养，并将自己对于胚胎以及可能由该胚胎孕育的儿童的所有权利与义务一并让渡给收养人。❸ 也有学者指出，为在司法实践中妥当地处理有关权属争议，应当允许签订胚胎归属协议，有条件地准许代孕，创建与儿童收养类似的胚胎收养制度。❹

【思考题】

1. 体内胚胎（胎儿）的法律地位如何？
2. 若胎儿未被赋予法律主体资格，胎儿是否享有人格尊严？

❶ 张善斌，李雅男. 人类胚胎的法律地位及胚胎立法的制度构建 [J]. 科技与法律，2014（2）：278-279；徐海燕. 论体外早期人类胚胎的法律地位及处分权 [J]. 法学论坛，2014，29（4）：150.
❷ 徐海燕. 论体外早期人类胚胎的法律地位及处分权 [J]. 法学论坛，2014，29（4）：150.
❸ 吴文珍. 美国的胚胎收养实践与立法及其对我国的启示 [J]. 社会科学，2011（6）：101-108.
❹ 徐娟. 冷冻胚胎的归属及权利行使规则 [J]. 人民司法（应用），2017（22）：87.

3. 体外胚胎是否享有人的尊严?

📚✔ 案例二　不当出生案[1]

【基本案情】

2007 年 12 月 20 日，李某、潘某向湖南省长沙市雨花区人民法院提起诉讼称，李某因怀孕于 2006 年上半年多次到长沙市妇幼保健院进行检查，由于长沙市妇幼保健院医生工作粗心大意、不负责任，检查完全流于形式，胎儿多个器官发育缺陷无一被发现，使李某丧失了选择优生优育的权利，这不仅造成婴儿终身痛苦，还给李某家庭带来沉重的精神和经济负担，故请求判令长沙市妇幼保健院承担产前检查漏诊、误诊责任，支付患儿畸形矫治手术费并赔偿精神损失费和残疾赔偿金。

雨花区人民法院认为，潘某的残疾状态是先天性的，而不是长沙市妇幼保健院的医疗过错行为导致的，长沙市妇幼保健院的医疗过错行为侵害的是作为生育主体的李某对母婴保健的知情选择权，给李某造成情感压力和精神痛苦，对此应给予赔偿，因此判决长沙市妇幼保健院赔偿李某经济损失和精神损害抚慰金。

李某和长沙市妇幼保健院均不服一审判决，向长沙市中级人民法院提起上诉。长沙市中级人民法院终审判决，认为原审认定事实清楚，适用法律正确，应予以维持。李某和长沙市妇幼保健院均不服二审判决，向湖南省高级人民法院申请再审。

湖南省高级人民法院再审认为，李某所受的损失与长沙市妇幼保健院在履行医疗专业检查中存在瑕疵具有一定的因果关系。长沙市妇幼保健院在 B 超检查时未检出左肾缺失，存在过错。但是，长沙市妇幼保健院的医疗过错行为与李某所生的婴儿潘某先天性心脏病和脊柱侧弯畸形缺乏法律上的直接因果关系。因此，李某的赔偿要求缺乏法律依据，不予支持。原二审认定事实清楚，处理适当，应予维持。

李某不服再审判决，向检察机关申请抗诉。最高人民法院经审理认为，首先，依据社会一般人的判断标准，发现胎儿严重畸形，孕妇将会选择终止妊娠，但对于本案所涉胎儿存在左肾缺失与孕妇作出终止妊娠的决定之间并无必然性。卫生部印发的《超声产前诊断技术规范》也说明左肾缺失不属于超声产前诊断应诊断的严重畸形。孕妇是否终止妊娠受很多因素影响，即使医疗机构告知胎儿存在左肾缺失的缺陷，孕妇也未必就终止妊娠。其次，长沙市妇幼保健院的过错在于未发现胎儿的左肾缺失，对于胎儿的先天性心脏病和脊柱侧弯畸形，其产前检查未予发现并不存在过错。因此，对于因潘某患先天性心脏病和脊柱侧弯畸形所导致李某可能增加额外治疗费的损害后果，长沙市妇幼保健院在产前检查过程中应属不能预见。再次，2006 年 5 月 20 日李某进行彩色超声诊断检查时，长沙市妇幼保健院通过签署知情同意书的方式已对超声检

---

[1]　最高人民法院（2016）最高法民再 263 号民事判决书。

查存在局限性进行了告知，且诊断报告单亦载明"超声提示：建议复查"，故李某对前述损害后果亦存在一定的过失。综上，长沙市妇幼保健院在产前检查中未能发现胎儿左肾缺失的过错行为与潘某因患先天性心脏病和脊柱侧弯畸形所致李某可能增加的额外治疗费用之间虽然存在客观上的因果联系，但不具备《侵权责任法》上所规定的医疗损害责任纠纷中诊疗行为与损害后果之间的因果关系。申诉人所提的理由，缺乏法律依据和事实依据。原判决认定事实基本清楚，适用法律正确，应予维持。

【主要法律问题】

1. 何谓不当出生之诉？

2. 不当出生之诉背后的法理是什么？

3. 如何进行不当出生之诉？

【主要法律依据】

1.《中华人民共和国民法典》

第577条　当事人一方不履行合同义务或者履行合同义务不符合约定的，应当承担继续履行、采取补救措施或者赔偿损失等违约责任。

第1165条第1款　行为人因过错侵害他人民事权益造成损害的，应当承担侵权责任。

第1183条第1款　侵害自然人人身权益造成严重精神损害的，被侵权人有权请求精神损害赔偿。

第1218条　患者在诊疗活动中受到损害，医疗机构或者其医务人员有过错的，由医疗机构承担赔偿责任。

第1219条　医务人员在诊疗活动中应当向患者说明病情和医疗措施。……医务人员未尽到前款义务，造成患者损害的，医疗机构应当承担赔偿责任。

2.《中华人民共和国母婴保健法》

第17条　经产前检查，医师发现或者怀疑胎儿异常的，应当对孕妇进行产前诊断。

第18条　经产前诊断，有下列情形之一的，医师应当向夫妻双方说明情况，并提出终止妊娠的医学意见：（一）胎儿患严重遗传性疾病的；（二）胎儿有严重缺陷的；（三）因患严重疾病，继续妊娠可能危及孕妇生命安全或者严重危害孕妇健康的。

3.《产前诊断技术管理办法》

第24条　在发现胎儿异常的情况下，经治医师必须将继续妊娠和终止妊娠可能出现的结果以及进一步处理意见，以书面形式明确告知孕妇，由孕妇夫妻双方自行选择处理方案，并签署知情同意书。若孕妇缺乏认知能力，由其近亲属代为选择。涉及伦理问题的，应当交医学伦理委员会讨论。

【理论分析】

1. 何谓不当出生之诉?

随着科技的发展，医学水平逐渐提高，从21世纪70年代开始，医学界和法学界围绕"不当出生"（wrongful birth）、"不当生命"（wrongful life）、"不当受孕"（wrongful conception）等现象进行了激烈讨论，由此引发的法律问题已成为实务与理论界争论的焦点。

不当出生滥觞于英美侵权法，也被翻译为"错误出生"或者"错误生产"，虽然学者们对其定义有所不同，但是其含义基本一致，即医疗机构或医务人员在产前咨询或产前诊断过程中，因未尽到注意义务而向孕妇夫妇提供了关于胎儿的不准确甚至错误的诊断信息，使之误认为胎儿没有缺陷，最终却产下先天性残障子女。不当出生之诉就是指孕妇夫妇因胎儿的"不当出生"而对医疗机构提起的诉讼。

不当生命是与不当出生相似又极易混淆的概念，不当生命之诉❶其意指残障子女因"不当"或"错误"降生人间提起的诉讼。❷ 即指医疗机构或医务人员在产前诊断过程中，由于过失未诊断出胎儿潜在的出生缺陷，或者没有尽到合理告知义务，使父母误认为胎儿没有缺陷，最终导致残障子女出生，残障子女本人或其代理人对医疗机构或医务人员提起的诉讼。由此可见，不当出生之诉与不当生命之诉存在着本质的区别。首先，诉讼原告主体不同。不当出生之诉是为维护残障子女父母的优生优育权而被提起，而不当生命之诉是为维护残障子女的人格尊严与健康权而由其本人或其监护人提起诉讼。其次，诉的不同。不当出生之诉既可以基于与医方的合同提起违约赔偿之诉，也可以基于残障子女的出生所导致的额外费用提起侵权赔偿之诉，而不当生命之诉因残障孩子与医方之间没有合同关系，因此只能提起侵权赔偿之诉。1964年美国伊利诺伊州的 Zepeda v Zepeda❸ 是首例不当生命案例。❹

此外，不当受孕同样属于产前过失导致损害的一种，是指医生的行为过失使原本未有育孕计划的父母意外怀孕。不当出生与不当受孕的区别在于：首先，出生子女的健康状况不同，前者出生的子女带有先天的缺陷，而后者出生的子女可能健康也可能带有缺陷；其次，医生过失内容不同，前者医生的过失是未诊断出胎儿潜在的出生缺陷或者没有尽到合理告知义务，而后者是医生采取措施不当或者疏于指导致使母亲怀上了本不想孕育的子女。

---

❶ 有学者也将其称为"错误的生命之诉"。张学军. 错误的生命之诉的法律适用 ［J］. 法学研究, 2005 (4)：29.

❷ James Coplan, *Wrongful Life and Wrongful Birth: New Concepts for the Pediatrician*, PEDIATRICS Vol. 75 No. 1 January 1985, pp65.

❸ Zepeda v Zepeda, 41 Iii. App2d 240, 190 NE2d 849 (1963).

❹ James Coplan, *Wrongful Life and Wrongful Birth: New Concepts for the Pediatrician*, PEDIATRICS Vol. 75 No. 1 January 1985, pp66.

2. 不当出生之诉背后的法理是什么？

无论是不当出生之诉还是不当生命之诉，其受害人遭受侵害的权益都是一样的。根据学者的总结，不当出生之诉或不当生命之诉的受害人受何种侵害，目前主要有四种学说：利益说，选择权利说，生而为完整的、健康的人之权利说和综合权益说。❶ 利益说认为，受害人"对自己的身体拥有的利益"或"拥有充分知情权的父母的利益"受到了侵犯。❷ 选择权利说认为，子女通过父母选择终止自己生命的权利受到了侵害，使自己被迫出生。❸ 生而为完整的、健康的人之权利说认为，自己生而为完整的、健康的人之权利受到了损害。❹ 综合权益说认为，快乐地享受生活的利益、"丧失了获得更健康的生命之机会"的利益和"正当程序权利"三种权益受到了损害。也有学者提出，不当生命之诉侵害的对象是"拥有充分知情权的父母的利益"。❺

实际上，无论是不当出生之诉、不当生命之诉还是不当受孕之诉，表面上遭受侵害的是父母权益、子女生命或者先天性残疾本身，实际上侵害的是胎儿的人格尊严即有尊严生存的人格利益。❻ 学界通说认为人格尊严是最上位的宪法原则，是宪法的最高法律价值规范，是国家的绝对义务。❼ 自 1948 年以来，已经有 143 个国家在其宪法中明文规定保障人的尊严，❽ 尊重生命及人的尊严已成为现代许多国家所共同奉行的"最高宪法原则"。德国宪法法院判例认为，《基本法》第 2 条第 1 款第 1 句中的"任何人"指的是"任何生存着的人"，包括未出生的具有人本质特征的生命。❾ 人并非在出生后才有尊严，孕育中的生命同样享有人的尊严。只要存在人的生命，就存在人的尊严。至于主体是否意识到这一尊严，是否知道维护尊严，并不起决定作用。正是基于人格尊严的绝对尊重和保障，才会推导出孕育中的生命同样受到保护的结论。

由此可见，不当出生、不当生命及不当受孕在本质上侵犯了宪法和民法中关于人格尊严的规定及其所倡导的人格尊严的终极价值诉求。

3. 如何进行不当出生之诉？

无论是实务界还是理论界，对不当出生之诉的性质莫衷一是，有的认定为侵权之诉，有的认定为违约之诉，也有学者认为不当出生之诉既可以是违约之诉，也可以是

❶ 张学军. 错误的生命之诉的法律适用 [J]. 法学研究，2005（4）：38-39.
❷ Michael B. Kelly, *The Rightful Position in "Wrongful Life" Actions*, 42 Hastings Law Journal, January 1991, p.535.
❸ Alan J. Belsky, *Injury as A Matter of Law：Is This the Answer to the Wrongful Life Dilemma？*, 22 University of Baltimore Law Review, Spring 1993, p.230.
❹ F. Allan Hanson, *Suits for Wrongful Life*, *Counterfactuals*, *and the Nonexistence Problem*, 5 Southern California Interdisciplinary Law Journal, winter 1996, p.9.
❺ 张学军. 错误的生命之诉的法律适用 [J]. 法学研究，2005（4）：39.
❻ 满洪杰. 不当生命之诉与人格利益保护 [J]. 法学，2017（2）：38-39.
❼ 法治斌，董保城. 宪法新论 [M]. 台北：元照出版有限公司，2004：203-204. 正因如此，战后德国基本法第 76 条以明示条款规定，基本法第 1 条第 1 项所确立的人性尊严原则，不在修宪所及的范围。
❽ 侯宇. 人的尊严执法学思辨 [M]. 北京：法律出版社，2018：3，215.
❾ 张翔. 德国宪法案例选释（第 1 辑：基本权利总论）[M]. 北京：法律出版社，2012：148.

侵权之诉。❶ 大陆法系国家通常是以契约上的请求权即违约之诉处理不当出生纠纷，而英美法系国家常以侵权之诉予以解决。

（1）两种赔偿请求途径。

违约之诉是指因违约行为而提起诉讼，主张对方承担违约责任。违约之诉产生的前提是双方当事人之间存在生效的合同。实际上，医患之间的关系属于医疗服务合同关系，这种关系是指医疗机构与患者之间就患者的诊查、治疗、护理等医疗活动形成的意思表示一致的民事法律关系。❷ 患者到医疗机构挂号就诊时，就与医疗机构之间成立了医疗服务合同，患者缴纳费用，如实告知病情就是履行己方义务，医疗机构应依照法律法规、诊疗规范的相关规定，履行其诊疗义务、告知义务、病历书写义务等。如果医疗机构在诊治过程中，由于过失没有尽到自己的义务，未能检查出疾病及隐患而致使患者的健康受到损害，医疗机构即是违反了合同约定，应依法承担违约赔偿责任。

如果受害人主张侵权之诉，则在提起侵权之诉时应满足侵权构成的四要件。①行为违法，如诊疗不规范、存在过失、未尽注意义务、未正确履行告知义务或未充分履行告知义务等违法行为。②存在损害事实，即人身权利、财产权利以及其他利益受到侵害，并造成财产利益和非财产利益的减少或灭失的客观事实。如残障孩子的出生以及由此产生的额外医疗和扶养费用等，父母的健康生育选择权和优生优育权。③违法行为与损害事实之间具有因果关系，医疗机构的违法行为与造成子女残障的损害事实之间存在因果关系。④行为人主观存在过错，即医生在对孕妇进行产前检查的过程中，由于疏忽没有注意到胎儿的异常，或者虽然注意到但未及时告知胎儿父母，使孕妇夫妇的权益受到了损害。

（2）不当出生的赔偿范围。

通常，不当出生之诉是以残障子女的父母为原告，其赔偿范围包括父母因子女残障所产生的额外费用，如矫治费用（治疗、特殊照顾护理、购买残疾器具等）和教育所支出的各项特殊费用以及父母因人格权益受损的精神损害赔偿。但是须注意的是，一般在以违约为由提起的违约损害赔偿诉讼中，原则上不适用精神损害赔偿。

对于亲属法上的特殊抚养义务能否单独抽离，理论与实务界对此争议较大，形成两种迥异的观点。一种观点认为基于出生所产生的亲属法上的抚养关系，不能因孩子带有缺陷而单独抽离，这些费用与孩子的残疾或缺陷无关，即使生育一个健康的孩子，这些费用也必须付出；❸ 而另一种观点认为因为孩子出生产生的亲属法上的特殊抚养义务虽然不能单独抽离出来，但是由此在物质上的额外付出可以转移，由第三人承担责任，即可以寻求损害赔偿。

---

❶ 邵冰雪. 错误出生性质及损害赔偿问题探析 [J]. 广西政法管理干部学院学报，2007（1）：105.

❷ 杨立新. 疑难民事纠纷司法对策：第二辑 [M]. 长春：吉林大学出版社，1994：138.

❸ 田野. "不当出生"诉讼初探——透过生命价值的迷雾看赔偿正义 [J]. 广西大学学报（哲学社会科学版），2007（4）：50.

存在如此状况，究其原因在于：现实中，残障子女的父母往往将不当生命之诉与不当出生之诉不加区分，有时甚至同时提起，而各国司法实践更倾向于认可不当出生之诉。因此有学者指出，如果承认独立的不当生命之诉，那么有必要对不当出生之诉与不当生命之诉的损害赔偿范围进行区别。❶ 由于不当生命之诉中受损害的子女维持有尊严生存之人格利益，对其的精神损害赔偿与不当出生之诉中的精神损害赔偿易于区分，但不当生命之诉中的财产性赔偿容易与不当出生之诉中的抚养费损失赔偿相混淆。对此，可参见荷兰最高法院的 kelly 案，该案根据父母抚养义务的范围来确定抚养费用，即在父母负有抚养义务的期限内，应由父母主张不当出生之诉的赔偿，超出父母抚养义务的部分，应通过不当生命之诉获得赔偿。不仅如此，若父母未提起不当出生之诉，或者父母死亡且没有抚养义务人可以通过提起不当出生之诉获得赔偿的，为保护子女利益，子女自出生之时起的财产性损害与精神损害均可以通过提起不当生命之诉获得赔偿。❷

【思考题】

1. 残障孩子成年后可否对父母原因导致的出生缺陷提起（不当生命）赔偿损害请求？

2. 如何确定不当受孕的受害人？如何对不当受孕的受害人进行赔偿？

3. 在不当出生之诉赔偿中，能否将亲属法上的特殊抚养义务单独抽离？

第二节　代孕与人工生殖的法律规制

2001 年 2 月 20 日原卫生部发布的《人类辅助生殖技术管理办法》第 3 条："医疗机构和医务人员不得实施任何形式的代孕技术。"本节主要通过对代孕与人工生殖引发的经典案例进行剖析，由此探讨代孕的合法性以及如何对代孕与人工生殖进行法律规制。

案例三　全国首例代孕引发的监护权纠纷案❸

【基本案情】

罗某甲、谢某某的儿子罗乙与陈某均系再婚，婚后未生育。陈某以其患有不孕不

---

❶　张红. 错误出生的损害赔偿责任 [J]. 法学家, 2011 (6)：61；满洪杰. 不当生命之诉与人格利益保护 [J]. 法学, 2017 (2)：42.

❷　满洪杰. 不当生命之诉与人格利益保护 [J]. 法学, 2017 (2)：42.

❸　上海市第一中级人民法院（2015）沪一中少民终字第 56 号民事判决书。

育疾病为由，建议罗乙通过体外授精及代孕方式生育子女。在取得罗乙同意后，陈某采用非法购买卵子进行体外授精形成受精卵后再非法代孕的方式生育了异卵双胞胎罗某丁、罗某戊，卵子提供方与代孕方非同一人。两名孩子于 2011 年 2 月出生后与罗乙、陈某共同生活，陈某办理了孩子的出生医学证明，登记生父为罗乙、生母为陈某，并据此申报户籍。2014 年 2 月 9 日，罗乙因突发疾病去世。此后，两个孩子由陈某单独抚养。2014 年 12 月 29 日，罗某甲、谢某某认为，罗乙为罗某丁、罗某戊的生物学父亲，陈某并非生物学母亲，以非法代孕方式生育子女违反国家现行法律法规，陈某与罗某丁、罗某戊之间未形成法律规定的拟制血亲关系；罗某甲、谢某某系罗乙之父母，即罗某丁、罗某戊之祖父母，在罗乙去世而孩子生母不明的情况下，应由其作为法定监护人并抚养两名孩子。

于是，罗某甲、谢某某诉至上海市闵行区人民法院，请求罗某甲、谢某某为罗某丁、罗某戊的监护人，并请求陈某将罗某丁、罗某戊交由罗某甲、谢某某抚养。一审经审理判决两名孩子由罗某甲、谢某某监护，陈某将两名孩子交由罗某甲、谢某某抚养。

陈某不服一审判决，向上海市第一中级人民法院提出上诉。上海市第一中级人民法院经审理认为，本案核心争议为代孕所生子女的法律地位及其监护权之确定，对此问题目前我国法律没有明确规定，尽管如此，法院基于不得拒绝裁判之原则，对于当事人提起的相关诉讼不能因此而回避，仍得依据民法等法律的基本原则及其内在精神，结合社会道德和伦理作出裁判。上海市第一中级人民法院经审理认定代孕所生子女为非婚生子女，上诉人陈某与该子女不成立事实收养关系，应当认定为有抚养关系的继父母子女关系，根据联合国《儿童权利公约》第 3 条确立的儿童最大利益原则，就本案而言，无论是从双方的年龄及监护能力，还是从孩子对生活环境及情感的需求，以及家庭结构完整性对孩子的影响等各方面考虑，将监护权判归陈某更符合儿童最大利益原则。

上海市第一中级人民法院作出终审判决，驳回罗某甲、谢某某的原审诉讼请求。

【主要法律问题】

1. 何谓代孕？
2. "代孕协议"有何效力？
3. 代孕子女的法律地位如何？
4. 代孕是否合法以及如何规制？

【主要法律依据】

1. 《中华人民共和国民法典》
第 153 条第 2 款 违背公序良俗的民事法律行为无效。
第 464 条 合同是民事主体之间设立、变更、终止民事法律关系的协议。婚姻、收养、监护等有关身份关系的协议，适用有关该身份关系的法律规定；没有规定的，可以根据其性质参照适用本编规定。

2.《人类辅助生殖技术管理办法》

第3条　人类辅助生殖技术的应用应当在医疗机构中进行，以医疗为目的，并符合国家计划生育政策、伦理原则和有关法律规定。禁止以任何形式买卖配子、合子、胚胎。医疗机构和医务人员不得实施任何形式的代孕技术。

第14条　实施人类辅助生殖技术应当遵循知情同意原则，并签署知情同意书。涉及伦理问题的，应当提交医学伦理委员会讨论。

第22条　开展人类辅助生殖技术的医疗机构违反本办法，有下列行为之一的，由省、自治区、直辖市人民政府卫生行政部门给予警告、3万元以下罚款，并给予有关责任人行政处分；构成犯罪的，依法追究刑事责任：（一）买卖配子、合子、胚胎的；（二）实施代孕技术的；……

【理论分析】

1. 何谓代孕？

代孕（surrogacy）又称"借腹生子"或"子宫出租"，是指用现代医疗技术（人工授精或体外授精）将委托夫妻中丈夫的精子注入自愿代理妻子的怀孕者（代孕母）的体内授精，或将人工培育成功的受精卵或胚胎植入代理妻子怀孕者的体内怀孕，待代孕子女出生后由该委托夫妻抚养并取得亲权的一种生育方式。❶

根据代理孕母是否提供卵母细胞，可将代孕分为完全代孕和部分代孕两类。所谓的完全代孕，又被称为宿主代孕（Host Surrogacy），是指体外受精后移植入代理孕母体内完成妊娠、分娩过程。部分代孕又被称为传统代孕（Traditional Surrogacy），是指胚胎的卵母细胞来源于代理孕母，代理孕母与代孕儿有遗传关联。❷

根据代孕方与代孕子女是否有血缘关系，代孕可以分为妊娠代孕（Gestational Surrogacy）与基因型代孕（Genetic Surrogacy）。由于妊娠代孕是将胚胎植入代孕方的子宫，为胚胎的发育提供生长环境，代孕出的子女与代孕方没有任何基因关系，即没有任何血缘关系。基因型代孕指代孕方不仅提供子宫，而且提供形成受精卵的卵子，这样孕育出的子女与代孕方就存在基因关系，实际上代孕方也就是代孕子女血缘上的亲生母亲。基因型代孕又被称为部分代孕（Partial Surrogacy）、直接代孕（Straight Surrogacy），基因型代孕精子来源于委托代孕方的男性或社会捐赠者。

根据代孕者受孕方式的不同，代孕可以分为传统型代孕（Traditional Surrogacy）和两种体外授精代孕（IVF Surrogacy）。传统型代孕又称自然方式授精代孕，即将代孕者的卵子与非代孕者丈夫的精子以性行为的方式授精，然后怀孕生子。人工授精代孕，

---

❶ 许丽琴. 代孕生育合理控制与使用的法律规制［J］. 河北法学，2007，29（7）：150.
❷ 王轶子，徐艳文. 国外代孕现状及其管理［J］. 生殖与避孕，2014（2）：98.

即运用人类辅助生殖技术将非代孕者丈夫的精子注入代孕者的体内授精，或将人工培育成功的受精卵或胚胎植入代孕者的子宫以怀孕生子。由于传统型代孕涉及婚外性行为，虽然违背社会伦理，但是许多国家法律并未明文禁止，处于法律的空白地带。因此，有学者指出，这一分类在道德上有意义，但在法律上没意义。❶

根据是否收取费用，代孕可分为有偿代孕（Paid Surrogacy）、无偿代孕（Free Surrogacy）和补偿性代孕（Compensating Surrogacy）三种类型。❷ 有偿代孕又被称为商业性代孕（Commercial Surrogacy），是以收取相应报酬而提供的代孕，代孕者由于向委托人提供代孕服务而接受一定的报酬，报酬范围包括医疗手术、孕期检查和怀孕期间的生活费用、分娩费用、怀孕生产期间收入的损失和身体恢复期间的生活补偿费；无偿代孕又被称为利他性代孕（Altruistic Surrogacy），不涉及任何金钱或物质酬谢，代孕完全是助人的表现如姐姐替妹妹怀孕、母亲替女儿怀孕等，但是会引发诸多伦理争议；补偿性代孕，是指委托夫妇必须向代孕者支付一定的费用，比如怀孕和生产的医疗费、营养费、怀孕生产期间收入的损失等。无偿代孕和补偿性代孕都属于非商业性代孕，代孕者一般被认为是基于帮助其所爱之人的自由意愿而实施代孕。❸

2. 代孕协议有何效力？

关于代孕协议（合同）的性质，学界有不同的观点。第一，承揽合同说。该说认为，在代孕这一承揽合同中，承揽人（代孕母）应按照定作人的要求，亲自孕育胎儿，在胎儿出生后将婴儿交给委托夫妇，由委托夫妻支付相应的报酬。第二，委托代理合同说。该说认为，代孕契约是一种特殊的委托代理合同。其特殊性在于：首先，法律关系主体的双方是特定的，委托方是已婚不能生育或已婚不愿生育的夫妻，受委托方是已婚有生育能力的女性。其次，法律关系的客体非现有民法所规定的物、行为、智力成果、特定的人身利益及特定的权利，而是代孕母亲的子宫和婴儿，是人体的器官和人类自身。第三，雇佣合同说。其意为委托夫妻雇用代孕母，代孕母按要求从事一定的劳务（即代委托夫妻生孩子）。第四，租赁合同说。将代孕视为一种出租子宫的行为。

以上四种学说中委托代理合同说相较能够体现代孕协议的性质，能够将代孕的各种类型包含其中，因为无论是承揽合同还是雇佣合同、租赁合同都为有偿合同，从而无法将无偿代孕协议包含其中，因此综上代孕协议可以视为一种特殊的委托合同，委托方与代孕方通过意思自治达成协议，委托事项并非一般的事项，而是涉及带有强烈伦理争议且在一定程度上与法律上的主体（或身份、亲属等关系）相关的代为生育事项。因此，有学者指出，为防止代孕生育的滥用，国家应加强对代孕契约的监督，对代孕的类型、代孕各方主体的资格、代孕子女的法律地位及相关法律责任均由法律作出严格规定，同时适当允许当事人在不违反法律强行性规定的情况下，对相关问题作

❶ 王贵松. 中国代孕规制的模式选择［J］. 法制与社会发展，2009，15（4）：119.

❷ 张燕玲. 论代孕母的合法化基础［J］. 河北法学，2006（4）：138.

❸ Pakhi Ruparelia, "*Giving Away the 'Gift of Life'*: *Surrogacy and the Canadian Assisted Human Reproduction Act*," *Canadian Journal of Family Law*, Vol. 23, 2007, pp. 11–38.

出约定。❶ 虽然《人类辅助生殖技术管理办法》明确禁止实施代孕，但是由于该《办法》属于规章，其法律位阶较低，而生育问题涉及人格权、亲属权等基本权利，从依法治国所秉持的法律保留原则和立法法要求出发，我国目前在法律层面对代孕的规范处于"立法空白"状态。正因如此，虽然根据《民法典》第 153 条第 2 款"公序良俗"的规定判定代孕协议无效，但是为维护家庭和社会的稳定，法院认定代孕子女为非婚生子女，根据收养事实来确认是否成立收养关系。

3. 代孕子女的法律地位如何？

如上所述，鉴于代孕涉及代孕各方当事人的利益、代孕所生子女的权益保护以及公众基于传统的伦理观念、文化背景的接受程度等各种因素，代孕所生子女的亲子关系极为棘手，我国法律对此未作出规定。目前学理上主要有四种学说：❷ 一是血缘说，认为提供精子和卵子的人成为子女法律意义上的父母，其理论依据系基于血缘关系来确定父母身份。二是分娩说，认为基于传统民法的"分娩者为母"原则，应根据分娩事实确定代孕子女的母亲。三是契约说（或称人工生殖目的说），认为根据代孕契约，双方在从事此种人工辅助生殖之前已经同意由提供受精卵的夫妇成为子女的父母，法律应当尊重当事人的决定。❸ 四是子女利益最佳说，将人工生殖子女的父母认定视为类似于离婚或未婚男女对子女监护权归属的争执，而以该子女最佳利益作为最终认定标准。

"血缘说"虽然以朴素的伦理和传统观念为基础，但是随着社会的进步，单纯以血缘或单纯以生物学上的基因来认定亲子关系，不再为社会所认可。因此，正如本案终审法院所指出的那样，最高人民法院 1991 年函所针对的是以合法的人工生殖方式所生育子女的法律地位之认定，❹ 而代孕行为本身因不具有合法性而不能类推适用，但是已经突破了纯粹的血缘主义，"血缘说"已不再为理论和实务界所接受。"契约说"是以私法自治价值诉求，但在有关身份关系中鲜有适用，即便适用也往往通过立法或判例予以严格限制适用条件和范围。"子女利益最佳说"虽是以子女最佳利益为出发点来判定如何认定亲子关系，但这与我国传统的伦理观念和文化传统相龃龉，也不足采信。相比较而言，"分娩说"不仅符合我国传统的伦理原则及价值观念，也与我国目前对代孕行为的禁止立场相一致。因此，本案终审法院采取"分娩者为母"的认定原则来确定亲子关系。

4. 代孕是否合法及其规制？

代孕直接关乎伦理、法律，它引发了社会的热议，学界就此形成肯定说和否定说两种截然不同的立场。肯定说认为，夫妻共同享有生育权，而生育权的内容之一即为

---

❶ 许丽琴. 代孕生育合理控制与使用的法律规制 [J]. 河北法学，2009（7）：152.

❷ 侯卫青. 代孕子女监护权纠纷中的利益衡量及法律路径选择——以全国首例代孕子女监护权纠纷案为例 [J]. 青少年犯罪问题，2017（1）：7.

❸ 张燕玲. 人工生殖法律问题研究 [M]. 北京：法律出版社，2006：160.

❹《最高人民法院关于夫妻离婚后人工授精所生子女的法律地位如何确定的复函》（1991 年 7 月 8 日由最高人民法院颁布）内容如下："在夫妻关系存续期间，双方一致同意进行人工授精，所生子女应视为夫妻双方的婚生子女，父母子女之间权利义务关系适用《婚姻法》的有关规定。"

生育方式的选择权，因此在伦理许可的范围内，应允许代孕。❶ 也有赞成者认为，代孕属于代孕者人身自由支配权的范畴，法律若对这种自愿利用其子宫实施代孕的行为予以禁止，不仅侵害了委托夫妇的生育权，而且侵害了代孕者的身体权。❷ 否定说主要从以下视角加以论证：公序良俗违反说，代孕因违背公序良俗原则的这一法律禁止性规定而无效；❸ 侵犯妇女尊严说，即代孕实际上是将代孕母的身体视作生育机器，是对人格尊严的漠视和践踏；❹ 代孕作为一种人工生殖手段因严重违背人类天性应当为法律禁止；❺ 有限开放代孕并没有体现法律的实体正义，借助代孕才能实现不孕者的生育权是一项不为法律认可和保护的伪权利，有限开放代孕并不能维护社会和谐。❻

实际上，将代孕作为实现人身自由支配权的认知，是对权利的误读和滥用。依学理，公民享有权利并不意味着当然可以实现该权利，享有宪法或法律上的权利首先意味着享有的只是该权利的权利能力，尚需满足法律对该权利的行为能力的界定才能转化为现实的权利。因此，生育能力是实现生育权所必要的行为能力要求，对于那些无论是先天生理缺陷或者后天疾病所致的无法实现生育自由的不孕不育患者而言，禁止代孕并不侵害他们的生育权。而对于自由支配身体论者而言，他们忽视了代孕所涉及的基本权利的核心即人格尊严。代孕行为是以损害代孕者身体、健康乃至生命权为代价的，不仅如此，该行为还将女性的子宫作为赚钱的手段和谋利的工具即被物化或商品化，这是对人格尊严的严重冒犯。不仅如此，有学者指出，立足于伦理分析的角度，无论是商业性代孕，还是利他性代孕，其本质上没有实质性不同，因为任何代孕都是代孕者承受克减自身自由的代价，冒着生命健康受损害的风险与成本为他人实施的怀孕和分娩行为，在孩子出生后，都需要违背自己作为女性所先天具有的母性而将孩子拱手送于委托人。就此而言，代孕可能带来的身体和心理创伤不会因为有无血缘关系或是否给付金钱而有所不同。因此，必须对代孕尤其是商业代孕这种以金钱为直接目的的代孕行为作出严格限制。❼

以维护和保障人格尊严为目的，多数国家对代孕持完全禁止的态度，如德国、意大利、法国、瑞士、瑞典、挪威、日本、新加坡、泰国、澳大利亚的昆士兰州以及美

❶ 樊林. 生育权探析 [J]. 法学, 2000 (9)：36；林玲, 黄霞. 非传统生育的合法性和制度构建——以代孕为例 [J]. 人民论坛, 2011 (29)：87；周平. 有限开放代孕之法理分析与制度构建 [J]. 甘肃社会科学, 2011 (3)：130-133；张燕玲. 论代孕母的合法化基础 [J]. 河北法学, 2006 (4)：139-140.

❷ 张月萍. 浅析完全代孕的有条件合法化 [J]. 安徽广播电视大学学报, 2009 (3)：7-9.

❸ 梁慧星. 民法学说判例与立法研究 (二) [M]. 北京：国家行政学院出版社, 1999：12-16.

❹ 李旭修, 耿焰. "由借腹生子" 的新闻所引发的思考：论民法中的身体权 [J]. 中国律师, 2000 (9)：10-11.

❺ 刘长秋. 代孕的合法化之争及其立法规制研究 [J]. 伦理学研究, 2016 (1)：119；刘长秋. 代孕立法规制的基点与路径——兼论《人口与计划生育法》为何删除 "禁止代孕条款" [J]. 浙江学刊, 2020 (3)：124-137.

❻ 刘长秋. 有限开放代孕之法理批判与我国代孕规制的法律选择 [J]. 法治研究, 2016 (3)：140-147.

❼ 孔德猛, 刘沣娇. 从 "生殖互惠" 的视角对国外 "妊娠型代孕" 生育的研究 [J]. 科学技术哲学研究, 2020 (5)：80-86.

国的新泽西州、亚利桑那州、密歇根州。1991 年法国最高法院根据"人体不能随意支配"的原则，颁布了禁止代理孕母的条例并最终于 1994 年通过了《法国生命伦理法》对代孕予以全面禁止。❶

但是，鉴于照顾不育者的生育权利和建立家庭的权利要求以及政府为了提高婚姻和家庭质量、发展医学科技的功利主义的考量，世界上也存在着政府管制（如英国和美国的多数州❷）和"去管制化"、依赖市场的私法自治（以印度为代表）代孕法律监管模式。❸ 我国曾试图禁止代孕，2015 年 4 月 3 日国家卫生计生委办公厅等 12 个单位在《关于印发开展打击代孕专项行动工作方案的通知》中指出：维护人民群众健康权益，维护正常计划生育秩序，净化人类辅助生殖技术服务环境，维护正常的生育秩序，切实维护人民群众健康权益和落实计划生育基本国策，应严厉打击并禁止代孕。❹ 在 2015 年 12 月提交的《中华人民共和国人口与计划生育法修正案（草案）》中规定："禁止买卖精子、卵子、受精卵和胚胎，禁止以任何形式实施代孕。"但是，出于保障公民"生育权"的考量，在 2021 年 8 月全国人大常委会通过的《中华人民共和国人口与计划生育法》中未见"禁止以任何形式实施代孕"规定的踪影。

【思考题】

1. 代孕（尤其是跨国代孕）会引起什么样的严重社会问题？
2. 代孕是否仅涉及个人权利的行使？是否与人格尊严（或人的尊严）理念相悖？
3. 如果承认有限代孕，立法如何进行规范？

案例四　在押犯意欲取精生育案❺

【基本案情】

2001 年 5 月 29 日，舟山某贸易有限公司职工罗某因琐事与公司副经理王某（女）发生争执，用八角榔头连续击打王某头部致使其当场死亡。2001 年 7 月 31 日，浙江省舟山市中级人民法院对此案公开开庭审理，并于 8 月 7 日作出刑事附带民事一审判决，以故意杀人罪判处罗某死刑，并赔偿死者家属抚养费、丧葬费和死亡补偿费等。

❶ 席欣然，张金钟. 美、英、法代孕法律规制的伦理思考 [J]. 医学与哲学（人文社会医学版），2011（7）：25-26；吴国平. "局部代孕"之法律禁止初探 [J]. 天津法学，2013（3）：50-51.
❷ 美国各州多采取诸如加利福尼亚州由市场调控的完全开放代孕法律规制，英国则采取限制开放的代孕法律规制.
❸ 王轶子，徐艳文. 国外代孕现状及其管理 [J]. 生殖与避孕，2014（2）：99-100.
❹ 国卫办监督发〔2015〕22 号.
❺ 曹丽辉，刘志华. 浙江一死刑犯的妻子要求人工授精难倒法院 [EB/OL].（2001-11-26）[2021-09-08]. http://news.sina.com.cn/s/2001-11-26/406756.html.

一审宣判后，罗某不服，向浙江省高级人民法院提出上诉。其间，罗某的妻子郑某某托律师向舟山市中级人民法院提出人工授精的请求，以期为犯罪嫌疑人罗某延续后代，罗某本人也同意人工授精。

舟山市中级人民法院告诉郑某某，国家对此没有相关的法律规定，而且舟山市也没有进行"人工授精"的条件，便拒绝了郑某某的请求。同年 11 月 11 日，郑某某又向浙江省高级人民法院提出以"人工授精"方式为罗某生子的书面申请。为慎重起见，二审法院召开审判委员会进行讨论，认为法律对此类问题没有规定，这种请求也不属于法院的受案范围，而且如果满足郑某某的要求则将导致小孩一出生就没有父亲的后果，这对小孩以后的成长极为不利，也将致使郑某某这个单亲母亲以后的生活非常艰难。浙江省高级人民法院遂决定对郑某某的要求不置可否，以沉默的方式予以拒绝。

2002 年 1 月 18 日上午，浙江省高级人民法院作出维持一审判决的终审判决后，舟山中级人民法院遂让郑某某与罗某见了最后一面，随后罗某被执行死刑。

【主要法律问题】

1. 生育权的本质是什么？生育权是否为一项基本人权？
2. 死刑未决犯（或在押犯）是否具备法律权利主体资格？
3. 死刑未决犯（或在押犯）是否享有生育权？
4. 生育权能否受到限制？

【主要法律依据】

1.《中华人民共和国监狱法》

第 18 条 罪犯收监，应当严格检查其人身和所携带的物品。非生活必需品，由监狱代为保管或者征得罪犯同意退回其家属，违禁品予以没收。女犯由女性人民警察检查。

第 19 条 罪犯不得携带子女在监内服刑。

2.《中华人民共和国人口与计划生育法》

第 17 条 公民有生育的权利，也有依法实行计划生育的义务，夫妻双方在实行计划生育中负有共同的责任。

3.《中华人民共和国宪法》

第 49 条第 2 款 夫妻双方有实行计划生育的义务。

【理论分析】

1. 生育权的本质是什么？生育权是否为一项基本人权？

生育在生物学或医学上是指，男女自然人通过自然或人工授精的方式进行受孕、怀胎、分娩等一系列行为以及通过无性生殖的方法繁衍抚育后代。由此可见，生育的本质是生命的延续。生育能力存在于生命之中，生育权存在于生命权之中。

实际上，依附于生命权之上的生育权，其本质是作为个体的人延续生命的一种法律上的资格，是人之所以成为人的最基本的权利，是一项基本人权。

生育权、生育权利或生殖权利，在英文中为 Reproductive Right。生育权这一概念正式出现在 1994 年《联合国国际人口与发展会议行动纲领》中原则 8 的规定中，其表述如下："所有夫妇和个人都享有负责地自由决定其子女人数和生育间隔以及为达此目的而获得信息、教育与方法的基本权利。"❶ 由此可见，生育权作为公民的一项基本权利在世界人权保护的实践中已得到确认。❷ 虽然世界各国鲜少直接将生育权作为一项基本权利在宪法文本中加以确认，但并不能就此否定生育权本身作为一项基本权利为公民所享有。英美的司法实践都是将生育权作为一项基本权利来对待。

由《中华人民共和国计划生育法》第 17 条"公民享有生育的权利"的规定可看出，生育权是一项法律权利。《中华人民共和国宪法》第 49 条第 2 款规定："夫妻双方有实行计划生育的义务"，该规定虽未明确表明生育权是一项宪法权利，但是根据权利义务相对等的法理，生育权是一项未明示的宪法权利。有学者将生育权视为人格权中的特别人格权，❸ 也有学者认为生育权属于人身权中的一项人格权。❹

2. 死刑未决犯（或在押犯）是否具备法律权利主体资格？

死刑未决犯（或在押犯）与死刑犯就是否具备法律权利主体资格方面存在不同之处：在法院对罪犯尚未作出死刑生效的终审判决前，死刑未决犯（或在押犯）的生命尚未从法律上宣告结束，仍然是法律上的权利主体，依然是中华人民共和国的公民。而死刑判决一旦生效，罪犯的生命从法律上已宣告结束，死刑犯在等待枪决的这段时间里，他仅是生物意义上的人，其任何行为都不具法律意义。所以，确切地讲，由此案引发的问题应是"死刑未决犯有没有生育权"，"死刑犯有没有生育权"的提法有失偏颇，是对死刑未决犯人格尊严的侵犯。

就本案而言，郑某某在向舟山市中级人民法院提出人工授精的请求时，罗某正处于上诉期，还未收到法院的终审判决，因此此时罗某的身份为死刑未决犯（或在押犯），仍然是中华人民共和国的公民，仍具备法律权利主体资格。

3. 死刑未决犯（或在押犯）是否享有生育权？

权利是一种法律上的资格。具体而言，在终极意义上，权利可视为一种通过法律规范所确认的、法律关系主体的一方要求他方做出作为或不作为的可能性。❺ 所以，权利的存在并不取决于宪法与法律的明文规定。严格地讲，人们经常所讲的"法律所赋予的权利"，是一种不严谨的提法。由于社会的发展，新的权利形态不断产生，成文法的滞后性使立法永远都不可能将所有的权利以法律的形式确定下来。法律对权利的保

❶ 联合国. 国际人口与发展会议的报告（A/CONF. 171/13/Rev. 1）[R]. 1995.
❷ 李蕊佚. 服刑人员生育权研究 [J]. 法学评论，2010，28（4）：29-37.
❸ 刘文. 再论死刑犯的生育权 [J]. 重庆工商大学学报（社会科学版），2005（5）：88.
❹ 孙科峰. 生育权范畴论析 [J]. 学术探索，2004（2）：35.
❺ 林来梵. 从规范宪法到宪法规范 [M]. 北京：法律出版社，2001：77.

障是一种制度性的保障，对权利的保护绝不仅仅体现为在法律上的列举性规定，不能因为法律没有明确规定而否定公民的权利。以上文所述，死刑未决犯（或在押犯）仍具备法律权利主体资格，因此探讨死刑未决犯（或在押犯）是否具有生育权具有法律意义。

法学界对此主要有三种不同的认识。

（1）肯定说。

持此观点的学者肯定在押犯有生育权，但他们所持的理由大相径庭。有学者认为，"死刑犯在被剥夺生命之前，或者说被执行死刑前，他仍然是完整意义上的中国公民，依然享有相对完整的民事权利。之所以说是相对完整的民事权利，是因为，他即将被执行死刑，他的身体自由必然要受到适当的限制，不可能像正常人一样方便行使民事权利。但是对于其他权利，比如人格尊严，并不能因此而受到侵犯。惩罚止于刑法，不可越过必要的界限。死刑犯的生育权行使起来尽管困难，但这不妨碍他行使该权利，有关部门尤其是司法部门应当协助而不是限制他行使这项权利。"❶

有学者认为，生育权属于人身权中的一项人格权。"法不禁止即自由"，这当然适用于死刑犯的生育权问题。所以，死刑犯当然拥有生育权。❷ 还有学者认为，权利的剥夺必须以列举的方式表达出来，虽然死刑未决犯的很多权利是受到限制的，但是他的民事权利并没有被法律禁止。法律没有禁止的，就应当是允许的。死刑未决犯的婚姻权利并没有被法律剥夺，而由此权利派生的生育权利也未被剥夺，在他被执行死刑前都是存在的。从"以人为本"的人文关怀原则出发，应支持其通过人工授精方式行使这项权利。❸

有学者指出，死刑是对罪犯生命权的剥夺，而不是对其他权利的一概剥夺。在被执行死刑之前，罪犯的生育权和其他有关权利并没有终止。监禁意味着人身自由被限制甚至被剥夺，在这种情形下，罪犯无权像正常状态下的公民那样，同妻子通过性生活的方式行使生育权，但可以通过其他可行的亦即不妨碍国家对其人身自由限制的方式行使生育权。借助人工授精正是这样一种可行的方式。由于我国目前的权利救济机制不健全，至今还没有一种程序来解决这个问题，对于郑某某的请求，现实中并不能得到救济。因此法理上应该得到救济，和在实践中能不能实现是两个问题。❹ 也有学者认为："现代法制社会的一个原则是：法律没有禁止的就是允许的。再有，就是在西方通行的'有利于被告'的原则。这是说在追诉犯罪人的过程中，在和法律没有冲突的情况下，应该充分保障犯人的权利。这本身也符合我国法制建设的趋势。在现在的科

---

❶ 尤洪杰. 死刑犯生育权解析 [N]. 法制日报, 2002-03-03: 3.

❷ 付立庆. 死刑犯该不该享有生育权 [N]. 检察日报, 2001-12-12 (8); 持此观点的还有孙科峰. 生育权范畴论析 [J]. 学术探索, 2004 (2): 35.

❸ 焦国标. 论"首请不拒" [N]. 法制日报, 2002-12-31 (特约说法); 焦洪昌, 姚国建. 宪法学案例教程 [M]. 北京: 知识产权出版社, 2004: 11.

❹ 死刑犯能享有生育权吗? [N]. 北京青年报, 2001-12-18 (法律圆桌).

学技术条件下，人工授精又不妨碍罗某被监禁被执行死刑，为什么不能允许呢？"❶

（2）否定说。

此种观点认为，法律否认死刑未决犯生育权的存在。对于此说的理由，学者们同样看法不一。有的学者认为，死刑未决犯生育能力存在于生命之中，生育权存在于生命权之中，死刑未决犯没有了生命权，自然也就没有了生育权。死刑未决犯在被执行死刑前完全丧失了人身自由，不可能还有实施生育行为的自由。如果认为死刑未决犯还有生育权，将会带来一系列无法解决的矛盾。例如，有学者提出，首先，这会与判处其他刑罚的罪犯的权利相矛盾。如果说死刑未决犯有生育权，那么，被处以较轻刑罚的无期徒刑、有期徒刑的罪犯更应该有生育权。但是，如何做到在不违背监禁目的的同时，让这些罪犯行使生育权？显然，这里存在着无法克服的矛盾。其次，这会与配偶问题相矛盾。如果说死刑犯有生育权，是所有的死刑犯都有生育权呢，还是只有配偶的死刑犯才有生育权？如果说没有配偶的死刑犯也有生育权，显然与婚姻法的规定和我国社会的传统习惯相矛盾。诸如此类都是无法解决的矛盾。再次，会与女罪犯的权利相矛盾。究竟只有男死刑犯才有生育权，还是男女死刑犯都有生育权呢？如果说只有男死刑犯才有生育权，显然与我国宪法规定的男女平等原则相矛盾。如果说男女死刑犯都有生育权，则与《刑法》第49条"审判的时候怀孕的妇女不适用死刑"的规定相矛盾。❷ 也有学者指出，若允许死刑犯生育子女，其子女的生命何时开始？处理死刑犯财产时是否有必要为其子女预留？应预留几份？有无必要修改继承法？❸

有学者认为，死刑未决犯的生育权问题的提出，与现代科技发展有关系。以前之所以没有出现这个问题，是因为在羁押期间，被告人被剥夺了人身自由，无法行使性的权利和生育的权利，实际上就是被剥夺了性权利和生育权。现在人工授精技术的出现，使被告人在被限制和剥夺身体自由的情况下，依然能够完成生育的行为。所以这个问题应该说是科技发展对传统司法观念的一个挑战。❹

（3）折中说。

此种观点承认生育权存在的合法性，但是否认生育权行使的可能性。学者们采取与肯定说类似的理由，承认生育权的存在，但对于生育权行使的可能性，学者们莫衷一是。

有学者认为，死刑犯被羁押在看守所里，失去了人身自由，其权利的实现面临着这一现实的障碍。死刑犯要实现其生育权，必须得到限制其人身自由的机关的许可和协助。而按照现行法律，看守所及其所属机关没有协助其实现生育权的义务。❺ 但有人却认为，可以通过人工授精辅助生殖技术实现生育权，这种生育方式的选择也是生育

❶ 死刑犯能享有生育权吗？［N］. 北京青年报，2001-12-18（法律圆桌）.
❷ 侯国云. 死刑犯没有生育权——与尤洪杰、石子坚二位先生商榷［N］. 法制日报，2002-03-21（3）.
❸ 孙科峰. 再论"死刑犯"有无生育权［J］. 宜宾学院学报，2003（5）：17.
❹ 死刑犯能享有生育权吗？［N］. 北京青年报，2001-12-18（法律圆桌）.
❺ 王绿英. 死刑未决犯生育权案引发的宪法学思考［M］//韩大元. 中国宪法事例研究（一）. 北京：法律出版社，2005：85.

权的组成部分。❶

另外有些学者认为，讨论死刑犯有无生育权，首先要弄清法律限制了犯人哪些权利。等待执行死刑的罪犯、判处死缓、无期徒刑和有期徒刑的罪犯，其人身自由依法受到限制，人身自由被限制了，与此相关的权利自然也受到限制（法律另有规定的除外），其中也包括所谓的同居权，没有同居权，生育权自然无法实现。❷

全国人大常委会法工委咨询委员王著谦认为：孩子没法选择亲生父母，血缘关系也不能通过法律程序解除或改变，但孩子也有自己的权利并受到国家法律的保护。用人工授精的方法生育一个死刑犯的孩子，使孩子一生下来就没有父亲，以后还可能面对社会上的压力，能否保证孩子的身心健康发展，是否会对孩子终身造成伤害，这是郑某某提出人工授精请求时，需要从伦理道德方面认真考虑的问题，但这不能成为法院拒绝其请求的法律依据。❸

4. 生育权能否受到限制？

对基本权利的确认，并不意味着不可对其进行必要的限制，只不过这种限制须由法律为之且限制的内容须合理。同时，各种权利并非孤立存在，它们常常相互依存互为条件，因而会出现当一种权利遭到限制而致使另一种权利无法行使的情形，因为后者是以前者的存在为前提。此时由于权利界限的相对性❹，两种权利发生冲突，为了切实保障人权，应用利益衡量的方法去审视这种限制合理性，避免出现间接限制更具保障价值、不应予以限制的基本权利的极端情形。

就本案而言，收监羁押是对人身自由的限制，这种限制直接源于我国刑法的规定，且被限制的人身自由的位阶高于有生命权派生而来的生育权，收监羁押没有侵犯在押犯的生育权当无疑义。收监羁押人员的生育权存在是无疑义的，只是生育权的行使是以人身自由为前提，收监羁押产生的效果是使之不能。收监羁押人员在押期间，其行为受到监狱管理法规的约束。依据监狱管理法规的规定不准许行使生育权是适当的，否则会出现婴儿出生时即为单亲或由于女性收监羁押人员一旦怀孕即可逃避本应执行的极刑等不可收拾的局面。因此，依据利益衡量的原则，监狱管理法规对收监羁押人员的生育权作出的限制于法有据。

虽然人们往往出于感情的本能冲动，用道德准则来解释法律甚至取而代之。作为法官、法学家则与一般民众不同，应理性思考问题而绝不付诸情感，以公平正义为价值观而不盲目求助于道德准则来解释法律甚至取而代之，同时辅以严谨的逻辑去直面各种纠纷。无独有偶，2003 年美国出现了与本案极其相似的案件，结果该案的法官西尔弗曼说，"在监狱中，生育的权利与监禁是完全相违背的"，"在押期间必须停止各项

❶ 朱建忠. 论罪犯的生育权 [J]. 山西高等学校社会科学学报，2002（11）：71.
❷ 寇学军. 关于死刑犯生育权问题研究 [J]. 河北法学，2003（5）：29.
❸ 死刑犯能享有生育权吗？[N]. 北京青年报，2001-12-18（法律圆桌）.
❹ 林来梵. 从规范宪法到宪法规范 [M]. 北京：法律出版社，2001：98.

基本的自由"。❶

【思考题】

1. 收监羁押人员享有哪些基本权利？
2. 如何保障收监羁押人员享有的基本权利？
3. 对死刑未决犯权利保障的法理是什么？
4. 收监羁押人员的生育权是否受监狱管理法规的限制？
5. 收监羁押人员的生育权如何实现？

第三节　器官移植法律制度

本节主要通过对换头术这一引发热议的话题进行法律剖析，从而了解我国器官移植的法律制度以及关于脑死亡的立法，由此探讨如何对器官移植进行法律规制及其所应遵循的原则。

案例五　全球首例换头术案

【基本案情】

人类始终对"长生不老"的梦想孜孜以求。进入 20 世纪，换头术❷使这种梦想俨然不再遥不可及。1954 年，苏联的一位医生为一只小狗做了头部更换手术，实现了世界上第一例人体"头部置换"。以狗实验为基础，人们开始寻找更接近人类的动物。1970 年，美国医生罗伯特·怀特通过头部移植手术使一只猕猴存活了 8 天。2013 年和 2016 年，我国哈尔滨医科大学任晓平教授分别对老鼠和猴子进行了头部移植实验，前者获得了成功，后者虽然在实验后存活了下来，但是状况很不好，仅存活了 20 多个小时。2015 年，一位意大利神经学家外科医生卡纳维罗宣布，他已经掌握了连接供体和受体脊髓的方法，此后他收到一名来自俄罗斯的实验志愿者的申请，该志愿者想通过卡纳维罗的头部交换手术继续他的生活。2017 年 4 月 27 日，卡纳维罗在接受奥地利杂志专访时更是爆出惊天新闻：10 个月内将在中国哈尔滨对第一位患者进行全球首例头

---

❶　案情大致如此：格伯，因开枪、非法拥有武器和向警官发布死亡威胁而于 1997 年被捕入狱。他要求一名医生前往狱中采集他的精子，但监狱官员拒绝了他的请求。他遂以监狱官员侵犯了宪法给予他的生育权为由诉至法院。2003 年 5 月美国旧金山巡回上诉法庭的法官以 6 票对 5 票的投票结果，否决了犯人在押期间的生育权。见张含光．在押犯的生育权案例分析［EB/OL］．（2003-05-31）［2021-09-08］．http://www.civillaw.com.cn/Article/default.asp?id=13990.

❷　又称异体头身重建术或头颅移植手术，即将他人的头颅移植到患者躯体上，从而使其重获新生。

部移植手术，该手术将由哈尔滨医科大学任晓平教授负责。❶ 但是该实验在后期准备过程中因实验者放弃而宣告终止。

【主要法律问题】

1. 换头术是否合法？
2. 换头术是否对法律主体造成冲击？
3. 换头术应受到哪些法律法规的约束？
4. 换头术是否侵犯了人的尊严？

【主要法律依据】

1.《中华人民共和国刑法》

第 232 条　故意杀人的，处死刑、无期徒刑或者十年以上有期徒刑；情节较轻的，处三年以上十年以下有期徒刑。

第 234 条　故意伤害他人身体的，处三年以下有期徒刑、拘役或者管制。

犯前款罪，致人重伤的，处三年以上十年以下有期徒刑；致人死亡或者以特别残忍手段致人重伤造成严重残疾的，处十年以上有期徒刑、无期徒刑或者死刑。本法另有规定的，依照规定。

第 234 条之一　组织他人出卖人体器官的，处五年以下有期徒刑，并处罚金；情节严重的，处五年以上有期徒刑，并处罚金或者没收财产。

未经本人同意摘取其器官，或者摘取不满十八周岁的人的器官，或者强迫、欺骗他人捐献器官的，依照本法第 234 条、第 232 条的规定定罪处罚。

违背本人生前意愿摘取其尸体器官，或者本人生前未表示同意，违反国家规定，违背其近亲属意愿摘取其尸体器官的，依照本法第 302 条的规定定罪处罚。

2.《人体器官移植条例》

第 2 条　在中华人民共和国境内从事人体器官移植，适用本条例；从事人体细胞和角膜、骨髓等人体组织移植，不适用本条例。本条例所称人体器官移植，是指摘取人体器官捐献人具有特定功能的心脏、肺脏、肝脏、肾脏或者胰腺等器官的全部或者部分，将其植入接受人身体以代替其病损器官的过程。

第 15 条　医疗机构及其医务人员从事人体器官移植，应当遵守伦理原则和人体器官移植技术管理规范。

3.《人体器官移植技术临床应用管理暂行规定》

第 2 条　本规定所称人体器官移植技术是指将他人的具有功能的心脏、肺脏、肝脏、肾脏等器官移植给患者以代替其病损器官的技术。

---

❶　佚名. 人类首例"换头术"在中国进行　主刀医生已拿鼠和猴实验过［EB/OL］.（2007-05-05）［2021-09-08］. http://news. online. sh. cn/news/gb/content/2017-05/05/content_8417295. htm.

第 23 条第 2 款　医疗机构每例次人体器官移植前，必须将人体器官移植病例提交本医疗机构人体器官移植技术临床应用与伦理委员会进行充分讨论，并说明人体器官来源合法性及配型情况，经同意后方可为患者实施人体器官移植。

4.《人体捐献器官获取与分配管理规定（试行）》

第 4 条　获取捐献器官，应当在捐献人死亡后进行。

5.《涉及人的生物医学研究伦理审查办法》

第 3 条　本办法所称涉及人的生物医学研究包括以下活动：……（二）医学新技术或者医疗新产品在人体上进行试验研究的活动；……

第 7 条　从事涉及人的生物医学研究的医疗卫生机构是涉及人的生物医学研究伦理审查工作的管理责任主体，应当设立伦理委员会，并采取有效措施保障伦理委员会独立开展伦理审查工作。医疗卫生机构未设立伦理委员会的，不得开展涉及人的生物医学研究工作。

第 24 条第 1 款　经伦理委员会批准的研究项目需要修改研究方案时，研究项目负责人应当将修改后的研究方案再报伦理委员会审查；研究项目未获得伦理委员会审查批准的，不得开展项目研究工作。

【理论分析】

换头术关乎伦理、道德，社会各界也多从技术、伦理与哲学层面对此进行探究。❶

1. 换头术是否合法？

在法治社会中，法律是一切行为的最高准则。在私法领域，凡是不为法律所禁止的行为即为适法行为皆可行，此即"法不禁止即自由"的原则。然而，换头术却严重欠缺合法性基础。

首先，供体来源欠缺合法性。在我国，死囚器官曾经一度是同种人体器官移植的主要来源。但是，随着人权保障理念的深入，我国宣布从 2015 年 1 月 1 日起，全面停止使用死囚器官作为移植供体来源，公民逝世后自愿器官捐献将成为器官移植使用的唯一渠道。❷ 然而，捐献的器官必须是活体器官，因为实施器官移植的前提是供体器官必须具有存活性而且可以在技术（如冷藏）辅助下保持一定时间的体外存活性，否则无法开展移植。根据《人体捐献器官获取与分配管理规定（试行）》第 4 条规定："获取捐献器官，应当在捐献人死亡后进行。"由此，便产生如下两难困窘。

一方面，如果采用大多数国家所认可的脑死亡法律标准，即 1968 年哈佛大学医学院特别委员会提出的"全脑功能（包括维持生命必要的无意识活动）的完全和不可逆

---

❶ 李志民. "换头术"的痴迷者，请遵守基本伦理原则 [J]. 博览群书，2016（8）：124-126；唐旭，苟兴春. "换头术"：是愚蠢？还是疯狂？[J]. 医学与哲学，2016，37（9）：39-41；唐旭，苟兴春，徐礼鲜，等. 人体复活术：是医学的极致还是医学对哲学的挑战？[J]. 医学争鸣，2017，8（1）：15-23.

❷ 史泽华. 不用死囚器官后怎么办？[N]. 新京报，2014-12-05（A6）.

转的丧失"❶，脑死亡并不意味着其他脏器的衰竭，呼吸、心跳并不必然停止，因此有利于诸多人体器官移植手术。❷ 但是脑死亡意味着"包括脑干功能在内的全脑功能不可逆和永久的丧失"❸，此时对病体进行头颅移植手术毫无意义；另一方面，如果按照我国法律目前所采取的死亡综合标准说，即以自发呼吸停止、心脏停止、瞳孔反射机能停止作为死亡标准，那么移植头颅就会面临法律悖论，因为我国法律不以脑死亡标准认定死亡状态，故而以脑死亡为标准摘取供体躯干和受体头颅的行为将构成《刑法》第 232 条规定的故意杀人罪。

其次，换头术客体违法。在我国乃至多数国家，头颅不属于法律所认可的移植器官。2007 年国务院颁布实施的《人体器官移植条例》第 2 条规定："从事人体细胞和角膜、骨髓等人体组织移植，不适用本条例。本条例所称人体器官移植，是指摘取人体器官捐献人具有特定功能的心脏、肺脏、肝脏、肾脏或者胰腺等器官的全部或者部分，将其植入接受人身体以代替其病损器官的过程。"《人体器官移植技术临床应用管理暂行规定》第 2 条也作出与之相似规定。由此可见，头颅不属于法定的器官移植中的器官范畴，换头术于法无据。

再次，受体需受活体器官捐献者身份关系的限制。《人体器官移植条例》第 10 条规定："活体器官的接受人限于活体器官捐献人的配偶、直系血亲或者三代以内旁系血亲，或者有证据证明与活体器官捐献人存在因帮扶等形成亲情关系的人员。"因此，我国只接受近亲属或存在帮扶等形成亲情关系的人员的活体器官捐献。不仅如此，《人体捐献器官获取与分配管理规定》第 4 条规定："国家卫生健康委负责全国人体捐献器官获取与分配的监督管理工作。县级以上卫生健康行政部门负责辖区内人体捐献器官获取与分配的监督管理工作。"《河南省人体器官捐献与获取管理规定（试行）》第 3 条第 1 款规定："本规定中人体器官获取组织（以下简称 OPO）是指依托符合条件的医疗机构，由外科医师、神经内外科医师、重症医学科医师及护士、人体器官捐献协调员等组成的从事公民逝世后人体器官获取、修复、维护、保存和转运的医学专门组织或机构。"因此，开展任何器官移植试验与手术都必须透过 OPO 所建立的器官分配系统获得移植器官。在未向 OPO 器官分配系统进行申请的情况下，首例换头术显然没有任何法律依据。

最后，换头术手术或实验本身的合法性存疑。根据国家卫生计生委（现国家卫健

---

❶ 唐旭，苟兴春，徐礼鲜，等. 人体复活术：是医学的极致还是医学对哲学的挑战？［J］. 医学争鸣，2017，8（1）：16.

❷ 正因如此，我国为了器官移植的便利，国家卫生计生委（现国家卫健委）于 2011 年 4 月原卫生部办公厅印发了《关于启动心脏死亡捐献器官移植试点工作的通知》，在附件中公布了中国心脏死亡器官捐献的三类标准，一类是指国际标准化脑死亡器官捐献；二类是心脏死亡；三类是混合标准。国家卫生计生委强调，无论是世界卫生组织确定的脑死亡器官捐献的原则、国际惯例，还是中国的标准，都不能因为捐献而判定死亡。卫计委回应脑死亡话题：不能因捐献而判定死亡［EB/OL］.（2014-05-09）［2021-09-08］. https://news.qq.com/a/20140509/028566.htm.

❸ 宿英英，张艳，叶红，等. 脑死亡判定标准与技术规范（成人质控版）［J］. 中华神经科杂志，2013（9）.

委）颁布并于 2016 年 12 月 1 日起施行的《涉及人的生物医学研究伦理审查办法》（以下简称《办法》）第 3 条第 2 项的规定，换头术应属于"医学新技术或者医疗新产品在人体上进行试验研究的活动"，应当接受伦理委员会的审查（见《办法》第 7 条），"研究项目未获得伦理委员会审查批准的，不得开展项目研究工作"（见《办法》第 24 条）。因此，在未获得医学伦理委员会批准的情况下，高调宣布进行首例头部移植手术属于公然违法之举。

2. 换头术是否对法律主体造成冲击？

换头术将直接对法律主体制度造成冲击。众所周知，作为自然人的法律主体资格始于出生、终于死亡。但是，我们是以供体头颅的原有身份还是以受体躯干的原有身份来确定换头术后的"新"身份？鉴于人是具有思想和自我意识的动物，应以供体原有身份来确立其法律主体资格。但是，面对面部、虹膜与指纹等生物识别技术已将现代人类生活重塑的现实，随之而来的问题是，术后的面部、虹膜甄别必然与其原指纹不符，将导致对人的身份甄别或确认的错乱甚至有滥用之虞，进而扰乱人们的正常生活，既有的法律将如何处理因此而出现的法律身份与地位甄别、确认问题。

法律主体制度难以应对由此产生的新问题，换头术还将使得传统的血缘、亲属、配偶、人身、财产、继承等各种法律关系无所适从。因受体与供体分别来自两个彼此相互独立、不存在血缘、亲属以及其他法律关系的个体，换头术后的血缘究竟归属于受体还是供体？有医学专家质疑："成功的'换头术'会给'复合人'带来一系列的心理问题，包括对躯体的认同障碍、躯体对大脑的干扰……但是其中最让'复合人'困惑的肯定是：我是谁？谁是我？由此延伸而来的问题众多：我仍然是以前的我，还是提供躯体的他或她，还是既是以前的我，也是提供躯体的他或她？当我在使用躯体时，究竟是谁在使用躯体……"❶

依法理，意识决定人格，人格是法律主体资格的核心。❷虽然意识是由供体决定的，但是躯干中的血液等主要生物特质却是由受体决定的，在供体仅仅提供意识的情况下是否可武断地将血缘归属于供体？若可，延续千年之久的生物伦理将被摧毁。不仅如此，又当如何确定或甄别"新"的子女、配偶等亲属关系？试想术后的"新人"结婚生育，其子女究竟属于提供精子或卵子的受体方还是属于供体方？受体方和供体方原有的债权、债务以及刑事、行政等法律责任乃至于原有的法律地位与社会身份（如供体方为高级公务员而受体方为公司职员等诸多情形）是否因换头术而混同或消灭？若不因此而混同或消灭，法律将如何对待？

3. 换头术应受到哪些法律法规的约束？

换头术是同种人体器官移植技术的最高峰，因此它应遵循同种人体器官移植的所

---

❶ 唐旭，苟兴春."换头术"：是愚蠢？还是疯狂？[J]. 医学与哲学，2016，37（9）：40.

❷ 徐国栋. 寻找丢失的人格：从罗马、德国、拉丁法族国家、前苏联、俄罗斯到中国 [J]. 法律科学，2004（6）：71.

有规范要求，不得侵犯人的尊严。有学者指出，同种人体器官移植是实现生命健康权的一种身体处置形式，器官移植必须体现人的自主性才能具备尊严的正当性，即体现供体和受体的自我决定权。❶ 这种自我决定权必须受到内在和外在两个方面的限制：所谓的内在限制，首先应满足自我决定权的形式正当性要求，即必须在自主性前提下个人真实、明确表达移植的意愿；其次，还应尊重人的独立性和不可替代性。同种人体器官移植还受到如下外在限制：①本质损害排除，即供体有决定是否捐献、如何捐献及捐献何种器官，但不能因捐献器官致使自己的身体受到本质损害，更不能以器官捐献的形式放弃自己的生命；②公共利益与公序良俗；③尊重他人的尊严；④撤回承诺的说明。❷

根据《世界卫生组织人体细胞、组织和器官移植指导原则》（2010 年修订）的规定，禁止以生殖为目的的配子、卵巢或者睾丸组织，或者胚胎移植；或者以输血为目的采集的血液或者血液成分。只有在符合下列指导原则的情况下，才可以以移植为目的，从死者或者活体身上摘取细胞、组织和器官。根据该指导原则中的"指导原则 1"规定，细胞、组织和器官可以从死亡或者活体身上摘取用于移植，如果：（a）已得到符合法律规定的任何同意意见，以及（b）没有理由相信死者生前反对这种摘取。"指导原则 5"中指出，细胞、组织和器官应仅可自由捐献，不得伴有任何金钱支付或其他货币价值的报酬。购买或提出购买供移植的细胞、组织或器官，或者由活人或死者近亲出售，都应予以禁止。禁止出售或购买细胞、组织和器官不排除补偿捐献人产生的合理和可证实的费用，包括收入损失，或支付获取、处理、保存和提供用于移植的人体细胞、组织或器官的费用。

我国也颁布了《人体器官移植条例》《人体捐献器官获取与分配管理规定（试行）》《涉及人的生物医学研究伦理审查办法》《人体器官移植技术临床应用管理暂行规定》以及《关于规范活体器官移植的若干规定》等对人体器官移植予以规范，并在《刑法》和《民法典》中作出了相关限制性规定。

4. 换头术是否侵犯了人的尊严？

随着现代医学科技的高速发展，通过分子与基因技术而日益兴起的克隆疗法、分子介入疗法、干细胞治疗技术以及换头术等，引发了诸多伦理、道德乃至法律难题。诚然，孜孜求真的科学精神是人类进步的源泉，然而科学探索并不因此而无界限，它不得逾越伦理与法律的底线。换头术触及了人的尊严这一法律与伦理终极价值关怀。

现代医学技术的发展与应用必须受到法律与伦理的制约，要受到人的尊严的价值规范引领，这已成为国际共识。《联合国世界人类基因组与人权宣言》《联合国关于人的克隆宣言》及《欧洲理事会保护与生物及医学运用有关的人权与人类尊严公约禁止克隆人的附属议定书》中都明确将人的尊严作为其原则。《涉及人的生物医学研究伦理

---

❶ 韩大元. 生命权的宪法逻辑［M］. 北京：译林出版社，2012：129.

❷ 韩大元. 生命权的宪法逻辑［M］. 北京：译林出版社，2012：131-134.

审查办法》第 1 条中也明确其立法目的是 "为保护人的生命和健康，维护人的尊严，尊重和保护受试者的合法权益，规范涉及人的生物医学研究伦理审查工作"。

但是换头术将导致前文所述的法律主体地位与身份甄别或确认的错乱，这种人格混同或错乱使得受体与共体以及再造"新人"的尊严荡然无存。不仅如此，受体意识已不能够以其应有的理性和自治来做出判断与行为。医学理论与临床实践表明：接受心脏移植、肝移植及肾移植的患者可能因此发生性格、习惯和爱好等方面的改变，而这些改变明显与器官提供者相关。即使是单一器官的移植都可能带来这方面的改变，可以肯定，接受了完整躯体的头部肯定会受到躯体中残留的"原主人"的信息的影响。❶ 也就是说，来自受体躯体细胞的记忆会与供体大脑认知产生生理和心理的排异反应。

更为严重的是，如果不对换头术等器官移植予以严格限制，那么异种器官移植（xenogeneic transplanation/xeno-transplantation，即不同种属的个体之间的移植）将不期而至。它更将对人的尊严造成巨大冲击，我们将不得不面对动物向人移植器官是否违反自然法则的诘问。不仅如此，鉴于异种器官移植可能存在将供体动物的某些基因存留于受体内的潜在可能与风险，人因此可能具有某些兽性进而改变人的特性，这不仅严重危及伦理准则、侵害人的尊严，而且将严重威胁人类的安全。因此，应对异种器官移植予以严格限制或禁止。在心、脾、肺、肾移植等都已经变为现实的当下，将器官移植技术推向极致必将招致忒修斯悖论的严重后果，极大地贬损人的尊严。由此必然诱发诸多伦理、社会乃至法律问题（人身、财产以及婚姻家庭）。

根据德国学者 Gunter Durig 提出并为德国联邦宪法法院援用的"客体公式"（Objektformel），"凡具体的人被贬抑为客体、纯粹的手段或是可任意替代的物，便是人的尊严受到侵犯。"❷ 从本质上而言，以异体头身重建手术为代表的器官移植技术违背了康德所倡导的"人是目的而绝非手段"❸ 的尊严理念，是对人的尊严的侵犯。当一个人的生命沦为延续他人生命的手段时，他已经被物化、工具化，其生命变得毫无意义和尊严。而且，这岂不是高举着尊重人的理念的口号，却和人的尊严所倡导的人是目的、绝不能沦为手段之诉求背道而驰，这是对人的尊严理念的莫大反讽。"当生命本身缺乏'尊严'时，所谓的'人的尊严'原理也会失去存在的基础。"❹

【思考题】

1. 器官移植应用是否对伦理、道德乃至法律产生严重冲击？
2. 器官移植是否应恪守伦理与法律底线？
3. 应如何对器官移植进行规制？
4. 应如何处理换头术？

---

❶ 唐旭，苟兴春. "换头术"：是愚蠢？还是疯狂？[J]. 医学与哲学，2016，37（9）：40.
❷ 李震山. 人性尊严之宪法意义 [J]. 律师通讯，1992（3）：38.
❸ [德] 康德. 道德形而上学原理 [M]. 苗力田，译. 上海：上海人民出版社，2002：48.
❹ 韩大元. 生命权的宪法逻辑 [M]. 上海：译林出版社，2012：174.

第四节　基因工程技术的法律规制

本节主要通过对基因编辑婴儿事件和人猴胚胎嵌合事件引发的法律争议进行剖析，由此探讨如何从法律层面对基因工程进行规范。我们应理性、冷静对待新科技，在秉持最大限度地提升人的尊严与福祉的目的的终极关怀下审慎利用新技术。

案例六　基因编辑婴儿案[❶]

【基本案情】

2014 年，第三代基因编辑技术 CRISPR/Cas9 的诞生，使得基因编辑的精确性和效率大幅提高，但随之而来的是商业利益和功成名就的巨大诱惑。2015 年 4 月，中山大学副教授黄军带领其团队利用人类胚胎进行基因编辑，试图透过 CRISPR/Cas9 基因编辑技术对 β-地中海贫血这潜在致命血液疾病的基因进行改造，并将其成果发表在《蛋白质与细胞》学术期刊上。[❷] 美国国立卫生研究院（NIH）迅速于 4 月 29 日发表声明，重申禁止开展涉及编辑人类胚胎基因的研究。[❸] 此事件引发了包括学术界在内的各界的关注，各界对于其伦理道德产生巨大争论，纷纷质疑基因编辑技术。2015 年年底，第一届国际人类基因组编辑峰会达成共识：CRISPR/Cas9 基因编辑技术只能用于基础学术研究，禁止一切以生殖为目的临床研究和应用。[❹]

然而，当上述事件刚刚淡出公众的视野，2018 年 11 月 26 日人民网的首例基因编辑婴儿诞生的报道再次激起公众的热议与愤慨。据报道，深圳南方科技大学贺建奎副教授在第二届国际人类基因组编辑峰会召开前一天向外界公布，一对名为露露和娜娜的 CRISPR/Cas9 基因编辑婴儿于 11 月在我国健康诞生，该双胞胎的某个基因经过修改后具有天然抵抗艾滋病能力，这是世界首列免疫艾滋病的基因编辑婴儿。[❺] 该报道被世界各大媒体转载报道后，迅速引发全球范围内对该研究的安全性和伦理性问题的强烈热议，我国甚至出现多名学者联名强烈谴责的现象。鉴于事态的严重性，国家卫生健康委、科技部严正声明，表示坚决查处违法违规行为。[❻] 贺建奎等被告人也因未取得医

---

❶　侯宇. 基因编辑婴儿之法学省思 [J]. 甘肃政法学院法学报，2020（1）：91-101.

❷　陈丹. "修改人类胚胎基因"论文，发还是不发？[N]. 科技日报，2015-04-30（6）.

❸　张田勘. 生命不美好，可否通过基因编辑修改 [N]. 新京报，2015-05-02（A2）.

❹　赵熙熙. 基因编辑峰会支持人类胚胎研究 [N]. 中国科学报，2015-12-07（2）.

❺　世界首例免疫艾滋病的基因编辑婴儿在中国诞生 [EB/OL].（2018-11-26）[2021-09-10]. https://baijiahao. baidu. com/s?id=1618168459566734133&wfr=spider&for=pc.

❻　于晓. 两部委回应"基因编辑婴儿"：坚决查处违法违规行为 [EB/OL].（2018-11-28）[2021-09-10]. http://www.chinanews.com/gn/2018/11-28/8687956.shtml.

生执业资格，故意违反国家有关科研和医疗管理规定，逾越科研和医学伦理道德底线，贸然将基因编辑技术应用于人类辅助生殖医疗，扰乱医疗管理秩序，情节严重，构成非法行医罪被判处刑罚。在第二届人类基因组编辑国际峰会闭幕式上，组委会严正声明：当下任何可遗传"生殖细胞"（germline）编辑的临床应用都是不负责任的。❶

【主要法律问题】

1. 我国是否建立起对基因编辑婴儿等基因技术的规范体系？
2. 基因编辑可能侵犯哪些权利？
3. 应如何对基因编辑技术进行规范？

【主要法律依据】

1.《中华人民共和国民法典》

第 1009 条　从事与人体基因、人体胚胎等有关的医学和科研活动，应当遵守法律、行政法规和国家有关规定，不得危害人体健康，不得违背伦理道德，不得损害公共利益。

2.《中华人民共和国人类遗传资源管理条例》

第 9 条第 1 款　采集、保藏、利用、对外提供我国人类遗传资源，应当符合伦理原则，并按照国家有关规定进行伦理审查。

第 20 条　利用我国人类遗传资源开展生物技术研究开发活动或者开展临床试验的，应当遵守有关生物技术研究、临床应用管理法律、行政法规和国家有关规定。

3.《涉及人的生物医学研究伦理审查办法》

第 7 条　从事涉及人的生物医学研究的医疗卫生机构是涉及人的生物医学研究伦理审查工作的管理责任主体，应当设立伦理委员会，并采取有效措施保障伦理委员会独立开展伦理审查工作。

医疗卫生机构未设立伦理委员会的，不得开展涉及人的生物医学研究工作。

第 24 条第 1 款　经伦理委员会批准的研究项目需要修改研究方案时，研究项目负责人应当将修改后的研究方案再报伦理委员会审查；研究项目未获得伦理委员会审查批准的，不得开展项目研究工作。

【理论分析】

1. 我国是否建立起对基因编辑婴儿等基因技术的规范体系？

基因编辑婴儿因违背伦理而引起举世公愤，虽然有诸如 1997 年《联合国世界基因组人权宣言》、2013 年世界医学会修订的《赫尔辛基宣言》、2005 年《联合国世界生物伦

---

❶　人类基因组编辑国际峰会结束，呼吁更负责任的科学研究［EB/OL］.（2018-11-29）［2021-09-10］. http://www.sohu.com/a/278620209_139533.

理与人权宣言》等国际伦理公约对基因编辑技术进行规范，但是鉴于国际公约必须内化为我国国内法律才能生效，目前我国现行法律对基因编辑技术的规范严重滞后与缺失。

我国现有的有关人类基因编辑技术的规范存在立法层级低且欠缺与之相关的配套立法的弊端，难以对精准医疗进行有效的规制。一方面，我国的基因技术规范主要源自各部委规章，❶ 其法律位阶明显较低。鉴于通过基因编辑技术开展的研究及临床活动涉及生命权、健康权、人身权、知情权以及隐私权等，而这些权利都属于基本权利的范畴，根据立法保留的原则，对基本权利的限制均须通过立法机关为之。诸多国家也都通过专门立法对这些权利予以保护，如 1990 年德国制定了世界首部《德国基因技术法》以及随后制定的《胚胎保护法》，英国于 1990 年制定了《英国人类受精、胚胎研究法》，法国于 1994 年制定了《法国生命伦理法》，日本于 2002 年通过了《日本规范基因技术法》，澳大利亚于 2002 年制定了《澳大利亚禁止克隆人法案》，加拿大于 2004 年制定了《加拿大人类辅助生殖法》……通过专门立法规范精准医疗已成为一种趋势。❷ 另一方面，在法律规范层面，我国欠缺完善的基因技术法律规范。目前我国仅仅从行政监管的层面对基因技术进行规范，欠缺与之配套的刑事、民事追责与保护措施；纵然 2016 年卫计委颁布的《涉及人的生物医学研究伦理审查办法》中规定基因编辑须经伦理委员会审查批准，这一规定在实践中却显得形同虚设。

与发达国家相比，我国显然在此方面存在保护力度严重不足的问题。如《德国胚胎保护法》规定，全面禁止对人类个体、胚胎实施基因改良、混合技术，并对体外受精、人类胚胎的干扰予以限制，违者将被处 5 年以下有期徒刑或科处罚金；《英国人类受精、胚胎研究法》规定，禁止通过取出未受精卵卵核的方式培育出的胚胎植入母体诞生人类的行为，违者将被处 10 年以下有期徒刑或科处罚金；《法国生命伦理法》规定，禁止上述类似行为，违者将被处 20 年以下有期徒刑；《日本规范基因技术法》规

---

❶ 目前，我国相关技术规范主要有：国家科学技术委员会 1993 年颁布的《基因工程安全管理办法》（国家科学技术委员会令［第 17 号］）、卫生部药政管理局 1993 年颁布的《人体细胞治疗及基因治疗临床研究质控要点》（卫药政发〔1993〕第 205 号）、科学技术部、卫生部制定、国务院办公厅 1998 年颁布的《人类遗传资源管理暂行办法》（国办发〔1998〕36 号）、卫生部 2001 年颁布的《人类辅助生殖技术管理办法》（卫生部令［第 14 号］）、国家食品药品监督管理局 2003 年颁布的《预防用 DNA 疫苗临床前研究技术指导原则》《人用重组 DNA 制品质量控制技术指导原则》《人用单克隆抗体质量控制技术指导原则》《人基因治疗研究和制剂质量控制技术指导原则》与《人体细胞治疗研究和制剂质量控制技术指导原则》（国药监注〔2003〕109 号）、卫生部 2003 年颁布的《人类辅助生殖技术规范》和《人类辅助生殖技术和人类精子库伦理原则》（卫科教发〔2003〕176 号）、科学技术部、卫生部 2003 年颁布的《人胚胎干细胞研究伦理指导原则》（国科发生字〔2003〕460 号）、卫计委、食药总局 2015 年颁布的《干细胞临床研究管理办法（试行）》（国卫科教发〔2015〕48 号）、2016 年卫计委颁布的《涉及人的生物医学研究伦理审查办法》，食品药品监管总局 2017 年颁布的《细胞治疗产品研究与评价技术指导原则（试行）》（2017 年第 216 号）等；然而，2018 年国家卫健委颁布的《医疗技术临床应用管理办法》（第 4 条、第 9 条和第 49 条）却将细胞治疗排除在外。（以上部委名称是颁布规章时的名称，有的是简称）

❷ 据日本北海道大学 2014 年的研究报告，在其审查的 39 个国家中，29 个国家禁止编辑人类胚胎。其中，25 个国家法律予以明确禁止。陈沁涵. 多国法律明确禁止人类胚胎基因编辑，最高可处 15 年监禁［EB/OL］. （2018-11-28）［2021-09-10］. http://www.bjnews.com.cn/world/2018/11/28/525823.html.

定，禁止生产人类基因个体、人与动物基因改良或混合个体的行为，违者将被处 10 年以下有期徒刑，单处或并处 1000 万日元以下罚金；《澳大利亚禁止克隆人法案》规定，改变胚胎细胞的基因组有可能面临 15 年监禁；《加拿大人类辅助生殖法》规定，违法编辑人类基因组将面临最高 10 年监禁。

2. 基因编辑可能侵犯哪些权利?

就微观层面而言，基因编辑技术的应用无疑对生命权、健康权、人身权、隐私权、代际同意以及法律主体制度提出了挑战。虽然在 2014 年无锡冷冻胚胎案终审判决中，法院认为，"胚胎是介于人与物之间的过渡存在，具有孕育成生命的潜质，比非生命体具有更高的道德地位，应受到特殊尊重与保护"，❶ 但是，我国法律至今尚未明确人体胚胎的法律地位。既然人体胚胎是潜在的生命个体，就应对其进行必要的保护。精准医疗通过编辑致病遗传基因而达到免除疾病、提高生命质量的目的。然而技术上的不成熟、风险的高度不确定性，加之由此带来的伦理难题，法律究竟应赋予人体胚胎何种法律地位? 法律是否允许开展此类精准医疗活动以此体现出对生命权的关爱与保护? 又鉴于基因治疗技术的不成熟及其潜在的风险性，联合国在此领域的公约及各国法律都对知情权与隐私权给予了原则性保障❷。但是，上述知情告知遵循"非诱导性"（nondirectiveness）原则，确保医师与研究人员提供客观、中立的信息，而不是建议或诱导孕妇作出终止妊娠与否的决定。❸ 我国至今未对此作出可操作性规定。

此外，依学理，除学界对自杀、安乐死尚存争议、未有定论外，个人对其身体乃至生命都拥有绝对的自主权。但是，在法理及实定法上面临着作为当代人的父母可否代替后代作出决定进而如何有效保护两代人权利的难题，即代际同意的挑战；不仅如此，当下法律中对婚姻家庭、亲权、继承权等各权利都势必面临重新界定的危机。同时更令人不安的是，生物科技的发达还导致了人的危机，人成了科技操作的客体，人的主体地位受到了撼动，蜕变为"没有脸庞的权利主体"。❹ 个体间的天然差异竟然可经由基因编辑技术人为恣意形塑，固有的平等理念因此具有被颠覆之虞。

---

❶ 无锡市中级人民法院（2014）锡民终字第 01235 号判决。

❷ 如 1997 年联合国《世界基因组人权宣言》第 5 条第 2 项规定：所有病例均应得到有关人员事先、自由的知情同意。如有关人员不处于同意的地位，则应在有关人员的最高利益下按法律规定的方式获得同意或授权。2005 年联合国《世界生物伦理与人权宣言》第 5 条（自主权和个人责任）规定：应当尊重人们在负责并尊重他人自主权的前提下自己作出决定的自主权。对没有能力行使自主权的人应采取特殊措施保护他们的权益。并在第 7 条规定对于没有能力表示同意的人应当根据国内法给予特殊的保护，即符合当事人的最大利益并让当事人参与作出同意决定和收回同意决定过程，且应在使当事人承受最小的风险和最轻的负担情形下开展研究活动并对其拒绝参与权给予尊重。我国《人胚胎干细胞研究伦理指导原则》第 8 条规定：贯彻告知后同意与知情选择等原则，保护受试者的隐私。

❸ Patricia L. Devers et al., *Noninvasive Prenatal Testing/Noninvasive Prenatal Diagnosis: The Position of the National Society of Genetic Counselors*, 22 J. GENETIC COUNSELING 291, 292（2013）; Bret D. Asbury, *Counseling after CRISPR*, 21 STAN. TECH. L. REV. 1, 4（2018）.

❹ 颜厥安. 法与实践理性 [M]. 北京：中国政法大学出版社，2003：322.

　　3. 应如何对基因编辑技术进行规范？

　　生物医学事关人的生命健康乃至种族延续等重大问题，因此，从《赫尔辛基宣言》《卡塔赫纳生物安全议定书》《世界生物伦理与人权宣言》到《世界基因组与人权宣言》以来的国际有关公约，无一例外都明确要求避免各种人体实验及生物技术可能带来的风险。❶

　　虽然基因编辑技术的研究与应用极大地造福了人类，但是我们应该看到，基因编辑技术至今仍然存在着"脱靶"效应和"镶嵌现象"等难以逾越的技术风险。❷ 因此，美国基因治疗先驱弗里德曼（Friedman）和安德森（Anderson）提出，满足以下三个条件人们可以考虑进行人类生殖系基因治疗：当体细胞基因治疗的安全有效性得到了临床的验证；建立了安全可靠的动物模型；公众广泛认可。❸ 2005 年《欧洲人权和生物医学理事会公约》第 13 条对人类基因组的干预中也明确规定：寻求改变人类基因组的干预只有在基于预防、诊断或治疗的目的之下，并且干预的目的不在于改变任何后代的基因组时方可进行。2005 年《联合国关于人的克隆宣言》明确禁止有悖人的尊严的生殖性胚胎的干细胞研究与应用。2015 年第一届人类基因编辑国际高峰会议达成共识："生殖系基因编辑的临床应用将是不负责任的，除非且直到：（1）基于对风险、潜在受益和替代选择的理解和权衡，相关的安全性和有效性问题已经得到解决；且（2）对于所建议的应用的适宜性有了广泛的社会共识。而且，任何临床应用应当唯有在得到合理监管的情况下进行。"❹ 2018 年 11 月第二届人类基因组编辑国际峰会委员会建议：只有在强有力监管框架下，才允许对遗传基因编辑进行临床试验，必须遵循十项原则。❺

---

　　❶ 1964 年通过并于 2013 年修订的《赫尔辛基宣言》第 8 条规定：若医学研究的主要目的是产生新的知识，则此目的不能凌驾于受试者个体研究的权利和利益之上。第 18 条规定：除非医生确信研究相关的风险已得到充分评估，并能得到满意控制，否则不可以参与该涉及人体受试者的研究。一旦发现研究的风险大于潜在受益，或已获得了肯定的研究结论时，医生应当评估是否继续、修改或是立即停止该研究。联合国 1995 年制定的《卡塔赫纳生物安全议定书》第 2 条第 2 款规定：各缔约方应确保在从事任何改性活生物体的研制、处理、运输、使用、转移和释放时，防止或减少其对生物多样性构成的风险，同时亦应顾及对人类健康所构成的风险。联合国 1997 年《世界生物伦理与人权宣言》第 20 条（风险的评估和处理）规定：应该促进对医学、生命科学及其相关技术的风险进行必要的处理和充分的评估。联合国 1998 年《世界基因组人权宣言》第 5 条第 1 项规定：影响一个人基因组的研究、治疗或诊断只应在对此后的潜在风险和好处进行严格的事先评估之后并依据国家法律的任何其他要求来进行。

　　❷ 所谓的"脱靶"效应，即可能对靶点以外的遗传信息进行切割，由此引发基因组中一些非目标位置产生非必要的基因突变，将极大地增加罹患癌症或其他疾病的概率，抑或对其他基因的表达造成显著的不利影响，使人类遗传系统产生结构性紊乱，导致大量残障婴儿的出生。"镶嵌现象"，即用 CRISPR/Cas9 技术编辑多细胞胚胎，由于被修饰细胞的数量难以控制，最终可能只有部分细胞被成功编辑，导致出现被改变和未改变的遗传嵌合体，其功能性结果由此将变得复杂和不可预料。陈轶翔. 基因编辑技术何去何从 [J]. 世界科学, 2016（1）: 38-41.

　　❸ 翟晓梅, 邱仁宗. 生命伦理学导论 [M]. 北京: 清华大学出版社, 2005: 208-210; 邱仁宗. 理解生命伦理学 [J]. 中国医学伦理学, 2015, 28（3）: 297-302.

　　❹ 邱仁宗. 基因编辑技术的研究和应用: 伦理学的视角 [J]. 医学与哲学, 2016, 37（7）: 6.

　　❺ 这十项原则是: ①无合理替代方案; ②试验仅限于预防严重疾病或病症; ③试验仅限于编辑已被确信证明会导致或易患疾病或病症的基因; ④试验仅限于将这些基因转换为人类普遍存在的版本, 并已知与普通健康相关, 很少或没有证据显示将产生不良反应; ⑤试验提供有关风险的可靠临床前和/或临床数据及程序的潜在

　　精准医学是现代生命科学技术发展的产物，大规模生物信息数据库的建设、全基因组测序是精准医学的前提，其中所产生的大量个体生物学数据信息关乎着个人隐私，若恶意运用必然带来毁灭性的后果（如制造超级钢铁战士、开发基因武器），那么将如何保护个体数据安全？如何保障族群基因信息安全乃至国家安全？

【思考题】

　　1. 基因编辑是否对平等（权利）造成侵害？

　　2. 基因编辑是否破坏生物完整性与多样性？

　　3. 基因编辑是否将人作为产品进行工厂化、流水线式生产？人是否因此被物化进而侵犯了人的尊严？

案例七　人猴嵌合体胚胎案●

【基本案情】

　　2010 年，日本东京大学的中内启光团队制造了"大鼠—小鼠嵌合体"，让小鼠长出了大鼠的胰腺，而且这些胰腺能够正常分泌胰岛素。2017 年，美国贝尔蒙特（Belmonte）率先开展了"人—猪胚胎"研究，向 1400 个猪胚胎中注入人类的多功能干细胞。实验中，他们成功在猪胚胎中检测到人类细胞的存在，不过比例只有不到十万分之一，嵌合体胚胎中大部分还是猪的细胞。随后，他决定在与人更接近的物种上开展研究。

　　2019 年，Belmonte 的团队率先培养出"人—猴嵌合体胚胎"。不过，由于伦理上的考虑，在胚胎发育的第 14 天，也就是即将生成中枢系统时，他们终止了实验。2021 年 Belmonte 与中国团队联合开展研究，并于 2021 年 4 月在国际顶级期刊 *Cell* 上发表了一项重磅研究，称第一次制造出了存活率较高的"人—猴胚胎"。这项研究很快引发了争议。研究论文于 *Cell* 发表的同一天，同为国际科学顶级期刊的 *Science* 和 *Nature* 各自刊登相关文章称，该论文是干细胞和种间嵌合体领域的里程碑。

（接上注）

健康益处；⑥对研究参与者的健康和安全临床试验进行严格监督；⑦提供全面、长期、多代后续计划，同时仍尊重个人自主权；⑧持最大透明度的同时，保障患者隐私；⑨保持公众持续参与，并持续评估健康及社会效益和风险；⑩建立可靠的监督机制，以防止实验扩展到预防严重疾病或病症以外的用途。阮晓．人类基因组编辑国际峰会委员会：遗传基因编辑须遵循 10 条原则［EB/OL］．（2018-11-27）［2021-09-10］．https://www.thepaper. cn/newsDetail_forward_2675160.

　　● 菲尼克斯．人猴"杂交"胚胎首次存活 20 天！潘多拉魔盒被打开？［EB/OL］．（2021-04-17）［2021-09-10］．https://new. qq. com/rain/a/20210417A06BXV00.

【主要法律问题】

1. 什么是嵌合体胚胎？
2. 嵌合体胚胎研究的法律规制有哪些？
3. 如何规范胚胎干细胞研究与临床应用？

【主要法律依据】

1.《中华人民共和国民法典》

第 1009 条　从事与人体基因、人体胚胎等有关的医学和科研活动，应当遵守法律、行政法规和国家有关规定，不得危害人体健康，不得违背伦理道德，不得损害公共利益。

2.《中华人民共和国人类遗传资源管理条例》

第 20 条　利用我国人类遗传资源开展生物技术研究开发活动或者开展临床试验的，应当遵守有关生物技术研究、临床应用管理法律、行政法规和国家有关规定。

第 21 条　外国组织及外国组织、个人设立或者实际控制的机构（以下称外方单位）需要利用我国人类遗传资源开展科学研究活动的，应当遵守我国法律、行政法规和国家有关规定，并采取与我国科研机构、高等学校、医疗机构、企业（以下称中方单位）合作的方式进行。

3.《涉及人的生物医学研究伦理审查办法》

第 7 条　从事涉及人的生物医学研究的医疗卫生机构是涉及人的生物医学研究伦理审查工作的管理责任主体，应当设立伦理委员会，并采取有效措施保障伦理委员会独立开展伦理审查工作。

医疗卫生机构未设立伦理委员会的，不得开展涉及人的生物医学研究工作。

【理论分析】

1. 什么是嵌合体胚胎？

嵌合体是指由不同基因型细胞构成的生物体。通常情况下，一个生物体内的所有细胞所含 DNA 应该是完全一致的，如果有两套不同的 DNA，就形成了嵌合体。嵌合体可分为同源嵌合体和异源嵌合体两种类型。[❶]

同源嵌合体的嵌合成分来源于同一受精卵，自发或者诱导导致的基因突变可在此基础上产生同源嵌合体。如有些癌症病人经过放、化疗后，其部分组织的基因型就会发生变化。

异源嵌合体的成分来源更多样，可分为人造异源、孪生子异源、异源四配子嵌合

---

❶　中美科学家造出"人—猴胚胎"，这是什么邪恶实验产物？（2021-04-19）［2021-09-10］. https://baijia-hao. baidu. com/s?id=1697452447132300197&wfr=spider&for=pc.

体等。人造异源嵌合体多是因为器官移植而产生的，一个人接受器官移植之后，他体内就会拥有两套 DNA。孪生子异源嵌合体，是因为孪生子在子宫内的时候发生了胎盘融合或者造血干细胞的交换，于是出生后两个人的部分组织内拥有对方的 DNA。异源四配子嵌合体，是由于母亲的两个卵子分别与两个精子受精后产生了两个胚胎，其中一个胚胎却在发育早期被另一个胚胎吸收了。

嵌合体虽然一直被认为是解决器官供给短缺以及移植排斥问题的潜在方法，但是嵌合体实验不仅会给个人 DNA 识别和亲子鉴定等伦理与法律方面造成冲击，也会对生物和环境产生巨大的影响。

2. 嵌合体胚胎研究的法律规制有哪些？

含有不同物种细胞来源的胚胎，被称为 "嵌合体胚胎"（chimeric embryos）。人兽胚胎杂交试验大致出于以下目的：一是治病，二是获得较多的胚胎以供研究（因为人类胚胎难以获得），三是确定人类基因在动物体内占多大比例。

鉴于依托基因技术开展的嵌合体胚胎研究尤其是异种间嵌合体胚胎研究关乎人的尊严，《联合国关于人的克隆宣言》强调 "会员国还应当考虑采取必要措施，禁止应用可能违背人类尊严的遗传工程技术"；《世界人类基因组与人权宣言》第 10 条规定："涉及人类基因的研究或其应用，尤其在生物学、遗传学与医学领域，不应该超越对个人或在适用时对有关群体的人权、基本自由与人的尊严的尊重。" 第 11 条规定："违背人的尊严的做法，如人类的生殖性克隆，是不能允许的。要求各国与有法定资格的国际组织合作鉴定这些做法，并在国家或国际水平采取为保证本《宣言》提出的原则得到尊重所必需的措施。" 西方多数发达国家大多对嵌合体胚胎研究采取禁止或予以严格限制，如 1997 年《欧洲人权和生物医学理事会公约》第 13 条规定，禁止对人类生殖细胞和人类胚胎进行任何程度的基因组编辑和基因修饰。按照美国国立卫生研究院（NIH）的规定，不提供有关人与灵长类动物嵌合体胚胎实验的资金支持。日本原本也采取限制性管制措施，规定含有人细胞的动物胚胎不能培养超过 14 天，但是在 2019 年却放开了管制，允许在科学合理且必要的条件下，嵌合体胚胎不仅可以在 14 天后继续培育，而且允许被移植到代孕动物体内，但不能与人的生殖细胞进行任何结合。❶

我国目前对嵌合体胚胎研究的规范仅停留在其他规范性文件层次，立法层级低且欠缺与之相关的配套立法。2003 年原卫生部颁布的《人类辅助生殖技术规范》（卫科教发〔2003〕176 号）在 "实施技术人员的行为准则" 中明确规定，禁止人类与异种配子的杂交，禁止人类体内移植异种配子、合子和胚胎，禁止异种体内移植人类配子、合子和胚胎；禁止以生殖为目的对人类配子、合子和胚胎进行基因操作、禁止开展人类嵌合体胚胎试验研究。

---

❶ 菲尼克斯. 人猴 "杂交" 胚胎首次存活 20 天！潘多拉魔盒被打开？[EB/OL]. (2021-04-17) [2021-09-10]. https://new.qq.com/rain/a/20210417A06BXV00.

3. 应如何规范胚胎干细胞研究与临床应用？

干细胞医疗是基因医疗的深化。就人体干细胞的分化潜能而言，可以将它们分为起源于人类胚胎的干细胞和不直接源于囊胚的干细胞。❶ 在人类胚胎的正常发展过程中，囊胚的内细胞堆中存在着多能干细胞（pluripotent stem cell），它可以进一步分化成为承担某些具体任务的多效性干细胞（multipotent stem cell），而多效性干细胞最终分化为 200 多种构成人体组织和器官的细胞。

根据对干细胞的社会争议程度不同，可将其分为不具争议性的干细胞、具温和争议性的干细胞和具极度争议性的干细胞三种。❷ 其中，不具争议性的干细胞包括：①脐带血；②含大量多效性干细胞的人体组织（嗅鞘上皮细胞，骨髓）；③成体干细胞。具温和争议性的干细胞包括：①堕胎或自然流产胎儿的生殖细胞；②堕胎或自然流产胎儿的成体干细胞。具极度争议性的干细胞包括：①体外受精与胚胎转殖技术剩余的胚胎（IVF-剩余胚胎）；②透过体外受精技术专为研究或提取干细胞而受造的胚胎（IVF-研究胚胎）；③用人类卵子透过"核转殖"技术专为研究或提取干细胞而受造的胚胎（NT-研究胚胎）；④用动物卵子透过"核转殖"技术专为研究或提取干细胞而受造的胚胎。

由此可见，非人类胚胎的干细胞的可接受性相对较高，而来自人类胚胎的干细胞的可接受性相对低、争议性较高。但是，基于人类胚胎干细胞与人类的直接同源性，研究实践中多采用人类胚胎干细胞。尽管如此，有学者指出，所有人类干细胞无一例外适用以下四个伦理原则：①有益于病人（principle of beneficence）和相应的不伤害病人原则（principle of non-maleficence）；②均衡或相称原则（principle of proportionality），即任何科学研究或医疗用途都必须有与之相称的回报；③补充性（principle of subsidiarity）或必需性原则（principle of necessity），即采用人类干细胞之外别无其他办法，若有两种不同的手段可以让人获得同一或相近的结果，采取的手段应该是两者之间较少争议性的一种；④尊重病人自主原则（principle of respect for patient autonomy）与知情同意原则（doctrine of informed consent）。❸

《联合国关于人的克隆宣言》明确禁止有悖人的尊严的生殖性胚胎的干细胞研究与应用。虽然对治疗性人类胚胎干细胞的研究与应用将会极大造福人类，但是我们应该看到，这种基因技术仍是一把"双刃剑"，如果不加以严格规范，将会带来一系列严重的伦理、法律问题。从技术与伦理观之，人类胚胎干细胞技术带来的第一个冲击就是它改变或颠覆了传统的生命生产与修复模式，人的生物性这一自然本性不再纯粹，以生物性血缘为纽带的家庭关系难以维系，进而冲击传统的伦理、道德理念。其次，治疗性胚胎干细胞技术有随时滑向生殖性克隆的危险，而且其间的技术

---

❶ 许志伟. 人类干细胞之伦理原则与监管政策（上）[J]. 医学与哲学, 2006（2）：1.
❷ 许志伟. 人类干细胞之伦理原则与监管政策（上）[J]. 医学与哲学, 2006（2）：1-2.
❸ 许志伟. 人类干细胞之伦理原则与监管政策（上）[J]. 医学与哲学, 2006（2）：2-3.

界限有时难以界定，这将颠覆生物多样性的自然规律，违背生物进化天然的不确定性规律，人为操纵和控制人的生命。再次，人类胚胎干细胞研究须通过克隆胚胎而获取胚胎干细胞，而干细胞一旦被提取，该胚胎将被弃置销毁，此举是以未出生的生命为代价，罔顾伦理道德乃至法律。最后，诚如有学者指出，人类胚胎干细胞研究需针对人类胚胎进行操作，无法保证其绝对安全和达到理想的纠正效果。而技术的不确定性在创造生命的同时，又在不断地毁灭生命。不仅如此，在人类胚胎干细胞研究中，鉴于基因调控和表达的复杂性，某些方面不能保证对实验客体或后代不造成伤害❶，而这种伤害具有遗传性且不可逆转，一旦给后代造成伤害，对人类带来的将是一场永久的浩劫。

鉴于人类胚胎干细胞技术关乎人的尊严，关乎整个人类的命运，许多国家纷纷予以严格的规制。英国在此方面的研究较早，因此在监管方面经验较丰富、制度也较完善，通过人类人工受精和胚胎管理局（HFEA）、英国国家干细胞库（UKSCB）和英国伦理委员会局（UKECA）三个相互联系、重叠的机构来运作，形成了一个中央统一、综合监管的机制。在美国，关于生物试验计划或草案必须至少由两个科学机构严格的伦理审核。加拿大政府通过三个联邦政府机构的共同参与成立了一个暂时性的"干细胞监管委员会"（stem cell oversight committee）来执行相关法律。❷ 目前我国对基因编辑技术的监管无论是在立法上还是在制度上都存在不完善之处，在后续的发展过程中可以根据我国的具体国情，以及吸收国外有益经验来促进基因编辑技术在我国的适当应用。

【思考题】

1. 人兽胚胎嵌合研究会产生何种伦理、社会问题？
2. 可否开展异种生物胚胎嵌合、基因编辑研究与临床？
3. 科技是否应遵循不可逾越伦理和法律底线？
4. 如何规范人兽胚胎嵌合研究与应用？

第五节　安乐死与立法

本节主要是通过分析安乐死对我国现行法律造成的冲击，探讨安乐死的合法性及如何对其进行规制。

---

❶ 李琼，王林，张珉，等. 浅析人类生殖细胞基因治疗的伦理学问题及对策［J］. 中国医学伦理学，2007（1）：44.

❷ 许志伟. 人类干细胞之伦理原则与监管政策（下）［J］. 医学与哲学，2006（3）：20-21.

案例八　中国安乐死第一案

【基本案情】

王某某之母夏某某长期患病，1987 年初，夏某某病情加重，6 月 23 日，王某某与其姐妹商定，将其母送汉中市传染病医院住院治疗。6 月 27 日，夏某某病情加重，表现痛苦烦躁，喊叫想死，当晚惊叫不安，经值班医生注射了 10 毫克安定后方能入睡。28 日，王某某找到主管医生蒲某某，要求给其母施用某种药物，让其母无痛苦死亡，遭到蒲的拒绝。在王某某再三要求并表示愿意签字承担责任后，蒲某某给夏某某开了100 毫克复方冬眠灵，并在处方上注明是家属要求，王某某在处方上签了名。

夏某某死后，汉中市公安局遂对此案立案侦查。检察院于同年 9 月以故意杀人罪批准逮捕蒲某某、王某某，并于 1988 年 2 月 8 日向汉中市人民法院提起公诉。陕西省汉中市人民法院于 1990 年 3 月 15 日至 17 日对本案进行了公开审理。一审开庭审理后，陕西省高级人民法院于 1990 年 8 月 7 日向最高人民法院请示，最高人民法院于 1991 年2 月 28 日批复："你院请示的蒲某某、王某某故意杀人一案，经最高法讨论认为，'安乐死'的定性问题有待立法解决，就本案的具体情节，不提'安乐死'问题，可以依照刑法第 10 条的规定，对蒲、王的行为不做犯罪处理。"❶ 1991 年 4 月 6 日，汉中市人民法院作出一审判决认为，被告人王某某在其母夏某某病危濒死的情况下，再三要求主管医生蒲某某为其母注射药物，让其母无痛苦地死去，虽属故意剥夺其母生命权利的行为，但情节显著轻微，危害不大，不构成犯罪。被告人蒲某某在王某某的再三请求下，亲自开处方并指使他人给垂危病人夏某某注射促进死亡的药物，其行为亦属故意剥夺公民的生命权利，但其用药量属正常范围，不是造成夏某某死亡的直接原因，情节显著轻微，危害不大，不构成犯罪。依照《中华人民共和国刑法》（1979 年版）第 10 条（现《刑法》第 13 条）和《中华人民共和国刑事诉讼法》（1979 年版）第 11 条（现第 16 条）的规定，宣告被告人蒲某某、王某某无罪。

宣判后，被告人蒲某某、王某某对宣告他们无罪表示基本满意，但对判决书中认定他们的行为属于故意剥夺他人的生命权利表示不服，提出上诉，要求二审法院改判。1992 年 3 月 25 日，汉中地区中级人民法院二审审理后认为，原审人民法院对本案认定的事实清楚，证据确实、充分，定性准确，审判程序合法，适用法律和判决结果是适当的，应予维持，抗诉和上诉的理由不能成立。❷

---

❶ 我国首例"安乐死"案——王明成、蒲连升故意杀人宣告无罪案［EB/OL］.（2020-03-02）［2021-09-10］. https://www.sohu.com/a/377203741_120178631.

❷ 贾潇. 蒲连升、王明成故意杀人案——我国首例"安乐死"案（1990—1992）［EB/OL］.（2018-12-18）［2021-09-10］. http://www.jcrb.com/xztpd/ZT2018/fogang/fzjs/dayaoan/201812/t20181218_1943984.html.

【主要法律问题】

1. 何谓安乐死？
2. 国外对安乐死行为是如何立法规范的？
3. 承认安乐死的价值诉求是什么？
4. 如何对安乐死进行规范？

【主要法律依据】

1.《中华人民共和国刑法》

第 232 条　故意杀人的，处死刑、无期徒刑或者十年以上有期徒刑；情节较轻的，处三年以上十年以下有期徒刑。

2.《中华人民共和国民法典》

第 1002 条　自然人享有生命权。自然人的生命安全和生命尊严受法律保护。任何组织或者个人不得侵害他人的生命权。

【理论分析】

本案是中国"安乐死"里程碑式案件，而且首次将"安乐死"议题真正引入了公共并引发热议。

1. 何谓安乐死？

安乐死是自杀问题的延伸，[1] 所谓的安乐死（euthanasia）最初源于希腊文"幸福地死亡"，通常是指对于那些无法救治的病人采取停止治疗或使用药物的方式而使其无痛苦地死去。安乐死可被区分为主动与被动（或积极与消极）安乐死、通常与非通常安乐死、有意与无意安乐死、自愿与非自愿安乐死。[2]。也有学者将安乐死区分为助杀安乐死、他杀安乐死、放弃治疗安乐死。[3] 所谓的积极的（主动的）安乐死，指采取促使病人死亡的措施，结束其生命，如当病人无法忍受疾病终末期的折磨时。消极的（被动的）安乐死，即对抢救中的病人如垂危病人不给予或撤除治疗措施，任其死亡。[4] 学界多从积极的与消极的安乐死视角来审视安乐死问题。

2. 国外对于安乐死的立法状况。

到了 20 世纪 30 年代，纳粹德国大肆宣传和广泛推行安乐死，安乐死问题再次成为社会关注的焦点之一。随着 1935 年英国成立第一个自愿安乐死合法化委员会后，越来越多的国家步其后尘。1983 年，世界医学会威尼斯宣言提出了消极安乐死的正

---

[1]　近年来，在美国、澳大利亚、荷兰等国，一些医生为了帮助病人摆脱病痛折磨，开始尝试帮助病人了结生命的做法。此举被视为促进自杀，被列为"协助自杀"（assisted suicide）或"医助自杀"（physician-assisted suicide）。

[2]　邱仁宗. 生死之间——道德难题与生命伦理［M］. 北京：中华书局，1988：185-187.

[3]　王锴. 安乐死的宪法学思考［J］. 法律与医学杂志，2006（2）：93.

[4]　王锴. 安乐死的宪法学思考［J］. 法律与医学杂志，2006（2）：93.

式意见；同年，美国医学伦理会与法学委员会撤销了关于生命支持措施的意见。这些举措逐步为安乐死法定化铺平了道路。1987 年，荷兰率先在法律中设置一些严格限制的条文允许医生为患有绝症的病人实行安乐死。1996 年，澳大利亚北部地区议会通过了世界第一部安乐死法——《晚期病人权利法》。但是，该法实施不到九个月即被澳大利亚参议院宣布废除。2001 年，荷兰通过了安乐死法案，成为世界上第一个承认安乐死合法化的国家。紧接着，2002 年，比利时也宣布安乐死合法化。到目前为止，荷兰、比利时、卢森堡、瑞士和美国的俄勒冈州、华盛顿州和蒙大拿州等地的立法认可安乐死。奥地利、丹麦、法国、德国、匈牙利、挪威、斯洛伐克、西班牙、瑞典和瑞士十个国家，则允许"被动"安乐死，即只允许终止为延续个人生命的治疗的做法。尽管至今许多国家尚未对安乐死合法化，但人们基于悲悯而愈发同情危重却无法医治的病人，主张出于人道主义的考量而赋予他们死的权利和自由以摆脱残酷病痛折磨。

3. 承认安乐死的价值诉求是什么？

许多学者认为，从宪法层面上，安乐死无法获得合宪性基础，因为安乐死不符合宪法基本权利的价值目标：❶ 首先，现代宪法以保护个体权利为出发点，国家负有保护包括生命权在内的基本权利的义务，而是否限制与剥夺个体生命只能由共同体的意志来判断与决定。其次，鉴于基本权利在性质上首先是针对国家的防御权，而安乐死涉及的往往是患者、医生与亲属之间的私人利益关系，这属于私法的调整范畴，因而安乐死并不属于公民的基本权利。再次，多数国家的宪法乃至法律都未对生命权作出直接规定，但是珍视生命的文化与传统却源远流长，安乐死尚属于宪法与法律的评价空白领域。最后，安乐死与生命的本体价值相冲突。因此，安乐死有可能侵犯宪法所保障的生命权，背离国家对公民所负有的绝对保障义务，更是背离宪法的基本价值。

有学者从宪法的终极关怀出发指出，维护人的尊严不能成为支持安乐死的主要理由。❷ 鉴于人的尊严这一宪法上的价值体系尚无法规范化，仅追求个案正义的话，会动摇对这一价值判断的一致性。而且，倘若安乐死合法化，还可能侵害或牺牲他人的尊严，为国家逃脱保障生命权与人的尊严的义务提供借口，这种欠缺敬畏生命的做法最终是以贬损人的尊严为代价的。

尽管如此，由于安乐死或临终关怀的理念越来越被世人所接受，因此不能对安乐死一概否认，应区分情形予以不同对待。对于积极安乐死即他杀或助杀安乐死，从宪法学上来说首先涉及的是患者有无自杀权的问题。在欠缺实定法规范的这一法外空间中，有学者指出，"英美法系主要讨论病人有无死亡权的问题，德日宪法学主要讨论基本权利能否放弃的问题。从英美法系的理论与实践来看，死亡权正在由一

---

❶ 韩大元. 生命权的宪法逻辑［M］. 上海：译林出版社，2012：154-156.
❷ 韩大元. 生命权的宪法逻辑［M］. 上海：译林出版社，2012：156-158.

种权利（请求权）走向一种自由（特权），也就是说，病人死亡的自由并不会对医生施加强制性的义务，医生同样有选择是否满足病人死亡请求的自由。从德日宪法学理论来看，生命权的放弃是可能的，放弃后他人的行为不再认为是侵害基本权利。"❶ 实际上，选择积极的死亡同样体现了人的尊严，如果现代医学尚不足以解除人类所面临的某些病痛的不堪折磨，与其苟且忍受痛苦而遭受侮辱，不如坦然面对死亡、敬畏死亡，仰赖个人生命品质和意志品质赢得死亡的尊严。对于消极安乐死即放弃治疗，关乎患者的个人自决权和尊严与国家所负的保护义务之间的龃龉。若从人的尊严这一宪法终极价值关怀出发，患者完全可以基于自我决定权来放弃医疗而选择安乐死，国家不得以负有保护义务为由而干预患者的临终抉择。

4. 如何对安乐死进行规范？

安乐死问题的确使世人面临着两难抉择，它的棘手之处正是在于拷问人们对伦理、道德问题的认知，关乎患者、医生、患者亲属的权利与尊严以及国家的保障义务，其本质在于人的意志自由决定权的享有与运用是否要受到法律乃至伦理、道德的限制或制约，最终诘问世人对人的尊严的认知。违背临终患者的意志而给予医生救死扶伤的天命或国家的保护义务做出侵入性治疗或生命维持疗法，其本质都是将患者"物化"延续生命的手段，这恰恰与人的尊严所倡导的不得将人视为手段的理念相违背。但是，人终究是一种社会动物，始终纠结于各种社会关系之中，人的尊严不仅是其内在的人的尊严，还需将其融入人的外在尊严之中予以全面考究。因而，患者的尊严还体现在他们的社会关系中，即他们正要失去的所有的关系。

此外，病人的尊严与其监护人及其他亲属乃至医生的尊严发生冲突，究竟如何取舍，这是整个社会不得不直面的抉择。因此为了防止因对生命权与人的尊严的滥用而出现的道德滑坡，以及作为救死扶伤职业身份的医生与人的尊严发生冲突，未来立法应当对安乐死的实施条件作出严格的规范：只有当患者本人或其监护人从其真实处境和切身体验出发确信唯有死亡方能维系其尊严时，才能施以安乐死。

【思考题】

1. 承认安乐死是否会造成"合法杀人现象"？

2. 如果承认安乐死，安乐死的权利（死亡选择权）属于生命权还是自由权？

3. 自杀与安乐死在本质上是否都属于放弃生命权的自我决定行为？是否侵犯了人的尊严这一终极伦理和法律价值诉求？

---

❶ 王锴. 安乐死的宪法学思考 [J]. 法律与医学杂志，2006（2）：97.